Now 베트남
성장하는 곳에 기회가 있다

디지털 물결에 올라탄 1억 명의 젊은 시장

NOW
베트남
성장하는 곳에
기회가 있다

글 이정훈

KMAC

우리에게 과거의 월남은 현재의 베트남이 되었다. 수십 세기 동안 중국의 한자와 문명은 한나라 때부터 명나라 때까지 동으로는 우리나라에, 서로는 월남에 영향을 미쳐왔고, 예전의 월남은 베트남이 되어 이제 우리와 새로운 시대를 같이 준비하고 있다. 조만간 반세기, 어쩌면 한 세기의 미래를 함께할 베트남을 이해하는 데 이 책이 좋은 지침서로 활용되기를 바란다.

이용득 | 베트남 VTC온라인 부사장

베트남은 한국의 과거, 현재, 미래가 공존하는 곳이다. 특히 금융 기관의 디지털 서비스 수준은 발전할 부분이 많다. 우리은행베트남은 2017년 법인 설립 이후 디지털금융 중심의 다양한 서비스를 차별화하고 있다. 핑거비나의 이정훈 대표는 같은 건물에 근무하면서 베트남 금융 시장과 디지털의 접점 포인트에 대해 폭넓은 시각과 혜안을 제시하고 전략적인 추진에서 많은 도움을 주었다. 금융 시장을 넘어 핀테크, O2O, 반도체 관련 사업까지 전개하면서 베트남 시장을 누구보다 잘 이해하고 이끌어가는 저자의 경험과 노하우가 담긴 이 책은 베트남의 미래 사업에 관심 있는 사람이라면 반드시 읽어야 할 필독서라고 생각한다.

김종우 | 우리은행베트남법인 본부장

12년 전, 국내 소프트웨어 기업 최초로 베트남에 법인을 설립했을 때 비전과 열정 말고는 기댈 곳이 없었다. 만약 10년 전에 이 책이 있었다면, 우리 베트남 사업은 그 차원이 달라졌을 것이다. 베트남 진출을 고민하거나 이미 진출한 모든 기업, 기관의 임직원들에게 이 책은 필독서가 될 것이다.

이경일 | 솔트룩스 대표

코로나19 대유행 이후 베트남 스타트업 시장에도 변화가 일어나고 있다. 베트남 정부는 코로나19 확산을 우려해 강력한 방역 조치와 사회적 거리두기 그리고 일부 서비스 활동 중지와 대중교통 통제 등을 진행했는데, 이로 인해 비대면 언택트가 확산되면서 직장인의 재택근무 확대, 전자상거래와 O2O 서비스(차량 공유, 음식 배달 등) 이용이 급증했고, 온라인 쇼핑과 모바일 결제가 확대되었다. 무엇보다 베트남이 핀테크 산업에 눈을 뜨기 시작했다.

이 책은 베트남 시장 변화를 누구보다 앞서서 보는 저자가 마치 옆에서 이야기해주는 듯이 편하게 읽을 수 있다. 베트남 현지 비즈니스 동향을 알고 싶은 기업 및 임직원, 특히 핀테크 스타트업 관계자들에게 이 책을 추천한다.

김영민 | 신한퓨처스랩 센터장

약 5년 전, IT와 금융이 만나는 새로운 세상 『핀테크』란 책의 이정훈 저자와 만난 건 한국소 프트웨어산업협회(KOSA)에서 주관한 베트남 ICT DAY 행사였다. 당시 저자는 한국의 우수 핀테크 사례를 베트남 금융 회사와 IT 기업에 소개하고, 그 후 베트남에서 성공적으로 법인 을 설립했으며, 매년 KOSA에서 주관한 베트남 콘퍼런스에서 한국과 베트남의 환경적 차이 를 고려한 비즈니스 전략을 꾸준히 발표했다.

저자는 그간의 경험을 바탕으로 베트남에서 성공적인 비즈니스를 위해서는 한국이 아닌 베 트남식 관점에서 베트남식 사고와 문화 그리고 베트남 사람을 이해해야 한다고 강조한다. 아직은 베트남에 대한 정보가 다소 부족하기 때문에 단편적인 정보로 엄청난 손해를 보는 경우가 있다고 한다. 이 책은 객관적인 데이터에 기반한 현재 베트남 비즈니스 모습을 통해 미래 방향을 전개할 수 있도록 도움을 줄 것이다. 아울러 다양한 베트남 선행 사례를 통해 베트남에서 성공적인 비즈니스를 위한 전략을 수립하는 데도 좋은 가이드가 되어줄 것으로 기대한다.

서홍석 | 한국소프트웨어산업협회 상근부회장

젊은 인구 비중과 빠른 경제성장 그리고 베트남 정부의 현금 없는 사회 추진 등으로 신남 방정책의 허브인 베트남에 진출하려는 국내 금융 회사와 핀테크 기업들은 현재 베트남 정 부의 규제 사항 등 점검할 부분이 많지만 오픈된 정보가 거의 없어 관련 도서가 필요한 상 황이다. 마침 금융 전문가이면서 베트남에서 핀테크 기업을 직접 운영하는 저자가 베트남 금융 컨설팅 경험과 데이터를 취합해 베트남 금융 시장에 대한 미래 방향을 제시하고 있어 금융권 및 핀테크 관계자들은 반드시 한 번 이상 읽어보기를 권한다.

최재홍 | 한국금융연수원 금융DT아카데미 본부장

베트남에 진출하고자 하는 한국 IT 기업들을 지원하기 위한 NIPA 베트남 주재원으로 최근 몇 년간 헤아릴 수 없을 정도로 많은 기업과 개인을 만났고 솔루션을 제공했다.

삼성전자와 같은 국내 대기업 외 베트남에서 성공적으로 안착한 기업이 거의 없을 때 핑거 비나가 좋은 선례를 만들어주어 그간의 시행착오와 경험들을 공유해주었고, NIPA의 베트 남 시장 진출 지원 프로그램에 대한 조언도 아끼지 않았다. 코로나19 이후 베트남은 정부 의 강력한 극복 의지와 정부 정책에 적극적으로 협조하는 국민이 잘 뭉쳐 슬기롭게 극복하 고 있기에 내년 이후 글로벌 전진 기지 역할을 다시 수행할 것으로 전망되고 있다. 저자가 베트남에서 직접 사업체를 운영하면서 겪었던 많은 경험과 여러 가지 제안이 책으로 공개 되어 설레고 기대된다.

서성민 | NIPA 베트남 주재원

떠오르는 베트남 비즈니스

베트남은 1987년 도이머이 정책을 실시한 이후, 다자간 FTA 체결 등 적극적인 개방 정책을 펼쳐왔다. 또한 최근에는 미·중 무역전쟁이 장기화되면서 중국을 대체할 제조기지로서 각광받고 있다.

성공적인 베트남 비즈니스를 위해

베트남은 오랜 기간 중국의 영향을 받아 역사·문화·사회적 측면에서 한국과 유사한 점이 많다. 특히 외세의 침략과 분단 등 역사적 경험이 유사하고 유교사상의 영향으로 어른을 존경하고 예의를 지키며, 체면을 중시하고 성실하다.

대한무역투자진흥공사(KOTRA) 통계에 따르면 2019년 기준 베트남 시장에 진출한 한국 기업의 숫자는 8,300개가 넘고, 투자 규모도 누적 677억

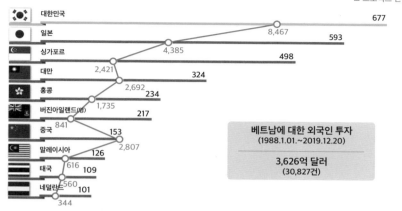

국가		
대한민국		677
일본	8,467	593
싱가포르	4,385	498
대만	2,421	324
홍콩	2,692	234
버진아일랜드(영)	1,735	217
중국	841	153
말레이시아	2,807	126
태국	616	109
네덜란드	560	101
	344	

베트남에 대한 외국인 투자
(1988.1.01.~2019.12.20)

3,626억 달러
(30,827건)

국가별 베트남 투자 현황(1988. 01. 01~2019. 12. 20). 출처: KOTRA

달러 정도(전체 외국인 투자의 18.7%)로 베트남에서 외국인 투자 1위를 차지한다. 실제로 베트남에 가보면 삼성, 포스코, LG디스플레이, CGV, 신한은행, 우리은행, CJ 등 반가운 한국 기업들의 전광판을 공항에서부터 쉽게 볼 수 있다.

전체 인구 중 53%가 인터넷을 사용하며, 그중 90% 이상이 소셜미디어(SNS)를 활용하고 있다. 데이터 분석 업체 시밀라 웹(Similar Web)에 따르면, 2018년 2월 기준 베트남에서 접속자 수가 가장 많은 웹사이트는 페이스북, 구글, 유튜브 순이다. 페이스북과 유튜브는 마케팅 수단으로 활용하기에 용이하며, 유명 연예인 혹은 크리에이터와 바이럴마케팅을 위한 제휴를 맺고 영상을 제작하거나 이벤트를 진행하는 등 마케팅 활동이 가장 기본적인 편이다.

독일의 시장 분석 업체 '스타티스틱스 포털(Statistics Portal)'에 따르면 베트남의 중산층 및 고소득층 인구는 2014년에 1,200만 명에서 2020년에 3,300만 명으로 증가할 것으로 추정된다. 또한 전체 인구의 약 34%를 차지하는 15~34세 젊은 층이 베트남 내수 시장의 핵심 소비층으로 부상하고 있다.

특히 이 세대는 베트남의 경제 문호가 개방된 이후 자유로운 환경에서 유년 시절을 보냈기 때문에 경제 관념, 인터넷 이용 패턴, 소비자 행동 등이 소위 한국의 '신세대'에 가깝다.

베트남에서 성공적인 비즈니스를 하려면, 먼저 베트남을 이해하고 베트남 사람들을 존중해야 한다. 또한 언어를 비롯해 정치와 문화, 종교 등 다른 점이 너무 많기에 현지 시장에 대한 철저한 조사가 필요하다. 특히 관공서의 부정부패가 관행화되어 있고, 근로자의 임금 상승 등 외국 투자 기업들이 피할 수 없는 애로사항을 이해해야 한다.

분위기에 편승해 무조건 투자하거나 사업체를 설립했다간 빈손으로 철수하기 쉽다. 외국인직접투자(FDI)도 제조업 분야는 다양한 인센티브 지원을 받는 반면, 유통이나 프랜차이즈, 금융 분야는 규제가 많아 반드시 베트남 정부의 규정을 준수해야 한다.

포스트 코로나 시대, 주목받는 베트남

코로나19는 2008년 글로벌 금융위기로 시작된 국가 경제들 사이의 내향적 전환 현상을 가속화하고 있다. 각국 정부는 성장을 유지하기 위해 공공 부채를 늘리고, 해외 무역과 이민에 새로운 장벽을 부과하면서 경제생활의 모든 측면을 점점 더 통제하고 있다. 사람들이 온라인에서 일하고, 놀고, 쇼핑하면서, 지금 세계 경제는 가상 시장만이 호황을 누리고 있다.

  포스트 코로나 시대, 이처럼 재편된 경제 지형에서 과연 어느 나라가 번창할 것인가? 미국과 중국은 월등한 기술 지배력에도 불구하고 너무 많은 부채를 지고 있고, 정부는 대유행에 잘못 대처했다는 비난을 받고 있다.

  2020년 7월 기준 전 세계적으로 1,500만 명 가까운 확진자가 발생하고

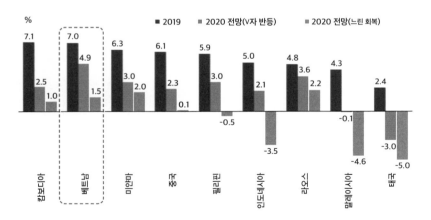

2020년 세계 경제성장률. 출처: 국제무역통상연구원

60여만 명이 사망한 가운데, 확진자 300여 명에 사망자 제로인 베트남이 유망한 신흥 수출 강국으로 부상할 것으로 보인다.*

베트남은 확실히 지속 성장이 가능한 시장으로 인식되고 있다. 코로나19 상황에서 다른 국가들이 마이너스 성장을 기록하고 있지만, 베트남은 2020년 상반기 경제성장률이 1.18%로 집계되었다. 물론 2019년 7%대 성장률에 비하면 10년 만 최저치이지만, 다른 아세안 국가들과 비교하면 선방했다고 할 수 있다.

베트남 정부의 대외 개방 정책으로 2020년 기준 베트남과 FTA 발효 예정 국가는 총 52개국으로, 가장 많은 국가와 FTA를 체결했다. 베트남은 정부의 제조업 집중과 고부가가치 산업에서 적극적인 외국인직접투자(FDI) 정책으로, 차세대 글로벌 생산기지 유치 최대 수혜국으로 부상하고 있다. 특히 중국에서 코로나19 확산이 본격화한 2월 이후 마이크로소프트, 구글 등 글로벌 기업들이 중국에서 베트남으로 공장 이전을 가속화하려는 움직임이 포착되고 있다. 한국의 삼성전자도 2022년 말 완공 예정으로 동남아 최대 규모(2억 2,000만 달러 규모)의 R&D 센터를 지난 2월 베트남 하노이에 착공했다. LG전자도 7월 베트남 응우옌 쑤언 푹 총리와 간담회에서 R&D 센터 설립 계획을 밝혔다.

베트남은 2018년부터 2050년까지 도시화율이 50%까지 진행될 것으

---

* 2020년 8월 말 기준, 베트남은 확진자 1,044명, 사망자 34명을 기록했다. 7월 25일 다낭에서 100일 만에 확진자가 발생한 이후 재확산 방지에 총력을 기울이고 있다. (편집자 주)

Google	미국/스마트폰	미국向 스마트폰(Pixel) 생산 라인 이전
FOXCONN	대만/스마트폰	(베트남·인도) 투자 집행 중
Goertek	중국/이어폰	에어팟(AirPod) 시험 생산 중 (공급 업체) 소니, 레노보, 삼성
Inventec	대만/이어폰	애플 에어팟 생산 이전 검토
DELL	미국/노트북	조립공장 시험생산 가동 중 (공급 업체) 컴팔(Compal), 폭스콘(Foxconn), 인벤테크(Inventech), 마이크로스타(Micro Star), 미탁(Mitac), 페가트론(Pegatron), 위스트론(Wistron)
amazon	미국/전자책	전자책(Kindle) 생산 적극 검토
中国铁路	중국/전자부품	신 공장 건설 계획
COMPAL	대만/노트북	투자 확대 검토
KYOCERA	일본/복사기	2020년 3월까지 미국向 복사기와 프린터 베트남 이전
Nintendo	일본/콘솔게임	2019년 7월 스위칭 콘솔게임 생산 라인 일부 이전 검토
SHARP	일·대만/노트북·공기청정기	미국向 노트북 베트남 공장 이전 검토, 공기청정기 생산공장 투자 발표
TCL	중국/TV	TV 조립 라인의 베트남 이전 계획
SAMSUNG	한국/스마트폰	베트남 투자 확대(중국 내 스마트폰 공장 철수)

다국적 기업의 베트남 이전 사례. 출처: 한국무역협회, 정귀일 연구위원

로 추정된다(2020년 35% 수준). 최근 10여 년간 글로벌 무역에 가장 깊숙이 편입되어 있으며 기술발전을 위한 유·무형 인프라도 아세안 국가 중 가장 잘 갖춰져 있다. 특히 평균 30세의 젊은 인구가 주축이 된 소비 시장과 모바일 디바이스 보급 및 상대적으로 편리한 인터넷 이용 환경 등으로 내수 시장도 최적의 조건이다.

세계적 전략 컨설팅 회사 매킨지(McKinsey & Company)는 2020년 3분기 코로나19 대유행이 진정되면, 세계 경제는 U자형 회복이 예상되지만, 베트남은 V자형 회복이 가능하다고 전망했다. 특히 관광·쇼핑·요식업·건

강엽 등 민간 소비 시장의 급성장을 예상했다.

4차 산업혁명과 함께 변모하는 베트남

4차 산업혁명과 코로나19 대유행은 전 세계 디지털 전환을 더욱 가속화시켰다. 특히 동남아시아 중 싱가포르, 인도네시아, 베트남 등은 거의 모든 국민이 스마트폰을 한 대 이상 소유하며 스마트폰을 통해 검색, 게임, 음악, 쇼핑, 결제 등을 이용하고 있다.

2019년 베트남 통계청에 따르면 베트남은 전 세계 스타트업 장려 국가 TOP 20에 속하며 동남아시아 국가 중 3위이다. 25만 명에 달하는 IT·SW 엔지니어와, 매년 10만 명 이상의 공과대학 졸업생(세계 10위권)을 배출하고 있어 4차 산업 관련 인재 풀(pool)이 풍부하다.

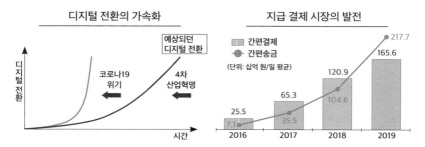

4차 산업혁명과 코로나19 유행으로 디지털 전환 가속화와 지급 결제 시장의 급성장.
출처: 금융위원회 전자금융법개정안(2020. 07)

베트남 정부는 2016년을 '국가 창업의 해'로 지정한 이후 스타트업 사업을 지속적으로 지원하며, 4차 산업혁명 관련 법률 체계를 정비하거나 규제를 완화하고 있다. 또한 신규 비즈니스나 서비스 모델에 대해 규제 샌드박스(Sandbox regulations) 등을 만들어 스타트업 기업이 창의적이고 좀 더 자유롭게 사업을 할 수 있도록 지원하고 있다. 스타트업 창업 분야는 코로나19 대유행 전과 후로 다소 차이가 있지만, 외부 자금 투자는 핀테크, 전자상거래, 여행 서비스, 물류(유통·음식 배달 등), 에듀테크 분야에 집중되고 있다.

베트남의 주요 액셀러레이터 중 하나인 토피카파운더연구소(Topica Founder Institute, TFI)는 2018년 베트남 현지 스타트업에 유치된 투자금이 대략 8억 8,900만 달러, 투자 건수는 92건에 달한다고 밝혔다. 주요 투자 분야는 핀테크, 전자상거래, 에듀테크 등 기술 접목 분야이다. TFI에 따르면 대부분의 출자 대상 기업이 인공지능(AI)과 빅데이터 그리고 핀테크, 블록체인 같은 4차 산업혁명 관련 기술과 비즈니스를 융합했고, 모바일 기반 서비스를 제공하고 있다. 특히 지급 결제 서비스 분야에서는, 2007년에 설립한 베트남 지급 결제 기업인 VN페이(VNPay)에 소프트뱅크 비전펀드(2억 달러)와 싱가포르 GIC(1억 달러)가 투자함으로써 베트남 내 최초로 기업가치 10억 달러 이상으로 평가받는 유니콘 기업이 탄생했다.

토피카파운더연구소에 따르면, 지난해 베트남 핀테크 시장은 8건의 거래에 1억 1,700만 달러가 투자됐고, 주요 기업으로는 워버그핀커스(Warburg Pincus)가 지원하는 모모(MoMo), VNG의 잘로페이(ZaloPay), NTT 데이터

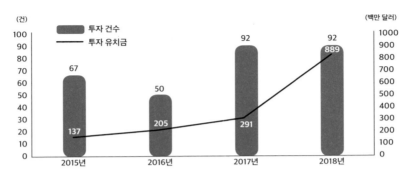

베트남 스타트업 투자 건수 및 투자금액 현황. 출처: 베트남 TFI, 2018

가 인수한 페이유(Payoo), 한국의 투자 펀드인 UTC 투자의 VNPT 이페이 (VNPT EPAY) 등이 있다.

코로나19 대유행 이후 베트남 스타트업 창업과 투자 시장에도 변화가 일어나고 있다. 코로나19 확산을 우려한 베트남 정부의 강력한 방역 조치 와 사회적 거리두기, 일부 서비스 활동 중지와 대중교통 통제 등으로 비 대면 언택트(untact)가 확산하면서 직장인의 재택근무 확대, 전자상거래와 O2O(Online to Offline) 서비스(차량 공유, 음식 배달 등) 이용이 급증했고, 온라인 쇼핑과 모바일 결제가 확대되었다. 무엇보다 베트남 정부 주도하에 학교 를 중심으로 학생들의 온라인 교육 활성화와 외곽 지역 대상으로 원격 의 료 등에 대한 규제를 완화했다.

2020년 상반기 베트남의 경제성장률은 1.18%로, 2011년 이후 가장 낮 은 반기 성장률을 보이고 있다. 코로나19가 베트남 시장에 많은 영향을 끼친 것은 분명하지만 아직 끝난 게 아니다.

아시아개발은행(ADB)은 2020년과 2021년 베트남 경제성장률 전망치를 각각 4.8%, 6.8% 수준으로, 아시아 평균인 2.2%보다 2배 이상 높게 예측했다. 인도(4%), 인도네시아(2.5%), 중국(2.3%), 태국(-4.8%), 말레이시아(0.5%) 같은 개발도상국은 물론 한국(1.3%), 싱가포르(0.2%)와 비교해도 아시아에서 가장 높다. 따라서 베트남이 빠르게 코로나19 이전 성장 수준으로 회복할 뿐만 아니라 포스트 차이나 역할을 수행할 것으로 전망된다.

코로나19 대유행으로 당장은 예전 수준으로 회복할 수 없겠지만, 베트남 정부의 강력한 의지와 정부를 무한 신뢰하는 국민, 그리고 미국과 중국의 무역전쟁 등으로 베트남에 대한 투자가 증가해 전 세계에서 가장 빠른 속도로 회복할 것이다.

이 책은 필자가 한국과 베트남을 오가면서 만났던 여러 분야 비즈니스 종사자들의 이야기이다. 언어와 환경이 다른 낯선 곳에서 성공적인 비즈니스를 위해 최선의 노력을 다하는 그들의 경험을 한국 정부(KOTRA, NIPA 등)에서 제공해주는 데이터와 융합해 필요한 정보를 담았다. 특히 코로나19 이후 많은 변화가 진행되고 있어, 이후 베트남에서 사업을 준비하거나 투자를 더 확대하려는 기업과 개인에게 조금이라도 도움을 주기 위해 객관적인 관점에서 접근하려 했다.

2019년 한국능률협회컨설팅(KMAC)에서 매월 펴내는 CEO를 위한 매거진 『Chief Executive』에 베트남의 현재 모습을 격월로 연재했다. 이 책에 담긴 많은 내용은 코로나19 전에 쓴 내용을 코로나19 이후 상황에 맞게 수정한 것이다.

2015년 베트남 다낭에 처음 들어간 후 지금까지 베트남에서 크고 작은 법인을 두 번이나 설립하고 정리했다. 처음에는 솔직히 모든 게 어렵고 불편했지만, 동료의 도움과 지인들의 지원으로 조금씩 발전할 수 있었고, 나름 베트남과 한국에서 금융과 핀테크 분야에서만큼은 전문가로 인정받게 되었다.

마지막으로 이 글이 나올 수 있게 도움을 주신 분이 너무 많다.

먼저 인생의 멘토이자 형인 핑거의 박민수 대표와 SNST 김희석 대표의 아낌없는 지원이 없었다면 아마도 핑거비나의 베트남 법인은 설립 초기에 짐을 싸고 정리했을 것이다.

그리고 베트남에서 함께 동고동락했던 케이패스 그룹 김상석 대표, 인포플러스 김민호 대표와 VNPT 이페이 장기헌 부사장, 봄버스 박희수 대표, NIPA 서성민 수석과 우리은행베트남 김종우 본부장 등 많은 분의 지원 덕분에 베트남에서 핑거비나의 이름으로 사업을 전개할 수 있었다.

한 달에 반을 외국에서 지내지만 늘 응원해주는 상은이와 지우가 있었기에 힘을 낼 수 있었고, 언제나 지지해주는 갑영, 한종, 정민, 광일, 태완 등 친구와 동료들 덕분에 용기를 낼 수 있었다. 모두에게 감사하고 사랑한다고 전하고 싶다.

2020. 07. 이정훈

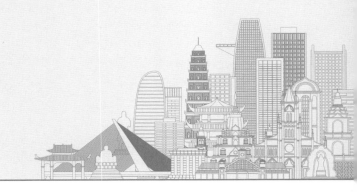

1부 | 베트남,
어디까지 알고 있나

1장

성공적인
베트남 비즈니스를 위해

베트남에 대해 알아야 할 8가지

베트남은 동남아시아 인도차이나반도의 동쪽 태평양 연안에 있는 국가다. 북쪽으로는 중국, 서쪽으로는 라오스 및 캄보디아와 국경을 접하고 있다. 국토가 해안을 따라 남북으로 길게 뻗어 있어, 남북의 길이는 약 1,700km 이고 동서의 길이 가운데 가장 좁은 곳은 약 50km이다. 기후는 남북으로 긴 국토의 특성상 열대, 아열대 및 온대 기후가 나타나며 몬순 기후대의 영향으로 강우량이 많고 습도가 높은 편이다(하노이 중심 북부는 아열대성 기후이고, 호찌민 중심 남부는 열대 몬순 기후이다. 열대 계절풍 지역으로 우기와 건기가 뚜렷하고, 5~10월 몬순기에 특히 강수량이 많아 연강수량의 85%가 이 시기에 집중된다).

베트남의 정식 이름은 베트남 사회주의 공화국이다. 수도는 하노이이며, 호찌민이 베트남에서 가장 큰 도시이다. 베트남어를 공식어로 사용하며 화폐 단위는 동(VND)이다.

베트남은 인도차이나반도에서 인구가 가장 많은 나라로 9,649만 명에 이른다(2019년 기준). 성별로는 남성(4,788만 1,061명, 49.8%)보다 여성(4,832만 7,923명, 50.2%)이 조금 더 많다.

베트남 사람들은 오랜 세월 끊임없는 외침을 성공적으로 물리친 국민으로 자신들을 표현하고자 하며, 무엇보다 외세에 굴복하지 않은 역사를 지닌 나라라는 자부심이 매우 강하다. 사회주의 공화국이지만 거의 모든 분야에서 자유주의 시장경제를 따르고 있다. 1987년 도이머이 정책을 실시한 이후 다자간 FTA 체결 등 적극적인 개방 정책을 펼쳐왔다. 2014년 이후 6년 연속 경제성장률 6% 이상 기록해 포스트 차이나로 주목받고 있다.

2020년 1월 22일 신종 코로나바이러스 감염증(코로나19) 환자가 베트남에서도 나왔다. 베트남 정부는 중국에서 들어오는 모든 입국자를 통제하고 중국과의 직항 노선을 차단하며 국경을 완전히 폐쇄하는 강경 노선을 전개했다.

2월, 한국에서 코로나19 확진자가 급증하자 베트남 정부는 한국에서 오는 여객기 착륙 불허와 입국자 전원 격리를 시행해 너무 심하다는 얘기가 터져나오기도 했다.

2월 이후 베트남 내부 상업시설과 대중교통의 운영을 제한하는 등 선택적이고 과감한 사회적 거리두기를 실시해 첫 확진자 발생 후 3개월이 지난 4월 29일, 전 세계 처음으로 코로나19 완전종식을 선언했다. 베트남 응우옌 쑤언 푹 총리는 전날 각료회의에서 "베트남은 코로나19를 근본적으로 퇴치했다. 이는 (공산)당과 정부, 인민의 승리다"라고 말했다.

코로나19 방역에 어느 정도 성공적으로 대처했지만, 그 타격은 베트남 금융과 실물경제에 전염병처럼 파급되었다. 베트남 경제는 그동안 무역 중심의 경제 구조였으나 소수 국가에 집중되고 중간재는 중국 의존도가 높았기에 코로나19 확산은 베트남 경제에 치명적 위기가 될 수밖에 없었다.

그럼에도 베트남 정부의 코로나19 대응력에 삼성전자, 애플 등 글로벌 대기업들은 포스트 차이나로 베트남을 인정했고, 글로벌 투자자들도 베트남 투자를 더욱 긍정적으로 전망하고 있다. 이처럼 글로벌 대기업들이 주목하는 베트남에서 비즈니스에 성공하려면 다음과 같은 8가지를 알아야 한다.

베트남에서 비즈니스하려면 알아야 할 최소 8가지 특징.
출처: KOTRA 하노이 무역관 발표 자료에 필자 추가

1 베트남은 사회주의 공화국이다

베트남은 공산주의 일당 통치 국가이다. 베트남의 유일한 정당이자 집권 정당은 베트남 공산당이다. 1988년 전에는 민주당과 사회당이 있었으나 현재는 역사 속으로 사라졌다. 베트남은 절대 권력자 한 사람이 운영하는 것이 아니라, 집단 체제에 의해 국가의 주요한 사항이 결정된다. 이런 공산당 체제로 정치적 안정을 찾았으며, 54개 종족으로 이루어졌지만 전체 인구의 89%가 베트남족(비엣족)이라서 세력화할 수 있는 소수민족의 수가 적다. 특히 인근 동남아시아와 달리 중국 화교들의 영향력이 거의 없다. 무엇보다 베트남 정부는 소수민족과의 마찰을 없애기 위해 많은 노력을 해오고 있다.

베트남 헌법 제5조에는 다음과 같은 내용이 명시되어 있다. "베트남 사회주의 공화국은 베트남 영토에서 함께 사는 각 민족의 통일국가이다. 국가는 각 민족 간 평등, 단결, 상부상조 정책을 실현하고 민족을 차별하고 분열하는 모든 행위를 엄금한다. 각 민족은 그들의 언어와 문자를 사용할 권리를 가지며 민족 본색 유지, 고유의 아름다운 풍속, 습관, 전통 및 문화를 발휘할 권리를 가진다. 국가는 모든 면에서 소수민족 동포의 물질적, 정신적 생활을 점진적으로 향상시키기 위한 발전 정책을 실시한다." 베트남 공산당에는 민족과 국가의 이익 외에 다른 이익은 없다고 한다. 당의 이익은 민족과 국가의 이익이며, 모든 이익은 국민을 위한 것이라는 슬로건처

2020년 2월 베트남 공산당 창립 90주년. 사진: 베트남 픽토리알

럼 전 국민에 대한 차별 없는 사명을 준수하고 있다.

2004년 미국 국무부의 인권 실태 보고서에 따르면 베트남은 결사의 자유, 언론의 자유, 표현의 자유, 집회의 자유 등에서 통제를 따른다. 하지만 이는 과거 국부였던 호찌민의 입장을 최대한 반영한 것으로 보이기도 한다. 민족주의적 공산주의를 지향했던 그는 미국과 원활하게 소통했다. 현재 베트남은 북한보다 자유롭고, 인터넷 검열을 하긴 하지만 중국과 달리 구글, 유튜브, 트위터 등 SNS에 대한 사용을 막지 않는다.

베트남은 북한과 중국처럼 사회주의 및 공산주의 체제지만 평이 좋지 않은 각료에게는 투표를 통해 징계를 주고, 반대 의견이 높은 사업에는 국회에서 제동을 걸 수 있다.

　베트남 사람들은 자존심이 엄청 강하다. 베트남은 역사적으로 외세의 침략을 많이 받았다. 국경이 붙어 있는 중국과는 1,000년 가까이 전쟁을 했고, 현재도 국경 근처에서는 크고 작은 영토 분쟁이 계속되고 있다. 1858년 프랑스의 식민지가 된 이후 제2차 세계대전 때까지 100년간 통치를 받았으나 결국 승리했다. 일본의 식민지 통제를 받기도 하고, 8년간 이어진 미국과의 전쟁에서 승리한 역사가 현재의 베트남을 만들었다.

　잦은 전쟁과 마찰은 국민들이 국가에 무조건 협력하도록 만들었으며, 언젠가 승리한다는 호찌민의 말처럼 당장은 이기지 않더라도 언젠가 승리할 거라는 믿음이 마음 깊이 자리 잡고 있다. 그들의 역사는 한마디로 오랜 기간 외세 침략자에게 억눌린 가난과 질병의 역사라 해도 과언이 아니다. 따라서 그 어떤 이념이 아니라, 가족과 민족을 지킬 목적으로 그 오랜 세월 견뎌왔다고 할 수 있다.

　특히 프랑스와의 전쟁 및 베트남 전쟁의 상흔이 컸다. 프랑스와 베트남 관계의 시작은 1771년 베트남 최초의 농민 반란인 '떠이 썬 반란' 이후이다. 이 반란은 떠이 썬이라는 마을에서 응우옌 3형제를 중심으로 시작되었다. 기존 남베트남과 북베트남의 정치적 갈등과 농민에 대한 착취가 심했으나 떠이 썬 반란을 통해 남북부 가문이 모두 무너지고 떠이 썬 왕조가 세워졌다. 그 후 응우옌 왕자는 프랑스의 도움으로 '비엣남'이라는 국호로 왕조를 세웠고, 이에 베트남의 마지막 왕조인 응우옌 왕조 시대가 펼쳐졌다. 응우옌 왕조는 초반 프랑스의 도움을 받아 프랑스에 상업적으로 많은 이점을 주었지만 이후 중국과 우호를 다지면서 프랑스를 외면했다. 이에 프랑스는 선교사 박해 사건을 계기로 베트남을 공격했으며, 1883년 아르망 조약으로 베트남 전 국토를 식민지로 삼았다.

제2차 세계대전 당시, 프랑스가 독일의 침공을 받아 세력이 약해지자 베트남은 일본의 보호국이 되었지만, 1945년에 전쟁이 끝나자 일본은 베트남에서 물러났고, 베트남 공산주의자들은 응우옌 왕조를 무너뜨리고 호찌민 주석을 중심으로 '베트남 민주 공화국'을 수립해 독립을 선언했다. 그러나 프랑스는 인도차이나반도를 프랑스 소유 영토라고 주장했고, 이에 두 나라는 8년간 '인도차이나 전쟁'을 치렀다. 8년간의 전쟁 끝에 '제네바 협정'으로 공식적인 독립을 이룬 베트남은 호찌민의 민주 공화국과 미국의 지원을 받는 베트남 공화국으로 나뉘었다.

북베트남의 호찌민은 남베트남과의 평화통일을 원했다. 하지만 남베트남은 분단된 베트남을 더 원했고, 시간이 흘러 남베트남에서 공산당 지지자가 늘어나기 시작하자 미국은 이를 막기 위해 1964년 8월 7일 통킹만 사건을 구실로 북베트남을 폭격하면서 북베트남과의 전면적인 전쟁이 시작되었다. 이것이 우리가 잘 알고 있는 베트남 전쟁, 즉 월남전이다.

1964년부터 1973년까지 이어진 전쟁은 양국을 피폐하게 만들었고, 베트남에 대한 군사 개입 중단을 내세운 미국의 닉슨이 대통령으로 당선되

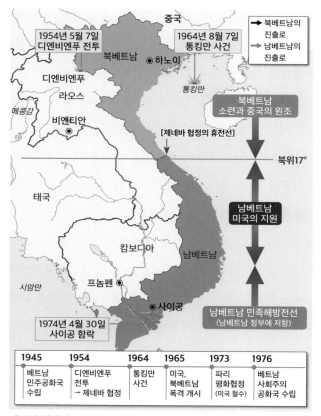

1945	1954	1964	1965	1973	1976
베트남 민주공화국 수립	디엔비엔푸 전투 → 제네바 협정	통킹만 사건	미국, 북베트남 폭격 개시	파리 평화협정 (미국 철수)	베트남 사회주의 공화국 수립

베트남 전쟁의 전개. 출처: 두산백과사전

어, 마침내 1973년 1월 27일 파리에서 평화협정이 체결되면서 종결되었
다. 그 후 미국은 베트남에서 완전히 철수했고, 북베트남은 1975년 대규모
공세를 벌여 그해 4월 30일 남베트남의 수도인 사이공(현 호찌민)을 점령했

다. 사이공이 점령된 뒤 남베트남 공화국이 수립되었고, 1976년 7월 2일 지금의 베트남 사회주의 공화국이 수립되면서 베트남 전쟁이 종식되고 하나의 국가로 통일되었다.

3 베트남 개방 개혁 정책 도이머이

베트남은 1986년 공산당 독재를 유지하면서 자본주의 시장경제를 도입하기 위해 경제 개혁과 쇄신을 의미하는 도이머이 정책을 전격 도입했다.

도이머이(Doi Moi)는 '바꾸다(도이)'와 '새롭다(머이)'는 뜻의 순수 베트남어이다. 의역하면 리노베이션(Renovation), 즉 쇄신 또는 재건을 의미한다. 1986년에 발표된 도이머이 정책은 시장경제 체제를 수용한 베트남식 개혁 개방 정책이다. 대내적으로는 농업 개혁, 가격 자유화, 금융 개혁 등을 통해 계획경제에서 시장경제로의 이행을 모색했고, 대외적으로는 개방을 통한 해외 공적지원자금을 활용했다. 이를 통해 베트남의 경제가 개방되었으며, 중앙 계획적인 방식에서 시장 지향적인 방식으로 바뀌어 큰 경제적 성과를 거두었다.

1995년 미국과 국교 정상화, 2007년 세계무역기구(WTO) 가입을 계기로 글로벌 경제체제에 본격 편입함에 따라 대외 지향적 성장방식이 자리 잡았다. 190개국과 자유무역협정(FTA) 체결, 외국인직접투자(FDI) 유치 확대, 부실 국영 기업의 부분 민영화 추진 등으로 경제의 효용성과 관리 투명성을 추구함에 따라, 2014년 이후 매년 6% 이상의 경제성장률을 기록하

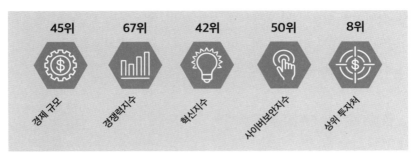

45위	67위	42위	50위	8위
경제 규모	경쟁력지수	혁신지수	사이버보안지수	상위 투자처

2019년 WEF 기준 베트남 글로벌 경제규모. 출처: https://vietnamnet.vn

며 국민소득이 중간 소득 국가로 진입했고 산업구조도 고도화하고 있다.

세계경제포럼(WEF)에서 발표한 「2019 글로벌 경쟁력」 보고서에 따르면 베트남은 세계 경쟁력 순위에서 141개 국가 중 67위로, 전년도 대비 10단계나 올라섰다.

4 베트남의 유교문화와 교육

베트남은 전체 역사에 걸쳐 3개 문화가 겹쳐 있다. 태곳적부터 이어진 현지문화(강과 쌀 중심의 동남아 남방문화), 1,000년간 중국의 지배로 인한 유교문화, 프랑스 등 서양과 교류한 문화이다. 베트남의 주요 특성은 굳건한 현지문화를 바탕으로 하며, 여기에 외래문화의 영향을 받아 베트남화했다. 특히 근대 들어 긴 전쟁에서 승리한 베트남은 마르크스·레닌주의를 바탕으로 한 자본주의 체제를 도입했고, 민족주의를 현실에 반영한 호찌민의 사회주의 사상이 현재 베트남 공직자 중심으로 체계화되었으며, 역사적으

하노이의 대표적 유교문화인 문묘, 국자감 입구. 사진: 베트남통신사(TTXVN)

로 일상생활에 녹아든 유교문화와 남방문화가 함께하고 있다.

베트남에 유교문화의 흔적은 매우 많다. 근본적으로 연장자를 존중하고, 부모에게 효도하며, 체면을 중시하는 등 유교적 문화가 남아 있지만, 공산주의의 영향으로 의도적으로 나이와 관련된 서열문화를 무시하려는 경향도 공존한다. 또한 동남아시아 대다수 국가와 달리 유교식 한자 성(姓)을 사용하고, 조상을 위한 제사와 장례를 지낸다. 존칭어가 있어 상대를 존중하고, 항상 교육에 힘쓴다.

농업 국가인 베트남에서 뗏(Tết, 한국의 설날)은 풍년과 만복을 비는 새해 첫 명절이다. 뗏은 한자의 절(節)자에서 유래해 대나무의 마디처럼 계절과 기후가 서로 다른 시기를 구분하는 마디라는 의미이다. 전국 각지에 흩어져 지내던 가족이 한데 모여 돌아가신 조상들께 제사를 지내고 부엌 신 같은 생활 속 각종 신에게도 제사를 지낸다.

5 세계에서 가장 빠르게 술 소비가 늘고 있는 나라

베트남의 음주문화는 놀랍다고 말할 수 있다. 베트남은 술을 권하는 사회여서 구애받지 않고 마음껏 즐길 수 있다. 베트남에서는 술을 잘 마시는 사람이 회사에서 충실한 사람이라는 우스갯소리도 있다. 현지인들은 맥주를 즐겨 마신다. 베트남 주류 시장에서 맥주는 90% 정도를 차지한다. 2018년 기준 베트남의 맥주 소비량은 연간 40억 리터 정도이다. 이는 동남아시아 국가 중 1위이며, 아시아 전체에서는 중국, 일본에 이어 3위이다.

베트남에 외국인이 많이 들어오고 해외 자본이 유입됨에 따라 해외 기업들의 비즈니스 관계가 잦아지면서 술도 과거에 비해 자주, 많이 마신다.

핑거비나 2019년 송년회

술을 마시는 방법은 한국과 비슷하지만, 한국보다 심한 것도 있다. 점심 반주를 즐기고 오래 마시며 첨잔(添盞)하는 등 상대방에게 술을 권하는 문화가 있다. 그리고 흥이 올라오면 원샷(못짬 펀짬mot tram phan tram)을 통해 서로 흥을 확인하려 한다. 따라서 베트남에서 술을 마시지 못하면 관계 형성과 베트남 직원과의 소통이 불편할 수도 있다.

국토가 남북으로 길어 북부와 남부의 문화 차이가 많은 편이며, 음주 문화도 마찬가지이다. 북부 하노이의 음주문화는 사교적이고 외교적인 반면, 남부 호찌민은 개방적이고 낙천적이라서 월급날이면 매번 술을 마신다.

2017년 기준 1인당 술 소비량은 8.9리터로, 다른 나라에 비해 많은 편은 아니지만 2010년에 비해 89.4% 증가했다. WHO는 베트남의 급격한 술 소비 증가 이유로 비교적 낮은 주세와 주류 구매 연령에 제한이 없는 점을 들었다. 무엇보다 술집 운영에 규제가 없다 보니 지방에서는 커피숍에서 술을 팔기도 한다. 과도한 주류 광고도 술 소비량 증가에 큰 역할을 하고 있다. 술 소비 증가로 인해 음주운전이 사회 문제로 부상하고 있다 (2019년 음주운전으로 인한 사망자 4,000명). 50~69세 사망 남성의 10%가 알코올성 간암이 원인이었는데, 이는 세계 평균보다 3배 이상 높은 수치이다.

베트남 정부는 2019년 '알코올 피해 방지법'안을 통과시켜, 2020년부터 음주운전 등 13개 행위를 금지하고 있다.

베트남은 칠레와 비슷한 지리적 구조여서 세로로 길며, 위성사진을 보면 S자 형태로 되어 있다. 남쪽 끝에서 북쪽 끝까지 거리가 거의 1,700km에 이른다. 반면, 동쪽에서 서쪽으로 가장 좁은 곳은 50km 정도다.

베트남은 지리적으로 긴 나라이기 때문에, 도시마다 특징이 서로 다르다. 수도이자 정치, 행정도시인 하노이와 최대 상업도시인 호찌민 그리고 다낭, 하이퐁, 껀터를 포함한 5개 도시가 중앙직할시로 지정되어 있다.

하노이

하노이는 베트남의 정치 및 행정수도이다. 호찌민에 비해 상대적으로 보수적이고 경제발전이 덜 된 편이지만, 베트남 정부의 남북 균형발전 계획으로 하이퐁과 함께 급성장하고 있다. 하노이에는 많은 국영 기업과 글로벌 기업의 본사가 위치하고 있다. 인구는 760만 명 정도이고, 2019년에는 북미정상회담이 개최되었으며, 2020년 4월에 포뮬러원(F1) 대회가 개최될 예정이었으나 코로나19 영향으로 11월로 잠정 연기되었다.

하이퐁

베트남 북부의 항구도시이며 공업도시이다. 베트남 북부 해안 지역의 기술, 경제, 문화, 의학, 교육, 과학 및 무역의 중심지이며, 인구는 2019년

하이퐁시

- 면적: 1,527.4㎢
- 인구: 198만 명(2016년)
- 주요 산업: 선박 및 운송 등
- 특징: 베트남 제3의 도시로 하노이와 함께 북부 지역 경제의 주축이며, 항구도시로서 베트남 북부 지역 물류 중심지임. 하이퐁에 진출한 대표적인 우리나라 기업으로는 LG전자, LG디스플레이가 있으며, LG는 '하이퐁 캠퍼스'를 짓고 다양한 전자제품을 생산해, 아시아 및 전 세계로 수출할 계획임.

하노이시

- 면적: 3,324.5㎢
- 인구: 723만 명(2016년)
- 주요 산업: 중공업 및 경공업
- 특징: 베트남의 수도로 남부 호찌민시에 비해 상대적으로 경제발전이 낮은 편이나 베트남 정부의 남북 균형발전 계획으로 하이퐁과 함께 급속히 성장. 2008년 하떠이성이 하노이로 편입되면서, 인구와 면적이 대폭 증가함. 수도로서 공공기관이 밀집돼 있으며, 많은 국영기업의 본사가 위치하고 있어, 대규모 프로젝트 및 정부기관의 협력이 필요한 기업이 많이 진출해 있음. 2020년 11월 F1 대회 개최 예정지.

다낭시

- 면적: 1,285.4㎢
- 인구: 104만 명(2016년)
- 주요 산업: 수산물
- 특징: 베트남의 대표 관광도시 중 하나로, 해안가에 위치해 친환경적인 자연경관을 가지며 베트남 신혼여행지로도 인기가 높음. 2017년 11월에는 제25회 APEC 정상회의를 성공적으로 개최함.

껀터시

- 면적: 1,408.9㎢
- 인구: 125만 명(2016년)
- 주요 산업: 농산물
- 특징: 베트남 최대 곡창지대인 메콩델타 중부에 위치, 베트남 농산물(쌀)과 수산물 양식 수출 거점 지역. 메콩델타 지역(껀터시 포함 13개 시성)은 쌀과 수산물 생산량이 전국 생산량의 각각 90%, 80% 차지. 그 외 껀터시는 한국과 국제결혼 신부가 많은 것으로 알려져 있음.

호찌민시

- 면적: 2,095.5㎢
- 인구: 829만 명(2016년)
- 주요 산업: 중공업 및 경공업, 서비스업을 포함한 전 산업 분야
- 특징: 베트남 최대 상업도시로 경제 규모 및 교역 규모가 베트남 내 최대이며, 2016년 기준 1인당 GDP 5,500달러로 높은 수준임. 구(舊) 사이공으로 친숙한 호찌민시는 호찌민 주석의 염원에 보답하기 위해 해방 후 개명했음. 호찌민시는 소비 수준이 높아 세계 유명 브랜드 매장이 중심 지역에 즐비하며, 이 중 동커이 거리는 명품 쇼핑 거리로 유명함.

베트남 5개 중앙직할시 주요 특징. 출처: KOTRA 호찌민 무역관

기준 202만 명이다. 한국 글로벌 기업 LG전자 스마트폰 공장과 LG이노텍, LG디스플레이 공장이 진출해 있다. 하이퐁은 프랑스 식민 시대부터 시멘트 공업이 활발했고, 방적, 알루미늄, 통조림, 유리 등 공업 부문이 발달해, 항구도시이자 베트남 최대 공업도시가 되었다.

다낭

다낭은 베트남에서 가장 대표적인 관광 도시이며, 인구는 2019년 기준 121만여 명이다. 20km 넘는 해안가에 위치해 친환경적인 자연경관을 자랑하며, 베트남 사람들의 신혼여행지로 유명하다. 다낭은 베트남 중부 지역에 있는 최대 상업도시다. 역사적으론 참파 왕국의 주요 거점이었고, 베트남 전쟁 때는 한국의 청룡부대가 주둔해 있었다. 다낭의 해산물은 베트남 사람들도 찾아가서 먹을 정도로 유명하다. 2017년에 제29차 APEC 정상회의가 개최되었고, 2006년에는 미케 해변이 세계 6대 해변 중 하나로 선정되었다. 또한 「뉴욕타임스」가 2019년 1월 발표한 세계 최고 관광도시 52개 가운데 베트남 도시 중 유일하게 15위에 선정되었다.

껀터

베트남 남서부에 있는 교통과 경제 중심지이다. 인구는 2018년 기준 158만 명으로, 베트남에서 네 번째로 인구가 많은 도시이다. 메콩강 하류 삼각지 메콩델타(미얀마, 라오스, 캄보디아 등을 거쳐 남중국해로 흐르는 메콩강 하류에 위치) 중심부에 위치한 껀터는 베트남 최대 곡창지대이다. 베트남 쌀 생산량의 50%를 차지하고 수산물 양식 수출의 거점 지역으로, 베트남 전체 수산물 생산량의 80% 이상을 차지한다. 2025년까지 남서부 지역의 스마트도시 건설 프로젝트를 시행하고 있다.

호찌민

베트남 최대 상업도시이자 경제도시이다. 과거에는 사이공이라고 불렸으며 남베트남의 수도였다. 호찌민 주석이 이끄는 북베트남이 통일하면서, 호찌민 주석의 이름을 따서 호찌민시가 되었다. 호찌민 사람들은 소비 수준이 높아 세계 유명 브랜드 매장들의 중심지가 되었다. 호찌민시의 2018년 기준 1인당 GDP는 약 6,000달러(하노이 5,000달러)이다. 호찌민에는 50개의 종합대학과 단과대학이 있어 학생이 30만 명이 넘는다. 고등교육이 가장 잘 운영되는 곳이다.

7 오토바이 천국, 베트남

'베트남의 대중 교통수단은 오토바이이다.'

현재까지는 맞는 말이다. 베트남에서 걸어다니는 것은 외국인과 개뿐이라는 말이 있다. 베트남 하면 오토바이로 꽉 찬 도로와 3명 이상이 작은 오토바이에 함께 타고 질주하는 모습이 쉽게 떠오른다.

그렇다면 베트남의 오토바이 수는 얼마나 될까?

하노이와 호찌민시 출퇴근 시간대 주요 도로에는 오토바이가 자동차보다 넓게 포진해 있다.

베트남에 정식 등록되어 있는 오토바이 수는 2018년 기준 4,500만 대로(하노이 570만 대, 호찌민 850만 대), 만 18세 이상 남녀 4명 중 3명이 오토바이를 이용한다. 호찌민에는 하노이에 비해 등록된 오토바이가 더 많다 보니 실제로 더 복잡하다. 오토바이가 동남아시아 다른 나라보다 많은 이유는 빠른 경제성장률과 도시화율, 그리고 좁고 낙후된 인프라와 버스 등 대중교통이 부족한 데다 너무 더워 걸어다니기 어렵기 때문이다.

오토바이 수가 많다 보니 문제점도 많다. 오토바이가 내뿜는 매연으로 대기오염이 심각하다. 최근 베트남의 대기오염 수준은 중국을 넘어서고 있다. 필자가 근무하는 하노이와 호찌민에선 출근할 때 창문을 열어놓고 나가면 퇴근해서 집을 대청소해야 할 정도로 미세먼지가 엄청 심하다.

또한 오토바이를 이용해 알리바바(날치기)를 하거나 교통사고로 인한 사건사고가 많다. 최근 오토바이로 인한 사망사고도 잦은 편이다. 그 이유는 헬멧의 내구성과 교통질서 그리고 도로 상황이 좋지 않기 때문이다. 베트남에선 오토바이를 운전할 경우 헬멧을 꼭 착용해야 하며, 그 외에 남자들은 마스크와 겉옷, 여자들은 스카프를 하나 더 착용하는 편이다. 다행히 2019년 들어 베트남 가구 소득이 증가하고 베트남 정부의 오토바이 규제에 따라 자동차 또는 전기 오토바이로 전환하는 사람이 늘어나고 있다고 한다.

반면 오토바이는 작고 좁은 공간도 쉽게 이동할 수 있다는 기동성과 스피드와 편의성 때문에 공유 차량 서비스와 배달 서비스 그리고 이동성 노점 서비스 등 온라인과 오프라인을 연계하는 스타트업 창업이 활성화되고 있다. 기업들도 오토바이 무료 주차 및 발렛 서비스 등 베트남 오토바이 문화의 특성을 이해해, 이를 접목시킨 비즈니스 모델이 증가하고 있다.

8 남자는 나라를, 여자는 가족과 지역사회를 책임진다

베트남은 전통 사회부터 현대 사회에 이르기까지 여성들이 사회적으로 주도적인 역할을 해왔다. 여성들은 나라가 각종 위험에 처하면 적을 상대로 투쟁하고, 노동과 생산 현장에서 일해 가족을 부양하며, 이웃과 화목을 이루면서 항상 남성들과 보조를 맞춰왔다. 그러므로 베트남 여성은 국가의 정체성을 보존하고 가족과 사회에서 자신들의 위상을 강화했다. 현재 헌법에서부터 가족법까지 남녀평등에 대한 제도적 뒷받침이 어느 선진국 못지않게 잘 정비되어 있다.

핑거비나 여성의 날 행사. 젠더도 여성성을 인정하는 분위기라 직원 중 남성 한 명도
포함되어 있다. 출처: 핑거비나

호찌민 주석은 베트남 국민에게 항상 "노인을 공경하고 젊은 사람과 자녀들을 사랑하고 여자를 존경하라"고 강조했다. 1930년 10월 20일 '베트남 여성 연맹(Vietnam Women's Union)'을 공식 설립해, 이날만큼은 여성으로 태어난 것에 감사하고 축하해야 한다며 인민들에게 새로운 전통 기념일 탄생을 알렸다. 이것이 오늘날에는 베트남 '여성의 날'로 불린다. 베트남 여성의 날에는 베트남 전역의 모든 사회가 여성의 존재가치를 존중하고 사랑한다. 여성들에게 선물과 축하 메시지를 전하며, 특히 연인 관계에서는 사랑의 메시지가 담긴 엽서와 꽃 판매가 급증한다.

또한 세계 여성의 날(3월 8일)과 어머니의 날(5월 둘째 주 일요일)에는 가정의 여성, 직장의 여성 모두에게 축하의 꽃다발과 선물 그리고 메시지를 전한다. 특히 베트남 대다수 회사는 여성의 날에 한 해 동안 성실히 근무한 여성에게 여성의 날 보너스를 주거나 축하연을 베푸는 편이다.

2017년 UN 보고서에 따르면 정치계에서 여성의 비율이 27.3%로 베트남이 전 세계에서 가장 높다. 그 외 세계은행(WB)과 국제통화기금(IMF) 등에 따르면 베트남 여성의 사회참여율은 73%에 달하며 국내총생산(GDP)의 40% 이상을 담당하고 있다.

최근 도이머이 정책 이후 대도시 출신이면서 대부분 고등교육을 받고 경제적 풍요를 기반으로 성장한 1990년대생 여성을 '신여성(푸느떤떠이Phụ nữ tân thời)'이라고 부르는데, 이들은 남성들보다 많은 소비를 하고, 다른 세대보다 구매력이 압도적으로 높으며, 각종 매체와 SNS를 통해 전반적인 소비 트렌드를 형성하고 있다. 이들은 삶의 질이 향상됨에 따라 자기 투자 비중이 높고 합리적인 소비를 추구한다. 최근 베트남에서 K팝, K푸드, K드라마 등 신한류가 트렌드로 부상하는 것도 이들의 역할이 크다고 할 수 있다.

코로나19 확산 이후 베트남 소비 시장의 큰손, MZ세대

코로나19 대유행 이후 모든 산업이 디지털화를 전개하고 있다. 본격적인 디지털 시대로 접어들면서 우리는 매일같이 혁신적인 아이디어와 기능을 가진 새로운 상품이나 서비스를 접하고 있다.

디지털 기기는 이미 그 자체가 라이프 플랫폼이 되고 있으며, 똑똑해진 디지털 기기는 이제 사용자에게 스케줄이나 새로운 소식을 알려주고 건강 또는 생활 습관을 개선하도록 도와주는 라이프 조력자 역할까지 하고 있다.

스마트폰을 통해 또는 별도의 번역 기기를 통해 사용자의 말을 디지털 기기가 알아듣고 질문에 답을 찾아주거나 가벼운 농담을 나누고, 외국어를 번역하는 일도 이제는 일상이 되었다. 디지털 기기의 영역이 스마트폰이나 태블릿 PC뿐만 아니라 웨어러블 기기, 사물인터넷 기능을 내장한 다양한 가정 또는 산업 기기로 확대되면서 앞으로도 사용자들은 계속해서 혁신적인 경험을 할 것으로 예상된다.

이미 많은 기업에서 이런 디지털 기술을 활용해 소비자들에게 차별화

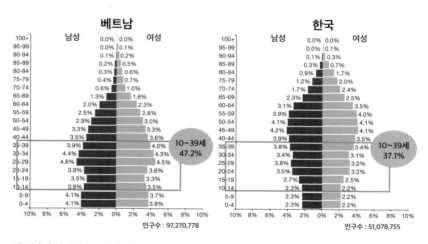

베트남과 한국의 MZ세대 인구구조. 자료: POPULATIONPYRAMID

된 새로운 경험을 줄 수 있는 상품이나 서비스, 더 나아가 비즈니스 모델을 만들어내고 있다. 또한 코로나19 확산 이후 소비자들은 온라인에서 상품이나 서비스를 구매하는 것이 더 편하고 익숙해져 일상적인 모습이 되었다. 이전부터 베트남에서 온라인 쇼핑을 통한 구매가 증가하고 있었는데, 코로나19를 계기로 전 세대에 걸쳐 자리 잡게 되었다.

특히 베트남 소비의 주축인 20~30대 MZ세대는 베트남 전체 인구의 거의 절반에 육박하는 47.2%로, 한국(37.1%) 등 다른 나라에 비해 높은 편이다. MZ세대는 1980년대 초반에서 2000년대 초반에 출생한 밀레니얼(M)세대와 1990년대 중반에서 2000년대 초반에 출생한 Z세대를 통칭하는 말이다.

베트남 소비를 이끄는 MZ세대

전 세계 MZ세대는 상품을 구매하고자 할 때 미리 온라인상에서 자신의 니즈에 맞는 상품 정보를 광범위하게 검색한다. 구매 후보군으로 좁혀진 상품에 대해 소셜미디어(페이스북 등)와 유튜브 등을 통해 지인이나 전문가의 의견을 충분히 듣는다. 한편으로는 상품에 따라 오프라인 매장을 방문하고 실제 상품을 눈으로 확인하기도 한다. 반대로 소비자가 매장을 지나다가 우연히 어떤 상품에 관심이 갈 때는 휴대전화로 상품 정보를 검색하거나 소셜미디어, 블로그의 지인, 전문가의 의견을 참조하기도 한다.

상품이나 서비스를 구매한 뒤에도 소비자들은 사용 과정에 대해 기업과 적극적으로 커뮤니케이션한다. SNS를 통해 주변 사람들에게 사용 경험을 적극적으로 알리고 공유한다. 이는 주변 사람이 해당 상품을 구매하고자 할 때 의사 결정에 영향을 미친다. 이와 같이 소비자의 구매 의사 결정을 위한 행동 대부분이 온라인상에서 이루어지며, 구매 행위 자체는 이런 의사 결정에 따른 결과적 행동일 뿐이다.

디지털 시대라도 모든 소비자의 행동이 똑같이 바뀌지는 않는다. 소비자들이 태어나 교육받고 자라는 과정에서 디지털 기술에 얼마나 익숙해져 있는지, 그것을 어떻게 이용하는지에 따라 차이가 날 것이다. 마크 프렌스키(Mark Prensky)는 2001년 MCB 대학교의 저널 『온 더 호라이즌(On the

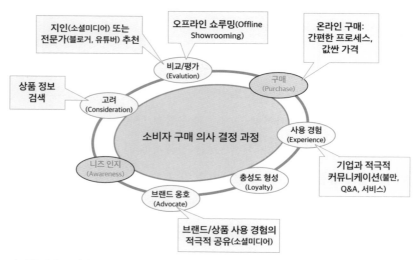

디지털 시대 소비자의 구매 의사 결정. 출처: 『핀테크』(한빛미디어, 2015, 이정훈·강창호 저)

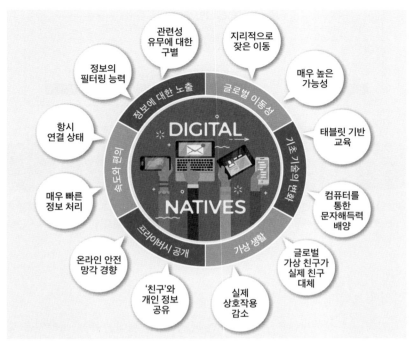

디지털 네이티브의 특징. 출처: Next Generational Emergence in Western Societies: Understanding Digital Natives, Peter Vogel, Business Families Foundation, 2014. 7.

Horizon)』에 기고한 논문 「디지털 네이티브, 디지털 이주민(Digital Native, Digital Immigrants)」에서 1980년 이후 출생해 네크워킹된 디지털 기술과 환경에 익숙하고 잘 활용할 줄 아는 세대를 '디지털 네이티브(Digital Native)'라고 지칭하면서, 1980년 이전에 출생하고 디지털 환경에 익숙하지 않은 '디지털 이주민(Digital Immigrants)' 세대와 대조했다. 물론 같은 세대 내에서도 개인적 차이는 있다. 디지털 네이티브는 이전 세대와 비교했을 때 다음과 같은

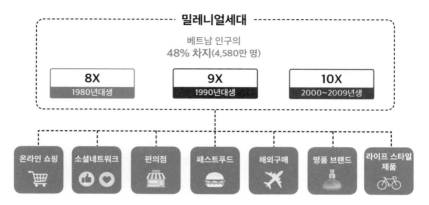

베트남 MZ세대는 온라인 쇼핑을 즐기고 SNS를 통해 소통하며 편의점과 패스트푸드 음식을 즐기는 편이다. 1980년대에서 2000년대에 태어난 사람은 베트남 전체 인구의 48%를 차지한다.
출처: Euromonitor

특징을 보인다.

인터넷과 스마트폰 사용에 익숙한 베트남 MZ세대는 주로 온라인을 통해 소비활동을 하며, 베트남 전자상거래 시장을 선도하고 있다. 글로벌 전자상거래 분석 기업 피코디(Picodi)에 따르면 2018년 온라인 쇼핑 고객 중 49%가 25~34세, 28%가 18~24세로 MZ세대가 77%를 차지했다.

상품 정보도 주로 온라인을 통해서 얻는다. 시장조사기구 Q&Me는 설문조사를 통해 베트남 MZ세대는 주로 페이스북(여성 80%, 남성 69%)과 웹페이지(여성 61%, 남성 63%)를 통해 정보를 얻는다고 발표했다. 특히 인플루언서가 제공하는 상품 정보를 가장 신뢰하는 것으로 나타났다. 베트남 베로(Vero)의 IMC 전략기획자 픽 응오(Phyc Ngo)씨는 "베트남 젊은 세대들은 인

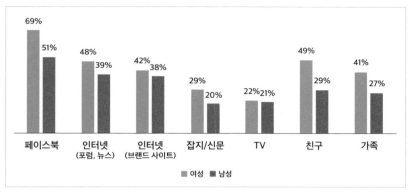

베트남 MZ세대의 정보수집 주요 경로. 출처: Q&Me

플루언서를 단순히 제품 대변인보다는 정보의 원천, 진실한 이야기를 공유하는 상대적 개인으로 생각한다"고 밝혔다.

글로벌 조사기관 닐슨(Nielsen)의 「Z세대와 미래 소비자」 보고서에 따르면 Z세대는 태블릿, 스마트폰 등 특정 제품의 구매와 관련해 가족의 의사결정에 큰 영향을 끼친다고 밝혔다. 닐슨베트남의 응우옌 흐엉 긴(Nguyễn Hương Gin) 전무이사는 "젊은 층이 제품 선택에 영향력을 행사하고 있다"면서 "기업들은 이런 소비층을 핵심 고객으로 만들기 위해 노력을 집중하고 있다"고 말했다.

베트남 소비 시장의 큰손 2030 여성

최근 베트남에서는 1990년대생 신(新)여성을 뜻하는 '푸느떤떠이'라는

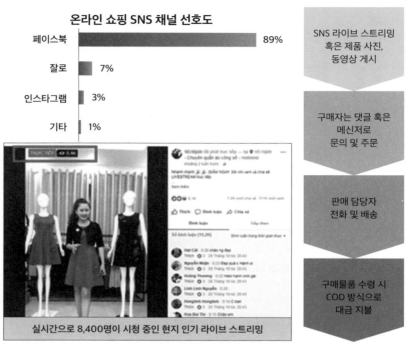

온라인 쇼핑 SNS 채널 선호도

페이스북	89%
잘로	7%
인스타그램	3%
기타	1%

SNS 라이브 스트리밍 혹은 제품 사진, 동영상 게시

구매자는 댓글 혹은 메신저로 문의 및 주문

판매 담당자 전화 및 배송

구매물품 수령 시 COD 방식으로 대금 지불

실시간으로 8,400명이 시청 중인 현지 인기 라이브 스트리밍

베트남 페이스북 라이브 스트리밍을 통한 상품 판매

용어가 부상하고 있다.

푸느떤떠이는 베트남 빈그룹(VinGroup), 항공사 등의 대기업 또는 삼성, LG 등 외국계 기업에서 근무하며 월 1,000달러(약 110만 원) 이상의 소득을 버는 여성들을 뜻한다. 인구 비율로 보면 베트남 전체 여성 인구의 10% 정도를 차지한다. 주목할 점은 이들이 베트남 여성들의 전반적인 소비 트렌드를 이끌고 있다는 것이다. 이들의 인구 비율은 10%에 불과하지만 구매

력은 다른 세대들에 비해 압도적으로 높은 편이다. 이들이 맛집이나 이색 카페를 자신의 SNS에 소개하면 수천 명의 팔로워가 찾아들 정도로 영향력이 막강하다. 베트남 신여성들은 소비 패턴뿐 아니라 전반적인 베트남 생활문화도 변화시키고 있다. 이들에게는 더 이상 여성은 25세 이전에 결혼해야 한다는 전통적인 관습이 통하지 않는다. 많은 여성이 30세가 넘어도 결혼을 서두르지 않는다.

베트남 사무직원인 린(31·하노이) 씨, 외국계 기업 통역을 하는 릴리(30, 호찌민) 씨는 베트남 내 고소득층으로 꼽힌다. 그녀들의 지출 패턴을 분석했더니 매월 3,000만 동(약 147만 원)의 급여 중 쇼핑 지출 비중(20%)이 저축(16%)

베트남 대도시 사람들은 코로나19 이전 주말 또는 저녁에 가족이나 연인 및 동료와 함께 외식을 즐겼다. 사진: vinahanin

보다 높은 것으로 나타났다. 한 달에 2~3번 가족 외식을 하고, 일주일에 4~5번은 헬스클럽을 찾거나 요가 수업을 통해 자기 관리를 한다. 영화·공연 관람 같은 여가 생활에 월급의 13%를 지출하기도 한다.

린 씨와 릴리 씨 같은 베트남 MZ세대는 도이머이 정책 이후 본격적으로 밀려드는 외국 문물과 경제적 풍요를 누리며 살아온 세대이다. 따라서 전쟁을 겪은 부모 세대와 달리 여가 및 취미활동 등 자신을 위한 지출에 적극적이다.

실제로 한국에서는 백화점의 큰 손이 3040 여성 고객인 데 반해, 베트남에서는 2030 여성 고객의 비중이 전체의 72%에 달한다. 롯데백화점하노이 엄선웅 법인장은 "2030 여성 고객을 잡는 자, 베트남 시장을 석권한다"라고 말하기도 했다. 구매력뿐만 아니라 MZ세대가 소비에 미치는 파급효과는 상당하다.

인사이트

베트남은 저렴한 인건비와 값싼 토지비용으로 생산기지로서 이미지가 강하다. 하지만 1억 명에 육박하는 인구와 높은 경제성장률에 따른 구매력 증가에 힘입어 베트남은 소비 시장으로 빠르게 전환하고 있다. 그리고 그 전환의 중심에 MZ세대가 있다. 그러므로 기업 입장에서는 핵심 소비자인 MZ세대를 공략해 시장을 선점하는 것이 중요하다.

우선 디지털에 친숙한 MZ세대를 타깃으로 하는 적극적인 온라인 마케

신한은행베트남은 베트남 축구스타 인천FC 르엉 쑤언 쯔엉을 2016년부터 공식 후원하고 있다.
출처: 신한은행 홈페이지

팅이 요구된다. 인도네시아 TV 제조 브랜드인 쿠카(Coocaa)는 온라인 스트리밍 방송으로 신제품 출시 2시간 만에 1,000개나 판매했다. 삼성전자베트남 역시 2019년 전자상거래 업체인 쇼피(Shopee)와 전략적 파트너십을 체결하고 온라인 쇼핑에 익숙한 MZ세대를 적극적으로 공략하고 있다.

신한은행베트남은 1995년생인 베트남 축구스타 르엉 쑤언 쯔엉(Luong Xuan Truong)을 메인 모델로 발탁해 베트남 MZ세대에게 다가갈 수 있는 현지 마케팅을 강화해서 효과를 보고 있다.

한국의 락앤락은 외국인이 많이 사는 지역과 백화점에 매장을 입점하고 고급스러운 인테리어와 제품 구성으로 베트남에서 2012년 이후 소비자가 신뢰하는 100대 브랜드로 선정되었다. CJ 푸드빌의 뚜레쥬르 역시 하노이와 호찌민의 중심 상권에서 카페형 인테리어와 다양한 베이커리 그리고 자전거와 오토바이 무료 발렛파킹 서비스 등 프리미엄 전략으로 베트남에서 소득 수준이 높은 MZ세대에게 성공적으로 진출하고 있다.

MZ세대는 단순 소비계층일 뿐만 아니라 전자제품 등 특정 품목에서 가족 전체의 구매 결정에 결정적 역할을 하며, SNS 등 소셜네트워크를 통해 구매 상품 정보를 또래들과 쉽게 공유하는 트렌드 메이커이다. 베트남 시장에서 MZ세대를 타깃으로 한 마케팅 전략 수립이 꼭 필요한 이유이다.

레클(LECLE)- 박대선 대표

베트남에 법인을 설립할 경우
알아야 할 것들

베트남의 스타트업으로서, 법인 설립을 위해 반년을 보냈습니다. 그 반년 동안 삽질만 하고 있었죠. 법인 설립을 준비할 때는 이렇게 될지 몰랐죠. 여전히 초보에 가깝고 배울 게 많지만, 지금까지 베트남에 회사를 만들고, 사무실을 얻고, 직원들을 뽑는 과정에서 느낀 것들을 정리해보려 합니다.

베트남에 법인을 설립하려는 분이 가장 먼저 준비해야 할 것은 뭘까요. 그것은 베트남에 보내놔도 소처럼 일해줄 믿을 만한 법인장입니다. 네, 저처럼요. 농담 같

계약 당시 사무실. 나의 암울한 미래를 암시한다.

지만 여기에서 상당히 많은 회사가 법인 설립을 포기하거나 망설입니다. 사실 한국 본사 입장에서는 법인장에게 돈과 시간을 주면 법인이 생깁니다. 더 이상 필요한 거 없죠.

좀 더 자세히 이야기하자면, 베트남 법인을 만드는 목적이 인건비 절감일 경우 법인장은 큰 장애 요소가 될 수 있습니다. 인건비 저렴한 직원을 몇 명 뽑았지만 법인장 체류비, 숙박비, 자녀가 있을 경우 교육비까지 지원하고 나면 이득이 될까요? 첫 해외 지사를 베트남에 설립한다면, 아무래도 가장 믿을 만한 이사급 인력을 보낼 가능성이 큽니다. 그런 경우라면 가정이 있을 테고, 두 명 정도 아이의 국제학교 학비(한 명당 1년에 3,000만 원 정도 든다죠)를 지원하고도 인건비로 이득을 보려면 직원을 얼마나 뽑아야 할까요.

법인장이 돈과 시간을 가지고 베트남으로 들어옵니다. 베트남에 가져와야 하는 서류는 법인의 형태와 법인장의 지분에 따라 다릅니다. 어차피 법인 설립 신청은 직접 못 합니다. 대행 업체에 문의하면 자세히 알려줄 겁니다. 간단하게 설명하겠습니다. 베트남에 설립할 법인 지분의 1%라도 법인장이 가지고 있다면, 한국에서 영문으로 된 사업자 등록증과 주주들 여권을 대사관의 공증을 받아서 가지고 가면 됩니다. 법인장에게 지분이 없다면, 법인장의 취업 허가를 위해 경력증명서, 범죄경력회보서, 졸업증명서 같은 것도 공증받아서 가져가야 합니다. 공증받는 것도 한국 내에 브로커들이 있으므로 돈을 들이면 됩니다. 그 외에 법인 설립에 필요한 서류를 잔뜩 만들어 사인해서 가져가면 됩니다. 대행 업체에서 잘 알려줄 겁니다.

법인 설립 비용이 좀 복잡합니다. 법인 설립 전에 사용한 돈은 베트남에서 비용 처리가 되지 않습니다. 물론 한국 법인에서도 비용 처리하기 애매하겠죠? 돈이 많이 들 경우에는 회계법인을 지정한 뒤 그 법인을 통해 세금계산서를 발행받는 방식을 쓰는데, 수수료가 비싸기 때문에 넉넉하지 않은 회사에서는 사용하기 어려운 방식입니다. 이에 대해서도 대행 업체에 문의하세요.

법인장은 베트남에 와서(3개월짜리 상용비자 받는 것도 알아봐야 합니다. 법인이 있어야 초청장을 만들어서 비자를 발급받을 텐데, 아직 법인이 없으니 브로커를 이용할 수밖에 없죠), 개인적으로는 살 집을 알아보고 공적으로는 사무실을 알아봐야 합니다. 이런 경우 법인장 개인 명의로 회사 사무실을 계약하게 되는데, 회사를 설립한 다음에 명의를 바꾸면 됩니다.

사무실을 계약하면, 저는 계약 경험이 한 번뿐이라서 제가 경험한 것을 기준으로 설명하겠습니다. 8월 1일부터 근무를 시작하겠다고 하면 7월 1일부터 인테리어를 시작할 수 있게 해줍니다. 이 기간에는 월세를 내지 않지만 전기세는 발생할 수 있습니다. 우선, 인테리어 업체를 선정해야 합니다. 여기서 인테리어라는 것은 전기공사, 바닥공사, 인터넷/전화선 연결, 가구 구입 및 배치, 문 만들기(저희 사무실은 문도 없었습니다. 대부분 그렇습니다) 등을 포함합니다. 인터넷선은 건물 밖에서 사무실

근무 첫날, 아직 문을 만들지 않았다.

까지 끌어와야 하고, 전기도 건물 시설에서 뽑아와야 합니다. 벽에 콘센트도 한땀 한땀 만들고(전선 배치도 같은 걸 그려서 건물 관리팀에 허가받아야 합니다), 암튼 건물을 짓는 건지 사무실 인테리어를 하는 건지 헷갈릴 정도입니다. 이런 인테리어를 입주하기 1주일 전에 시작하는 바람에(진작 계약했습니다만, 한국에서 계약금 송금이 늦어졌습니다) 업무 개시 첫날 아침에 출근하니 휑한 사무실에서 새로 뽑은 직원들이 어이없다는 듯이 저를 쳐다보더군요(물론 업체에서는 전날까지 다 끝내주겠다고 했습니다만).

인테리어가 끝난 뒤 가구가 들어오면 전자제품을 사러 갑니다. 아직 법인 등록이 안 됐다면, 모두 개인 돈으로 쓰는 상황입니다. 법인 등록이 됐다면, 세금계산서를 꼭 받으세요. 세금계산서가 없으면 회사 비용으로 처리할 수 없습니다. 냉장고, 냉온수기 같은 걸 삽니다. 우리나라에서 냉온수기는 생수 업체에서 임대해주는 것 같지만 여기서는 사야 합니다.

인터넷은 이로부터 10일쯤 후에 연결되었습니다. 그전까지는 폰으로 핫스팟해 줍니다. 4G 속도가 잘 나옵니다만, 개발자용 맥북을 여러 대 샀더니 다들 자동으

가구는 배달 오다 사고가 났다고 한다.

로 업데이트를 받습니다. 요금은…….

　법인이 만들어지면 발급받은 모든 서류 원본과 법인장 여권을 가지고 은행에 가서 법인 계좌를 만듭니다. 달러 계좌, 베트남 동 계좌, 투자금 계좌까지 세 개를 만들어줍니다. 개인 계좌 만들 땐 여권만 가져가면 됩니다. 투자금 계좌에 법인 등록 시 작성했던 대로 송금이 이뤄지면(이름 한 자라도 틀리면 안 됩니다. 특히 회사 영문명을 잘 체크하세요) 송금받은 돈을 USD 계좌로 옮긴 후 사용하면 됩니다. 저는 신한은행에서 계좌를 만들었습니다. 장점은 아무래도 한국계 은행이다 보니 문제가 생기면 한국어 할 줄 아는 직원에게서 전화가 옵니다. 단점은 푸미흥 지점이 상당히 붐빕니다. 특히 월급날에는 사람이 엄청 많습니다. 처음 계좌 만들 때는 이것저것 쓰라는 게 어찌나 많은지, 베트남 직원과 항상 함께 가세요.

　저희 회사는 뭐가 그리 급한지 법인 설립도 하기 전에 직원부터 뽑았습니다. 사무실도 없어서 커피숍에서 면접을 봤죠. 지금 생각해보면 이 친구들은 뭘 믿고 입사한 건지 모르겠네요.

둘째 날 출근하니 문을 만들고 있었다.

저희가 처음으로 직원 뽑을 때 사용한 방법은 세 가지입니다. 첫째는 ITViec이라는 채용 사이트에 잡 포스팅(20만 원 정도), 둘째는 베트남웍스(Vietnam Works)라는 채용 사이트에서 이력서 검색 서비스 사용(15만 원 정도), 마지막으로 페이스북에 페이지 만들고 홍보하기. 사실 세 번째 방법이 효과가 가장 좋았습니다. 베트남은 페이스북이 다 해먹어요.

면접 볼 때 주의할 점은 노쇼가 많다는 겁니다. 처음 뽑을 때는 30% 이상이 못 나온다고 당일에 연락해왔습니다. 커피숍에서 면접 보려고 앉아 있는 입장에서는 고역입니다만, 그나마 한숨 돌리는 시간이기도 했습니다. 한 시간에 한 명씩 계속 면접을 봤거든요. 하지만 토요일에만 면접이 가능하다고 해서 토요일에 약속을 잡았는데 말도 없이 안 나온 사람도 있었죠..

소프트웨어 개발자 면접이라도 영어가 거의 안 되는 사람이 많기 때문에 베트남 개발자를 대동하거나, 면접 전에 전화 통화를 통해 거르는 게 좋습니다. 베트남어로 된 개발 서적이나 문서가 부족하기 때문에 학습을 위해 영어 독해는 익숙하

둘째 날의 계속되는 혼란

게 하는 경우가 많고, 학교에서도 토익 성적을 졸업 조건으로 요구하는 경우가 있기 때문에 독해는 어느 정도 되지만 회화는 안 되는 사람이 많습니다. 베트남어도 알파벳을 사용하기 때문에 발음에서 모국어 간섭이 심한 편이라 알아듣기 어려울 수도 있습니다.

팁을 하나 드리면, 법인 설립 후 법인장 여권은 금고에 넣어놓고 꼭 필요할 때만 꺼내세요. 복사 공증을 받아두면 원본 없이도 해결할 수 있는 경우가 많습니다. 법인장 여권을 분실하면 가혹한 현실이 기다립니다.

법인장 여권을 분실하면 법인장 개인으로서는 여권 재발급, 비자(거주증) 재발급, 취업 허가증 재발급, 개인 계좌 정보 업데이트 등이 필요하고, 법인으로서는 IRC, ERC 재발급, 법인 계좌 정보 업데이트가 필요합니다. 모든 재발급에는 비용과 시간이 필요합니다. 경찰서 방문, 영사관 방문은 기본이죠.

2장

베트남의
기후

숨 막히는 베트남

6월 베트남의 날씨는 한국의 여름 날씨처럼 후덥지근하고 덥고 짜증 나는 편이다. 우기(5~10월)라 갑자기 쏟아지는 게릴라성 폭우가 하루에 한 차례 이상 쏟아져 우비를 반드시 챙겨 가지고 다녀야 한다.

베트남은 남북으로 긴 지형이라서 기온 차이도 많은 편이다. 강우량이 베트남 전체 연간 1,800mm 정도이다. 특히 호찌민을 비롯한 남부 지역은 우기(5~10월)와 건기(11~4월)가 6개월씩 교차하고 6월에는 매일 엄청난 게릴라성 폭우가 한 차례 이상 내린다.

반면 수도이자 행정도시인 하노이를 비롯한 북부 지역은 뚜렷하지는 않지만 사계절을 느낄 수 있다. 11월 이후 하노이를 방문하는 관광객들이 베트남의 모든 도시가 더울 거라는 생각에 얇은 옷차림으로 왔다가 뜻밖의 추

하노이의 이른 아침 날씨. 처음에는 안개인 줄 알았는데 대기오염이 주원인이란 말을 듣고 외출할 때 마스크를 착용하지 않을 수 없음을 이해했다.

위에 고생하는 경우가 많다.

최근 코로나19 대유행으로 잠깐 하노이와 호찌민 등 대도시의 공기가 참 좋았다고 한다. 하노이와 호찌민 날씨는 더운 데다 중국발 미세먼지, 오토바이와 자동차에서 뿜어낸 대기오염 찌꺼기가 무덥고 후덥지근한 공기와 만나 공기 중에 머무르는데, 바람이 불지 않아 공기 중의 오염 때가 사라지지 않는다. 가끔은 이 대기오염 찌꺼기가 비를 만나 함께 내려오기도 하고, 시간이 지남에 따라 조금씩 아래로 내려오는데 얼굴에 닿으면 정말 미칠 지경이다.

비슷하게 더운 주변 동남아시아 국가들보다 대기오염이 높다는 건 그만큼 경제성장이 급격하게 상승하고 있다는 의미이다. 오염된 공기를 느낄 수 없을 만큼 매 순간 열심히 일하는 베트남 사람들을 보면 베트남이란 나라의 미래에 좋은 에너지가 될 거라는 생각이 든다.

에어비주얼(AirVisual)의 「세계 공기질(World Air Quality) 2018」 보고서를 인용해, 베트남의 대기오염이 얼마나 심한지, 그리고 베트남 사람들의 미세먼지 대처법과 베트남 정부의 환경오염을 줄이기 위한 노력을 알아보려 한다.

매연에 둘러싸인 베트남 도시들

베트남 대도시에서 고개를 들어 먼 곳을 바라보면 항상 뿌옇다. 그런 가운데 한창 건설 중인 고층 건물들, 분주하게 움직이는 오토바이들, 밤새 달리는 대형 트럭과 급증하는 승용차들이 눈에 띈다. 뉴스에서는 연일 베트남 경제성장률이 연간 약 7%에 이르고 글로벌 기업들의 베트남 진출이 늘어나고 있다고 보도한다.

베트남 남부와 북부, 중부 전국 각지에 크고 작은 산업단지가 개발되고, 그곳에서는 섬유 및 의류 공장, 가구 공장, 전 세계 전자제품 공장, 자동차 공장 등이 쉬지 않고 가동되고 있다. 이런 산업의 발전이 환경 문제로 귀결되는 것은 당연하다.

또 베트남의 플라스틱 사용량이 어마어마한데, 도시 곳곳에서 폐기물의 소각이 이루어지고 있다. 베트남은 아직 의무 분리수거 제도가 없어 모든 생활 쓰레기를 한 곳에 버린다. 플라스틱류, 각종 건설 폐기물 등에서 나오는 폐비닐류의 소각으로 인한 매연도 심각하다. 최근에는 베트남 경제성장과 산업발전이 더욱 가속화되고 있어 환경 문제가 매우 심각한 상황이다.

대기질은 오염원뿐 아니라 기상 조건에도 영향을 받는다. 인도차이나 반도 동쪽에 위치한 베트남은 강한 바람이 부는 날이 적다. 남부와 북부의 날씨 차이가 크긴 하지만, 대체로 열대 기후에 속해 공기가 정체된 날이 많다. 여기에 한번 오염물질이 발생하면 바람이 씻어내기 어려운 환경적 요인도 대기오염에 영향을 미친다. 또 베트남 북부는 9~11월 가을이면 대기가 더욱 정체된다. 2017년에 비해 2018년에는 공기질이 다소 개선되었으나, 2019년 초부터 다시 나빠진 것으로 나타나고 있다.

베트남의 미세먼지, 과연 얼마나 심한가

하노이의 대기오염지수는 정부가 공식적으로 집계해 발표하지 않지만, 최근 글로벌 대기오염 수준 측정 플랫폼인 에어비주얼의 대기오염지수 US AQI를 자주 인용한다. 이 지수는 초미세먼지, 미세먼지, 일산화탄소, 아황산가스, 이산화질소, 오존 등 6개 대기오염물질을 기준으로 산출한다. '좋음'(0~50), '보통'(51~100), '민감한 사람의 건강에 해로움'(101~150), '건강에 해로움'(151~200), '건강에 매우 해로움'(201~300), '위험'(301~500) 등 6단계로 나뉜다.

에어비주얼에서 발표한 「세계 공기질 2018」 보고서에 따르면 베트남의 수도 하노이는 인도네시아의 자카르타, 태국의 사뭇사콘과 더불어 동

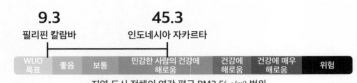

순위	동남아에서 대기오염이 가장 심한 도시 — 도시	평균
1	자카르타(인도네시아)	45.3
2	하노이(베트남)	40.8
3	사뭇사콘(태국)	39.8
4	나콘라차시마(태국)	37.6
5	타보(태국)	37.2
6	사라부리(태국)	32.6
7	메카우얀시(필리핀)	32.4
8	사뭇쁘라깐(태국)	32.2
9	라차부리(태국)	32.2
10	매솟(태국)	32.2
11	칼로오칸(필리핀)	31.4
12	시마하폿(태국)	30.9
13	파이(태국)	29.4
14	촌부리(태국)	27.3
15	호찌민시(베트남)	26.9

순위	동남아에서 공기가 가장 깨끗한 도시 — 도시	평균
1	칼람바(필리핀)	9.3
2	발렌수엘라(필리핀)	9.9
3	카르모나(필리핀)	10.9
4	사뚠(태국)	11.3
5	파라나크(필리핀)	12.2
6	다바오(필리핀)	12.6
7	마카티(필리핀)	13.7
8	마닐라(필리핀)	14.3
9	만달루용(필리핀)	14.5
10	싱가포르(싱가포르)	14.8
11	나라티왓(태국)	15.2
12	발랑가(필리핀)	16.1
13	케손시티(필리핀)	17.5
14	난(태국)	17.6
15	라스피냐스(필리핀)	17.9

2018년 당시만 해도 자카르타가 세계에서 대기오염이 가장 심한 도시였는데, 2019년 보고서에는 하노이가 세계에서 대기오염이 가장 심한 도시로 나온다.

출처: AirVisual, World Air Quality 2018 보고서

남아시아에서 대기오염이 심각한 주요 지역으로 지목되었다. 이 보고서에 따르면 2018년 하노이의 초미세먼지(PM2.5) 평균 농도는 m^3당 $40.8\mu g$으로 자카르타의 $45.3\mu g$에 이어 2위를 차지했다. 2018년 호찌민시의 초미세먼지 연중 평균 농도는 m^3당 $26.9\mu g$로 서울의 $23.3\mu g$보다 약간 높은 수준이었다.

2019년 9월 30일 하노이에서는 오전 9시경 US AQI 지수가 213을 기록했고, 그다음 날인 10월 1일 오전 7시경에는 309를 기록하면서, 동 시간대 전 세계 주요 도시 중 대기오염지수 1위를 차지했다. 이런 오염 수치는 건강에 해로운 수준을 넘어 위험 수준이다. 새벽에는 오염지수가 더 높아지는데, 10월 1일 새벽 5시 30분경에는 317까지 치솟았다. 또 초미세먼지 수치도 9월 30일 $162.8\mu g/m^3$로, 10월 1일에는 $258.6\mu g/m^3$로 나타나, 안전 기준인 $50\mu g/m^3$를 3배에서 5배 이상 초과했다.

9월 30일 US AQI 지수가 높은 도시로 하노이에 이어 중국의 청두가 186으로 2위를 기록했고, 태국의 방콕(175)과 중국의 베이징(171)이 뒤를 이었다. 부산은 17위, 인천은 22위, 서울은 30위를 각각 기록했다. 다음 날인 10월 1일에는 하노이에 이어 아랍에미리트(UAE)의 두

2019년 9월 30일 대기오염 수치.
출처: US AQI지수, Air Visual

바이가 173으로 2위를 기록했고, 쿠웨이트의 쿠웨이트시티(162)와 중국의 충칭(161)이 뒤를 이었다. 인천은 13위, 서울은 16위, 부산은 35위를 각각 기록했다.

최근 한국의 미세먼지도 심각한 수준으로 알려져 국내에서 우려의 목소리가 높다. 그런데 하노이는 서울보다도 월등히 높은 대기오염지수를 기록하고 있다.

베트남 대도시들은 지리적, 기후적 특성상 대기가 정체된 날이 대부분이어서, 미세먼지 없는 날이 매우 드물다. 이런 환경적 요인과 대규모 공사, 수백만 대의 오토바이가 뿜어내는 매연, 친환경 엔진이 전무한 승용차들의 배기가스, 각지에서 발생하는 쓰레기 소각 연기가 뒤섞여 매캐한 스모그가 발생하는 것이다.

베트남 시민들의 미세먼지 대처법

베트남 사람들은 대체로 건강에 관심이 높다. 남녀노소를 막론하고 건강한 식생활과 생활 패턴을 유지하기 위해 노력하는 편이다. 그러나 대기오염 특성상 오염을 완전히 피하는 생활을 하기는 어렵다.

육안으로 대기오염이 심한 날에도 새벽부터 공원에서 조깅하는 사람이 많다. 또 비가 많이 오는 날에는 오토바이 대신 차량을 이용하지만, 공기질

출처: dtinews.vn

이 안 좋다고 해서 오토바이 대신 대중교통이나 택시를 이용하는 사람은 거의 없는 것으로 보인다.

대신 대부분의 사람은 실외에서 항상 마스크를 착용한다. 베트남 사람 대부분이 항시 일회용 마스크나 천 마스크를 구비하고 있다. 육안으로도 먼지가 심한 날에는 일회용 마스크를 2개씩 겹쳐 쓰거나 일회용 마스크 위에 천 마스크를 덧대어 쓰기도 한다.

일회용 마스크 가격은 개당 1,000~2,000동(한화 50~100원)으로 저렴한 편이며 길거리나 슈퍼마켓, 약국, 잡화점, 전자상거래 웹사이트에서 쉽게 구할 수 있다. 다만 일반적으로 베트남 사람들은 자국산 마스크의 품질을 신뢰하지 않는 경우가 많아, 한국산을 찾거나 정부 인증 허가를 받았다는 마스크 상품을 찾기도 한다.

한국에서는 최근 미세먼지 전용 마스크를 찾는 경우가 많으나, 베트남에서는 전용 마스크 사용이 일반화되어 있지 않다. 미세먼지 전용 마스크 가격은 일반 일회용 마스크보다 훨씬 비싼 7만~15만 동(한화 3,500~7,500원) 수준이어서 구매하기에 부담스럽다. 또한 판매처도 많지 않다. 일부 전자상거래 업체에서 한국산이라고 판매하고 있으나, 실제로 한국산인지 여부도 알 수 없고, 정식 수입품인지 여부가 확인되지 않는 경우도 많다.

대표적인 미세먼지 보호 장비인 마스크 외에는 공기오염에 특별히 대비하는 것이 없을 정도이다. 실내 대기질에 대해 특별히 의식하는 경우는 드물다.

최근 베트남의 일부 전자제품 유통 체인에서 한국산이나 일본산 공기청정기가 유통되고 있으나 상대적으로 고가이고 필요성에 대한 인식이 낮아 눈에 띄는 인기를 체감하지는 못한다. 한국 업체로는 청호나이스, 웅진

먼지 방지 안경(눈 보호 안경)	일회용 보건 마스크	천 마스크

출처: KOTRA

일상에서 미세먼지에 대비하기 위해 사용하는 제품이 있는가?

 일회용 마스크와 천 마스크를 모두 사용 중이다.
먼지가 많은 아침과 낮 시간에 오토바이를 운전하면, 일회용 마스크 위에
천 마스크를 덧대어 쓴다. 저녁에는 일회용 마스크만 쓴다.

일회용 마스크만 쓴다. 햇빛이 강하거나 먼지가 많으면 일회용 마스크를 두 개 겹쳐 쓴다.
천 마스크는 주기적으로 세탁해야 하는데, 마스크를 보통 오토바이 트렁크에 보관해 세탁
하는 걸 깜빡 잊곤 한다. 일회용 마스크는 개당 1,000~2,000동(50~100원)으로 저렴하고,
편의점이나 길거리에서 쉽게 구입할 수 있다.

 천 마스크만 쓴다. 천 마스크는 두꺼워 일회용 마스크까지 겹쳐 사용할 필요가
없다고 느끼기 때문이다.

마스크 사용 주기 및 구입 주기는?

 평균 1~2일 동안 일회용 마스크를 1개 사용한다. 일회용 마스크는 매일 사용하므로 박스
로 구입해 집에 보관한다. 한 박스에 50개가 들어 있다. 외출 시 일회용 마스크가 갑자기
필요하면 편의점이나 약국에서 낱개 단위로 구입하기도 한다.

마트나 편의점, 약국 어디에서나 일회용 마스크를 판매한다.
천 마스크는 전통시장에서 구입한다. 보통 1만~2만 동(500~1,000원) 선이다.

특별히 선호하는 마스크 브랜드가 있는가?

 없다. 다만 시중에 유통되는 일회용 마스크가 많아 저질 상품에 대한 우려가 있다.
이 때문에 일회용 마스크 구입처로 약국을 가장 선호한다.

바오탁 기업의 제품을 박스 단위로 구매해 집에 구비하고 있다. 듣기로는, 과거 베트남에
서 이런 종류의 보건 마스크(일회용 마스크)는 정부에서 인증 허가를 받은 곳만 생산 가능
했다고 한다. 이 기업은 인증 허가가 필요했던 과거 시절부터 관련 용품을 생산해온 것으로
알고 있다. 현재 OEM 생산도 하고 있다고 들었다.

미세먼지 전용 마스크는 왜 구매하지 않았는가?

 구매하고 싶지만, 아직 파는 곳을 찾지 못했다. 실제로 미세먼지 전용 마스크를 구입하기
위해 약국과 마트를 방문했으나 내가 간 곳에는 없었다.

내가 본 미세먼지 전용 마스크는 일회용이었다. 가격은 개당 약 8만~15만 동
(4,000~7,500원)으로 매일 소비하기에 부담스럽다.

미세먼지 전용 마스크는 가격이 상대적으로 높아 매일 소비할 수 없다. 반면 일회용 마
스크는 대량 구입해 사무실과 집에 상시 구비할 수 있다.

눈 보호 안경을 사용하는가?

이미 안경을 쓰고 있기 때문에 보호안경과 선글라스를 쓰지 않는다. 대신 안경 렌즈는
자외선을 일부 차단하는 기능이 있는 것을 택했다.

 베트남에서 보호 안경은 보통 50대 이상의 남성이 사용한다. 30대 이하 청년들은 보
호안경이 미관상 보기 좋지 않아, 일상에서는 선호하지 않는 것으로 보인다.

 라식 수술을 했기 때문에 오토바이 운전 시 보호 안경을 사용한다.

주: 1) 개인별 인터뷰 후, 읽는 이의 이해를 돕기 위해 응답 내용을 취합해서 편집
2) 응답자는 만 23~34세 사무직 여성(해당 연령대의 일반적인 소득 범위에 속한 이들을 선정해 인터뷰 요청)
3) 고시 환율 및 인터뷰 일자: 2019. 04. 09.
출처: KOTRA 호찌민 무역관

자녀의 수업이 끝나기를 기다리는 하노이의 학부모. 하노이 미딩 내 초등학교.

코웨이, 쿠쿠 등이 판매와 렌탈 서비스를 위해 베트남에 진출해 영업을 확대해나가고 있다.

더 나아가 2019년 9월 28일경 하노이의 타인 쑤언구에 있는 형광등 업체 '랑동'의 창고에서 불이 나 수은과 중금속 누출 우려가 제기됐다. 베트남 주민뿐 아니라 한인 교민 밀집 지역이기도 해 대기오염의 심각성을 크게 환기시켰다. 이 지역 주민들은 수은 노출 위험 때문에 대피하거나 외출하지 못했고, 어지럼증과 피로감, 두통을 호소하는 사람이 많았다. 한동안 하노이 시민들은 이 창고 근처에서 보관되었던 물건 배달을 거부하기도 하고, 이 근처 음식점을 전혀 찾지 않았다.

이 과정에서 하노이 당국은 위험성을 경고하고 며칠 뒤 화재 현장 주변의 공기, 물, 토양을 검사했으나 특이점이 없었다며 곧바로 경고를 해제했다. 그 후에도 당국의 환경조사 결과가 여러 번 바뀌면서 시민들은 정부를 믿지 못하게 되었다.

최근 들어 대도시 소재 학교들은 AQI 수치가 높을 때 학생들의 실외 활동을 모두 중단하고 교실 문과 창문을 닫도록 조치하고 있다. 또 학생들의 대기 노출을 줄이도록 귀가 시 학부모들에게 자녀를 일찍 데려가라고 권고하기도 한다.

이런 도시의 공기질에 관한 언론 보도와 일련의 사건들로 인해 하노이 시민들도 점차 대기질에 관심을 갖기 시작했다. 베트남 도시의 중산층들은 건강에 촉각을 곤두세우고 대기오염 수치를 확인하기도 하고, 실외 활동을 가능한 한 자제하고 자가용 이용을 원한다.

대기오염을 줄이기 위한 베트남 정부의 노력

좀처럼 대기오염을 공식적으로 인정하지 않는 베트남 정부도 최근 베트남 대도시 대기질의 심각성을 인정하기 시작했다.

베트남 환경부는 「세계 공기질 2018」 보고서에 대해서도 하노이 일부 지역에서 초미세먼지가 발생하고 있다는 사실만 인정할 뿐, 대기오염지수 순위가 다른 도시에 비해 높다는 내용은 부정하면서 측정 방법이나 비교군에 대해 부정확하다고 지적하기도 했다. 최근까지도 이 순위에 대해 정부는 같은 입장을 유지하고 있다.

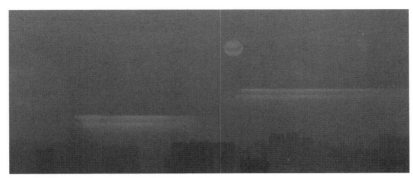

하노이 롯데호텔 전망대에서 바라본 일몰

그러나 공기오염이 육안상 확연히 드러나면서 정부 당국도 대기오염을 인정하지 않을 수 없게 되었다.

10월 초 호찌민시에서는 짙은 안개가 랜드마크81 건물과 68층의 비텍스코 타워까지 덮어버리고, 300m 떨어진 건물도 보이지 않을 정도로 심각한 날이 있었다. 호찌민시 당국은 이에 1,000만 대의 자동차에서 나오는 배기가스, 1,000여 개의 대형 공장에서 나오는 매연, 수많은 건설 현장의 먼지가 대기오염을 악화시킨다고 인정했다. 특히 정체 구간인 2구역의 캇라이, 미투이 로터리, 7구역의 후인땀팟과 응우옌반린 교차로, 동서 간 연결교차로 등에서 오염 수치가 높다고 밝혔다. 호찌민시 당국은 2020년부터 9개 장소에 '에어모니터'를 설치해 대기질 정보를 더 신속하게 전달하겠다고 발표했다.

하노이시는 랑동 수은 창고 화재 사고로 이미 수년 전에 추진했던 하노이 시내에 있는 고무, 담배, 전구, 신발 생산공장 등 113개 오염 유발 공장을 외곽으로 이전하는 계획을 재검토하고 있다. 그 밖에도 대기질 개선을 위해 100만 그루 나무 심기를 실시하고, 시 당국은 현대 기술을 활용한 건설폐기물 매립지와 소각장 건립을 서두르겠다고 밝혔다. 또 대중매체와 스마트폰을 통해 매일 시민들에게 대기질 정보를 제공하는 소프트웨어를 만들 예정이라고 했다.

더 나아가 하노이시와 호찌민시는 2019년 들어 여러 차례 시내 오토바이 금지구역 지정과 오토바이 이용 제한을 검토하고 있다고 밝혔다. 오토바이 이용이 대중교통의 체증을 6.8배 일으킬 뿐 아니라 매연을 심화시키기 때문이다.

다만 오토바이 금지 조치에 대해 전문가와 여론은 대중교통과 도로가 정비되지 않은 도시 상황을 고려할 때 시기상조라거나 비현실적이라는 지적이 많아 시행 여부는 불투명하다. 2030년까지 대중교통의 대대적인 확대, 새벽 시간대 오토바이 통행 금지, 일부 지역 오토바이 통행료 징수를 통한 억제책 등의 대안이 함께 논의되고 있다.

베트남 중앙정부도 대도시 대기질 악화 원인으로 건설, 자동차와 오토바이의 증가, 철강과 시멘트 공장, 석탄화력발전소와 중공업 증가를 꼽으면서, 미세먼지 수치가 극도로 높아지는 날에는 국민에게 당분간 야외 활동을 자제하라고 경고하기도 한다. 특히 밤과 이른 아침에는 미세먼지 지수가 높으니 활동에 주의하라고 권한다.

베트남 어디든 오토바이를 타고 출퇴근하는 사람들

응우옌 쑤언 푹 총리는 2019년 11월 초 친환경 자동차 조립에 사용되는 부품에 대해서는 수입 관세 혜택을 검토하라고 지시했다. 지금까지 친환경 자동차인 전기차, 하이브리드차, 바이오 연료 또는 압축 천연가스차를 제조하거나 조립하는 베트남 기업은 없다. 또 수입 차 중에서도 하이브리드 차량은 렉서스, BMW, 메르세데스벤츠 등 고급 차종뿐이다. 그동안 베트남에서는 이런 친환경 차량에 대한 특별한 장려책이 없었고 구매자 또한 없었다.

일부 자동차 제조 업체들은 친환경 자동차 구매를 독려하기 위해 하이브리드 엔진 사용 자동차에 대해 세제 혜택을 줄 것을 정부기관에 요청해왔다. 베트남 정부는 이에 친환경 자동차 제조와 조립, 수입을 장려하는 정책을 검토하고 있다. 친환경 차량에 대한 특별소비세율을 일반 세율에 비해 낮추고, 다른 나라의 사례를 참고해 등록비 감면, 통행료 감면 등 우대 정책 도입을 논의하고 있다. 푹 총리가 공개적으로 지시한 만큼, 친환경 자동차 시장과 산업이 조금씩 자리 잡는 계기가 될 것으로 보인다.

인사이트

지금 베트남에서 문제가 되고 있는 있는 미세먼지는 급성장하는 경제와 산업에 수반된 것이다. 생활 수준과 함께 오염지수도 올라가는 것이다. 베트남의 대도시들은 급속한 성장으로 도시 전체가 건설 현장이라고 해도 과언이 아닐 정도로 수많은 건설 먼지가 발생하고 있다. 사람과 물건의 이동을 위해 수백만 대의 오토바이가 쉬지 않고 달리고 승용차 이용 또한 급증하는 추세여서 배기가스 배출량도 상당하다. 또 현대적인 생활 습관으로 늘어나는 비닐과 플라스틱 제품의 사용 후 그 폐기물 소각으로 인한 매연도 전국적으로 발생하고 있다.

베트남은 대기질에 대한 인식이 아직 높지 않은 것이 사실이다. 나쁜 공기를 피하기 위해 마스크를 쓸 뿐 다른 대처 방법이 별로 없었다. 또 정부 차원에서 대기오염을 공식화하지도 않고 그 심각성에 대해 정확히 알려주지도 않았다. 따라서 대기오염과 관련해 일관된 정책도 부족했다.

그러나 최근에는 베트남 시민 누구나 육안으로도 공기 오염을 확인할 수 있고 잦은 호흡기 질환을 겪으며 그 위험성을 피부로 느끼게 되었다. 정부도 더 이상 손 놓고 있을 수 없는 상황이 되면서 공식적인 발표들과 함께 대기오염을 피하기 위한 각종 정책이 하나둘 나오고 있다.

베트남도 발전과 성장도 중요하지만 무엇보다 삶의 질에 더욱 중요한 공기를 지키기 위한 노력이 필요한 때를 맞이하고 있다. 지구촌의 과제이기도 한 대기오염 문제의 심각성을 인식하게 된 베트남 국민들과 정부의 대응 노력에 응원을 보내고 싶다.

3장

베트남의
교육

코로나19 이후 베트남 사교육 시장 붐

필자가 2015년 베트남을 처음 방문했을 때 다낭에서 2주 정도 업무를 보며 만났던 사람 중 필자보다 나이가 많은 사람은 한 명도 없었다. 기업 사무실에도 거리에도 택시 운전사까지 모두 30대 미만의 젊은 사람으로 가득했다. 베트남에 다녀온 대부분 사람은 베트남에 젊은 사람이 너무 많다고 공감한다.

'2019 인구주택총조사'에 따르면 2019년 4월 기준 베트남 인구는 9,620만 명으로 동남아 3위, 세계 15위이다. 2018년 전국 신생아 수는 155만 명이며, 평균 수명은 73.5세(한국은 인구 약 5,000만 명에 2018년 신생아 수 32만 명)이고 평균 연령은 30.0세이다.

CIA에서 펴낸 『월드 팩트 북(World Fact Book)』에 따르면 베트남 전체 인

베트남의 대부분 초등학교는 한국처럼 오전부터 오후까지 수업을 진행한다. 출처: KOTRA

구 중 유소년층(0~14세)은 24.1%이고 청년층(15~24세)은 17.2%이다. 24세 이하 젊은 인구가 전체 인구의 41.3%를 차지하는 매우 젊은 나라이다.

젊은 나라 베트남은 전 세계가 인정할 정도로 교육열과 교육 수준이 높다. 1970~1980년대 우리나라 부모들은 자식을 위해 소 팔고 논 팔아 대학에 보냈다. 그 결과 전 세계 최빈국에서 선진국으로 도약할 수 있었다. 베트남 역시 한국과 비교해 부족하지 않을 정도로 교육열과 교육 수준이 대단하다. '나무를 기르면 10년 이익이고, 사람을 기르면 100년 이익이 된다'라는 베트남 속담에서도 교육에 대한 부모들의 인식을 엿볼 수 있다.

현재 베트남은 미국과 비슷한 학제로 운영되고 있다. 초등학교 5년, 중

학교 4년, 고등학교 3년 및 대학과 석사·박사 과정으로 구성돼 있다. 유아원 및 유치원은 의무교육은 아니지만, 정규교육 과정으로 분류되며, 정규교육은 12년간의 기초 교육(초등교육 5년, 중등교육 4년, 고등교육 3년)으로 이루어져 있다.

베트남의 교육 시스템

베트남의 학제는 크게 정규교육, 일반교육, 평생교육으로 구분된다. 정규교육은 유아교육, 초등학교에서 고등학교까지의 일반교육 이후 시험을 통해 진학하는 대학교육으로 구성되어 있다. 직업교육은 초등학교나 평생교육 이수 후에 진학하는 직업교육과 중학교나 고등학교 졸업 후 진학하는 중급 직업교육으로 구분된다. 중급 직업교육 이수자는 시험을 통해 전문대학이나 대학에 진학할 수 있다. 평생교육을 통해서도 비정규 고등 졸업시험을 통과하면 전문대 교육을 받고, 나아가 대학에 진학할 수 있다. 이렇듯 현재 베트남의 학제는 개방형 체제여서 누구나 다양한 경로로 대학에 진학할 수 있다.

베트남에서는 초등/중등/고등학교 졸업 시 또 대학교 진학 시 시험을 치러야 한다. 졸업시험 문제는 전국적으로 공통이며 중학교 졸업시험 성적은 일부 명문 고등학교에서 요구하는 입학 요건이 되기에 사교육에 많은 비용을 지출하고 있다.

특히 졸업시험을 준비하는 현지 5학년(초등학교 졸업반)과 9학년(중학교 졸

구분	연령	과정	수업	기타
유아원	1~2년	2	종일	생후 3~4개월
유치원	3~5년	3	종일	말하기, 노래 부르기, 놀기, 예의범절
초등학교	6~10년	5	5시간	국가에서 주관하는 졸업시험에 합격해야 졸업이 가능하며, 우열반 교육 등이 있어 경쟁이 치열하다.
중학교	11~14년	4	5시간	상급학교 진학을 원할 경우 우수반에 합격하기 위한 경쟁이 치열하며, 진학하지 않는 학생은 국영 기술학교에서 직업교육을 받은 뒤 사회로 진출. 외국어(영어) 배우기 시작
고등학교	15~17년	3	5시간	일반 고등학교와 별도로 전국에 200여 개의 특수학교가 있으며 자연과학, 사회과학, 기술과학 등으로 나누어 집중적인 교육을 실시한다.
기술학교	전국에 기술고등학교 270개, 직업학교 242개, 직업훈련센터 200개. 중학교를 졸업하고 3년 과정의 기술고등학교 과정을 마친 학생은 취업을 하거나 2년에서 2년 반 과정의 기술전문학교 과정 또는 4년 과정의 기술학교에 진학할 수 있으며 졸업할 때 '기술사' 자격증 취득			
전문대학		2~3, 5년		준학사 과정
일반대학교		4년		의대, 치대는 7년, 약대는 5년
석사과정		2년		
박사과정		2~4년		

출처: 베트남 교육훈련부(MOET), 노동보훈사회부(MoLISA)

업반), 대학 입시를 준비하는 고등학교 학생(12학년)은 학교 진도 외 수학, 영어 등 사교육을 받고 있다. 베트남의 높은 학구열과 빠른 경제성장에 따라 좋은 학교 출신들이 높은 연봉과 신분 상승을 보장받으면서 부모들이 사교육에 더 집중하는 양상이다.

사교육의 형태는 학교의 방과후 개별 수업과 학원을 통한 수업 그리고 개인 과외가 있다. 사교육 중 학교 선생님의 방과 후 개별 수업은 2016년 9월부터 금지령이 내려져 현재는 불법이다. 필자가 2015년 다낭 IT정보

대학과 산학협력을 통해 다낭에서 근무할 당시, 그 대학의 교수 포함 지원 인력이 150여 명 되었는데 모두 방과후 과외 수업을 한다고 했다. 교수 월급으로는 자녀를 제대로 된 교육을 받게 할 수 없어 방과후 과외 등 부가 수입 활동을 해야 한다고 했다.

2019년 영국에서 열린 세계교육포럼에서 베트남 교육부 장관은 현지에서 교육 분야에 소비되는 금액이 2018년 국내총생산(2,413억 달러)의 5.8%에 이른다고 밝혔다. 2000년에 GDP(312억 달러)의 3.6%이었던 점을 감안하면 거의 두 배에 달한다. 베트남 내 대학교 수도 2000년 148개에서 2017년 235개로 두 배 가까이 늘었다.

현실 반영 없는 베트남의 공공교육

지난 10년 동안 베트남에서 사교육은 하노이, 호찌민, 다낭, 껀터, 하이퐁 등 대도시를 중심으로 호황을 누렸다. 코로나19 대유행으로 사회적 거리 두기 때문에 주춤했지만, 5월 이후 다시 활기를 띠고 있다. 베트남의 사교육은 한국과 마찬가지로, 학원에서는 수학, 영어, 과학 등 대입 시험에서 큰 비중을 차지하는 주요 과목을 다루는 것이 보편적이다.

30대 초반의 젊은 부부들은 그들의 부모처럼 아이를 많이 낳지 않는다. 자녀의 수가 적어짐에 따라 아이들에 대한 지출을 아끼지 않는다. 교육뿐

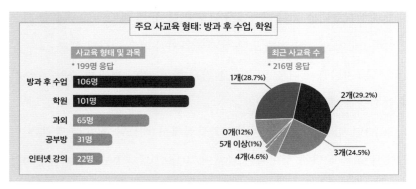

주요 사교육 형태: 방과 후 수업, 학원

사교육 형태 및 과목
* 199명 응답

방과 후 수업 **106명**
학원 **101명**
과외 **65명**
공부방 **31명**
인터넷 강의 **22명**

최근 사교육 수
* 216명 응답

1개(28.7%)
2개(29.2%)
0개(12%)
5개 이상(1%)
4개(4.6%)
3개(24.5%)

KOTRA 호찌민 무역관이 2019년 11월 호찌민시에서 진행한 대면 설문 결과 216명의 응답자 중 92%가 자녀를 위해 사교육에 지출한 경험이 있다고 답했다. 출처: KOTRA 베트남 호찌민 무역관

만 아니라 관련 상품에 대한 지출도 아끼지 않는 편이다. 어릴 때부터 조기 교육과 사교육을 시키는 이유로는 공부를 잘해야 사회에서 좋은 자리를 차지할 수 있고 높은 보수를 받아 부모보다 더 풍요롭게 살 거라는 생각 때문이다.

필자가 다낭에서 근무할 당시, 한국에 다녀올 경우 한국산 산양 분유와 한국산 화장품 등을 구매해달라는 요청을 자주 받았다. 당시 교수 월급으로는 분유 몇 통밖에 살 수 없는데도 자녀를 위해서는 돈을 아끼지 않았다. 그래서 교수들이 투잡, 쓰리잡 등을 하는 것이다.

베트남 대도시에서 사교육을 받는 주요 과목으로는 영어가 가장 보편적이고 수학, 문학, 과학 등 학교 수업 중심으로 이루어지고 있다. 학원비는 과목당 월별 3만~4만 원 선이고 과목당 수업 시간은 1시간 또는 1시간

30분이며, 수업 일수는 일주일에 3일 정도다(하노이에 있는 어린이, 초등학생을 대상으로 한 유명 사립 영어학원은 5개월 과정이 약 700달러, 3개월 과정이 약 500달러 수준으로 매우 비싸다). 우리나라 학원비가 월 20~30만 원(주 2~3회 수업)인 것과 비슷한 수준이라고 할 수 있다.

베트남 정부는 2016~2020 사회·경제개발계획을 세워 교육 분야 현대화 및 인프라 확충을 주요 목표로 삼고 있다. 2013년 이후 정부의 교육 분야 지출 비중이 약 20%에 달할 정도로 교육에 대한 지원을 아끼지 않지만 예산 대부분이 교사의 급여(급여, 상여금)에 쓰이고 있어(86.7% 비중) 교육 질 개선에는 문제점이 여전히 남아 있다.

정부의 교육 지원책에도 불구하고 베트남에서 사교육과 조기교육 열풍이 부는 이유는 부모 세대보다 더 풍요로운 생활을 하기 위함이 제일 크지

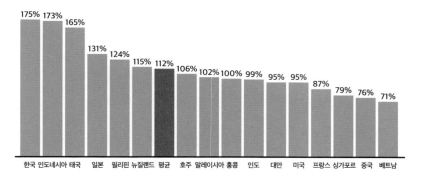

1인당 GDP 대비 고등학교 교사의 임금 비율. 16개국을 대상으로 조사한 결과, 교사는 대체로 각국의 1인당 GDP와 비슷한 수준의 임금을 받지만, 베트남, 중국, 싱가포르는 교사의 연봉이 1인당 GDP보다 훨씬 낮다. 출처: Value Champion

최근 5년간 베트남의 대학 졸업자 실업률 현황

(단위: %)

구분	2013년	2014년	2015년	2016년	2017년
일반 실업률(%)	1.90	2.05	2.18	2.31	2.19
청년 실업률(%)	6.17	6.30	7.20	7.28	7.07
대학 이상 졸업자 실업률(%)	4.25	4.17	3.30	4.43	4.12

주: 각 해의 4분기 통계 수치
자료원: 베트남 노동보훈사회부

베트남 대학 졸업자 실업률 추이. 출처: KOTRA

만, 베트남 공공 교육이 현실을 반영하지 못하는 점도 크게 작용한다.

첫째, 베트남 교사에 대한 처우와 급여가 너무 낮다. 2019년 밸류 챔피언(Value Champion) 보고서에 따르면 베트남 초등학교부터 고등학교 교사의 평균 연봉이 1인당 GDP의 70%에 해당하는 약 1,800달러(한국은 GDP 기준 175%로 16개국 중 가장 높으며, 고등학교 교사 평균 연봉은 6,500만 원으로 약 5만 5,000달러이다)에 불과하다. 따라서 학생을 가르치는 것만으로는 생활 보장이 안 되어 다른 일을 하는 사람이 흔하다.

베트남의 현직 교사 40%는 기회가 있다면 교사가 아닌 다른 직종을 선택할 거라고 응답하는 등 저임금에 시달리는 교사가 베트남의 국가적 문제로 대두하고 있다.

둘째, 교육이 너무 이론에 치중되어 실용적이지 못하다. 특히 팀워크, 리더십, 커뮤니케이션 같은 기술이 부족하며, 학교에서 배운 지식을 실제로 활용할 기회가 거의 없다. 이는 대학 교육에서도 마찬가지이다. 베트남

2017년 베트남 취업 시장 구인·구직자 간 급여 눈높이

(단위: $)

구분	관리직	경력직	대졸 초임
구인 기업 제시 최대 비중 급여 구간	701 ~ 1000	251 ~ 500	251 ~ 500
구직자 최다 조회 급여 구간	1001 ~ 2000	701 ~ 1000	701 ~ 1000
구직자 최다 지원 급여 구간	1001 ~ 2000	251 ~ 500	701 ~ 1000

출처: KOTRA 하노이 무역관

교육부 장관은 2018년 베트남의 종합대학 졸업자 실업률이 4% 미만인데, 대학 졸업자들이 전공과 관련된 일을 하면서 고임금을 받고 싶어 하지만 채용하려는 기업들이 대학 졸업자들의 직무 능력이 부족해 채용을 꺼리고 있어 전체 실업률 대비 대학 졸업자 실업률이 높은 편이라고 말했다.

마지막으로, 한국과 같은 주입식 교육 위주라서 학생들의 창의력이 발휘되기 어렵고 교육 분위기가 경직되어 있다. 주입식·암기식 교육 등 오래전부터 노출돼온 베트남 교육의 고질적 문제와 더불어 사회적 변화와 수요를 반영하지 않은 커리큘럼으로 기업들의 기대와 요구 수준에 미치지 못하는 학사 취득자만 대량 배출하고 있는 셈이다.

베트남 구인구직 최고 사이트인 베트남웍스(VietnamWorks)가 2017년 한 해 동안 자사 사이트를 이용해 채용 정보를 올린 기업들의 급여 조건과 대졸 초임 구직자들의 구직 행태를 분석한 결과에 따르면, 월 500달러 이하 급여 조건을 제시한 기업 비율이 87.6%로 대다수를 차지하는 데 반해 가장 많은 지원자가 몰린 급여 구간은 701~1,000달러로 나타났다.

고등교육 시스템의 미비로 인해 노동인구의 고학력화에도 불구하고, 기업의 요구 조건을 만족시키는 고급 전문인력 공급은 매우 제한적인 상황이다.

또한 베트남의 꾸준한 경제성장과 높은 교육열이 사교육으로 이어지고 있다. 특히 해외 투자 확대를 통한 해외 기업 유치가 증가함에 따라 영어 사용자에 대한 수요가 늘면서, 이들의 급여는 일반 단순직의 3배가 넘는다. 최근 한국 기업이 증가해 한국어를 잘하는 사람이 영어를 잘하는 사람보다 더 높은 급여를 받아 하노이, 호찌민 등 대도시에 한국어 학원이 증가하고 있다.

베트남 내 한국어학과를 개설한 대학은 2017년 23개에서 2019년 말 29개로 늘었고, 학생은 같은 기간 9,600명에서 1만 6,000명으로 늘었다. 2016년부터 베트남 중등학교에서 한국어를 제2외국어로 채택했고, 2014년 3,100여 명에 불과했던 한국어능력시험(TOPIK) 응시자는 2019년 1만 5,754명(11월 접수 인원 포함)으로 5배 급증했다.

필자 회사의 통역을 맡고 있는 미혼의 루어(LUA, 호찌민, 31) 씨 월급은 대략 1,000달러 이상이고, 통역과 마케팅을 겸하는 릴리(Lyli, 호찌민, 31) 씨는 1,200달러의 월급을 받고 있다.

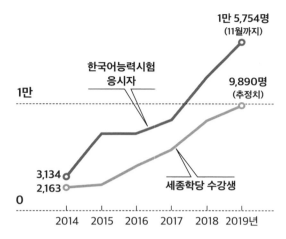

베트남 한국어능력시험(TOPIK) 응시자와 베트남 세종학당 수강생 추이

출처: 베트남 한국교육원·베트남 세종학당

코로나19 이후 달라진 베트남의 교육 환경

유네스코에 따르면 전 세계 164개국의 학교가 현재 휴교 중이며 전 세계 학생의 87%인 15억 명이 학교에 가지 못하고 있다. 유네스코 발표 이후 7월까지도 코로나19 대유행이 줄어들지 않고 있어 7월 현재 188개 이상 국가 학교가 휴교 중이다. 이 상황이 언제까지 지속될지 아무도 예측할 수 없기에, 세계 각국에서 수업 단절 대응책으로 원격 수업을 제시하고 있다.

그동안 베트남에서는 일부 사립학교에서만 온라인 학습을 진행했을

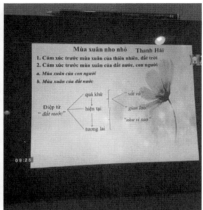

베트남 TV 수업. 사진: KOTRA 다낭 무역관

뿐, 공립학교들은 보수적인 태도를 보여왔다. 하지만 코로나19 확산으로 교육계 전반에서 온라인 학습이 이슈화됨에 따라 공립학교에서도 온라인 교육에 대한 인식이 전환되고 있다. 그러나 대도시를 제외하고 베트남 전체적으로는 여전히 인터넷 보급률이 낮고 공립학교 시스템이 온라인 수업을 할 만큼 준비되어 있지 않다.

2020년 3월 2일 베트남 응우옌 쑤언 푹 총리는 문서(07/HH-VP)에서 TV와 인터넷을 통한 온라인 교육을 실시하도록 지시했으며 3월 6일 부 둑 담(Vu Duc Dam) 부총리는 교육부를 통해 방송사와 지역 지도자의 적극적인 협조를 받아 3월 9일부터 하노이 지역의 9·12학년 학생을 대상으로 TV 교육을 실시했다. 9학년 학생은 문학, 수학, 영어를 배우고, 12학년 학생은

베트남 온라인 교육 플랫폼인 VNPT사의 VnEdu. 출처: VnEdu 홈페이지

문학, 수학, 물리, 화학, 생물, 역사, 지리, 시민교육, 영어를 배우게 된다.

　TV 교육을 실시할 경우 부모는 수업 도중 학생을 도와주고, 학교와 교사가 학습 결과를 평가하면 된다. 방송사는 교양, 예능에 대한 프로그램을 축소하는 등 적극적인 협조를 통해 63개 도시에서 TV를 통한 대중 교육을 실시했다. 6월 기준 평균적으로 지방에서는 80%, 도시와 선진 지역에서는 90% 학생이 인터넷과 TV 방송을 통해 원격 교육을 받고 있다.

　온라인 교육에서는 유치원부터 고등학교까지 적용된 VNPT사의 온라인 교육 플랫폼 Vn에듀(VnEdu) 서비스가 가장 많은 학교에 배포되어 운영되고 있다. 코로나19 확산 후 이 서비스 이용자가 4배 증가한 500만 명을 기록했으며, 시간당 10만 명에 달하는 학생이 이용하고 있다.

뜨거운 에듀테크 시장

베트남의 에듀테크(EduTech) 시장은 10여 년 전에 처음 등장한 이후 2013~2014년부터 온라인 교육 서비스를 제공하는 여러 스타트업이 생겨나기 시작했으며, 「베트남 이코노믹 타임스(Vietnam Economic Times)」에 따르면 2019년 말 기준 150여 개에 이른다.

코로나19 확산은 전 세계 온라인 교육 플랫폼 기업에 관심을 갖게 했으며 에듀테크 분야에 많은 벤처 캐피털이 유입되고 있다. 에듀테크 벤처 캐피털사인 나비타스 벤처스(Navitas Ventures)에 따르면 2019년 동남아시아 에듀테크 투자에서 인도네시아, 베트남, 싱가포르는 시작 단계에 있는데, 향후 가장 빠른 발전이 기대된다고 전망했다.

IT(Information technology)와 교육(Education)의 결합을 뜻하는 '에듀테크'는

베트남 에듀테크 시장 현황. 출처: SEA Bridge 2018 EdTech Landscape

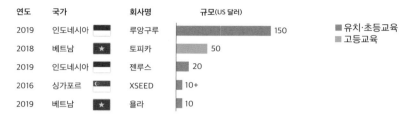

연도	국가		회사명	규모(US 달러)	
2019	인도네시아		루앙구루		150
2018	베트남		토피카		50
2019	인도네시아		젠루스		20
2016	싱가포르		XSEED		10+
2019	베트남		율라		10

■ 유치·초등교육
■ 고등교육

동남아시아 에듀테크 투자 현황. 출처: Navitas Ventures 2019

인공지능(AI), 증강현실(VR), 온라인 채팅(Chatbot) 등의 첨단 기술을 활용해 교실 밖에서 학습할 수 있도록 교육의 기본을 바꿔가고 있다. 그동안 에듀테크 관련 기술 기반 교육은 기존 학교 중심 교육에서 규제받았지만 코로나19 확산으로 인해 이를 통한 교육이 확대되고 있다. 선진국에 비해 인터넷 보급 등 시스템이 부족하지만 베트남 정부와 대기업이 중심이 되어 베트남 국민 누구나 쉽게 접근해서 저렴한 비용으로 우수한 교육 콘텐츠를 이용할 수 있도록 노력하고 있다. 베트남에서 쉽게 접하는 대표 에듀테크 기업에 대해 알아본다.

빌게이츠의 후원으로 설립된 '토피카'

베트남의 대표적인 에듀테크 기업 토피카(TOPICA)는 2006년 마이크로소프트 설립자 빌게이츠의 후원으로 베트남 하노이에서 창립되었다. 창립 후 온라인 교육 플랫폼을 통해 100만 명 이상의 사용자를 확보했고 마

이크로소프트 및 퀄컴의 후원으로 지속적으로 확대해 현재 베트남 외 인도네시아, 태국, 싱가포르, 말레이시아, 필리핀 등 동남아 6개국에 진출해 있다.

영어 과외와 대학 과정을 포함해 다양한 서비스를 온라인을 통해 전문적으로 교육한다. 현재 토피카는 학사 학위를 위해 16개 대학과 협력해 6,200명 이상의 학생을 졸업시켰다고 한다. 토피카에는 직원 약 1,700명과 교사 약 2,000명이 근무한다.

토피카 그룹은 '토피카파운더연구소(TOPICA Founder Institute)'라는 일종의 엑셀러레이터 기업을 별도로 운영해 많은 스타트업을 육성하고, 투자를 유치하고 있다. 2018년 싱가포르에 본사를 둔 노스스타(Northstar) 그룹은 토피카에 600억 원에 가까운 자금을 투자했다.

인공지능 음성인식 기술을 활용한 영어회화 코칭 앱 '엘사'

베트남 국적의 반 딘 홍부(Van Dinh Hong Vu)와 음성인식 연구원 싸비에르 앙게라(Xavier Anguera) 박사가 2015년에 개발한 엘사(Elsa)는 영어 학습자의 발음과 말하기 능력을 높이는 데 도움을 주는 모바일 애플리케이션이다.

엘사는 발음과 관련해 어려움을 겪는 사람들을 돕기 위해 개발되었다. 이 앱은 음성인식과 AI를 이용해 미국 영어를 기준으로 사용자의 영어 발

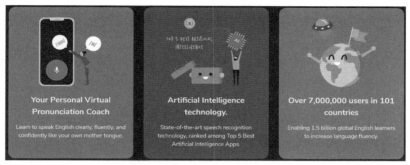

인공지능을 기반으로 한 영어 학습 앱 엘사. 출처: Elsa 홈페이지

음을 평가하고 개선 방법에 대한 조언을 제공한다.

구글의 벤처 캐피털 펀드인 그래디언트 벤처스(Gradient Ventures)와 몽크스 힐(Monk's Hill) 벤처 및 SOSV의 참여로 700만 달러를 투자받는 데 성공했다.

코로나19 확산 시기에 베트남 정부가 교육 스타트업에 20만 달러를 지원하기로 결정해 주목을 끌었다. 이번 기회에 인공지능을 통한 온라인 교육 시스템에 대한 시장개발 가능성과 확대 성장성 여부를 가늠해보겠다는 의도로 풀이된다.

과학기술부가 이끄는 국가 사업의 하나인 프로젝트844(Office of Ecosystem Start-up)는 인공지능을 활용해 온라인 영업 교육 시스템을 주요 사업으로 하는 현지 스타트업 엘사에 투자를 결정했다.

베트남 대표 온라인 학습 플랫폼 '혹마이'

베트남의 대표적인 온라인 학습 사이트 HOCMAI. 출처: HOCMAI 홈페이지

혹마이(HOCMAI)는 2007년 3월 13일 설립되어, 초등학생부터 고등학생까지 효과적으로 공부할 수 있는 유명한 사이트이다. 실습과 복습은 물론 과외와 비슷한 시스템으로 교육을 즐길 수 있으며 거의 모든 학생이 알고 있을 정도이다. 총가입자 수는 2020년 7월 현재 420만 명이 넘으며, 학생들은 이 사이트에서 가장 유명한 교사의 강의를 이용할 수 있다.

고등학교와 대학교 중심의 온라인 교육 플랫폼 '문'

2009년 12월 2일에 설립된 문(Moon.vn)은 혹마이와 유사하지만, 고등학생과 대학생이 대상이라는 점이 다르다. 고등학생들은 수학, 물리, 화학,

고등학생과 대학생 중심의 온라인 사이트. 출처: Moon.vn 홈페이지

역사, 지리, 영어와 같은 모든 과목에서 대학 시험을 공부하고 모의 테스트를 할 수 있다. 모의 테스트를 통해 진학 가능 대학을 알아보고 다양한 대학들의 정보를 얻을 수 있다. 학생들은 고급 수학과 TOEIC 같은 과목도 공부할 수 있다. 이용자는 대략 400만 명에 이른다.

유명 강사 중심의 온라인 콘텐츠 플랫폼 '투옌신247'

2017년 설립된 '투옌신247(TuyenSinh247)'은 고등학생이나 특히 대학 입시를 준비하는 12학년 학생들에게 매우 친숙한 사이트이다. 매년 달라지는 입시 정보와 함께 대학 벤치마킹에 대한 최신 정보를 업데이트해 업로드한다. 이 사이트의 장점으로는 강사들의 열정을 꼽을 수 있다. 강력한 온

tuyensinh247.com 메인화면. 출처: tuyensinh247 홈페이지

라인 및 오프라인 마케팅을 통해 많은 이용자를 모으고 있다.

인사이트

베트남 교육 전문가들은 현재 베트남 인터넷 이용자의 40% 이상이 젊은 층임을 고려할 때 온라인 교육 시장 규모가 20억 달러 이상 될 것으로 추정한다. 온라인 교육 시장이 유망한 분야임에도 교육 관련 콘텐츠, 커리큘럼 개발, 데이터 분석 등에 대한 기업들의 관심과 투자는 여전히 미비한 수준이다. 다행스럽게도 코로나19 확산 이후 정부와 대기업들이 에듀테크 시장에 관심을 갖고 사용자와 공급자 간 간격을 좁히려 노력하고 있다.

베트남 ICT 3대 대기업인 VNPT, 비에텔(Viettel), FPT는 자체 전용 온라인 교육 플랫폼을 만들어 무료 또는 최소 비용만 받고 정부와 학교 그리고 베트남 사용자에게 지원하고 있다.

그동안 사회적으로 학교 교육만 강조해왔으나 코로너19를 계기로 인식이 변해 온라인을 통한 학습이 일상이 되고 있다.

4장

베트남의
아파트

베트남 아파트 투자의 허와 실

베트남을 한 번도 가지 않은 사람은 있어도 한 번 간 사람은 없다고 한다. 해외 관광이 대중화되면서 베트남은 어느새 한국을 넘어 글로벌 관광 대국으로 자리매김했고, 베트남 내 많은 기업이 앞다퉈 관광지 주변에 리조트와 레저시설을 건설해 많은 부를 축적했다. 대표적인 베트남 부동산 그룹으로는 랜드마크81로 유명한 빈그룹과 해안가 고급 아파트와 리조트로 유명한 PFLC 그룹, 다낭의 썬월드와 케이블카로 유명한 썬 그룹(Sun Group) 등이 있다. 이들 외에 현대자동차와 합작한 베트남 타잉꽁 그룹도 부동산 붐에 동참하고 있다.

다만 안타까운 점은 포스트 차이나를 내세워 세계의 공장을 베트남으로 유치하는 데 일부 성공했지만, 기술 중심으로 성장하기보다는 관광객과 비즈니스 관련 사람들로 붐벼 관광호텔과 리조트, 비즈니스를 위한 아파트 건설에 더 집중돼왔다는 것이다.

부동산 붐이 일어 거대 기업들의 부동산 쏠림이 심화되었으나 예측하지 못했던 코로나19로 기업의 생존이 위협받게 되었다. 베트남에 약 1,200개의 부동산 중개소가 있는데, 6월 현재 80% 이상이 2월부터 폐쇄된 상태라고 한다.

코로나19는 베트남 관광과 부동산 시장을 얼어붙게 했고, 부동산에 많은 돈을 투자한 기업들은 부도 위험에 내몰리며 자칫 금융 산업에도 영향을 미치는 것 아닌가 하는 불안감도 있지만, 2009년 금융위기와 달리 소위 내공이 좋아져 큰 어려움 없이 극복해나갈 거라는 전망이 더 우세하다.

코로나19 확산 전, 한국에서도 베트남 아파트 투자 붐이 일어 필자의 지인 중 몇 명도 하노이와 호찌민에 아파트를 한두 채 구매할 정도였다. 그러나 코로나19 이후에는 베트남의 경제 상황을 지켜보고 여러 관점에서 신중하게 생각해보기를 권한다.

베트남의 아파트 가격은 상승 중

베트남은 30대 이하 젊은 층이 전체 인구의 거의 절반을 차지하고, 이들의 소득이 증가함에 따라 주거 편의성을 고려하는 중산층과 부유층의 아파트에 대한 수요가 높아지고 있다. 베트남 건설 회사 입장에서도 토지 가격이 오르면서 한정된 토지에 다세대를 수용할 수 있는 아파트를 건설

사이공강 사이로 뻗어 있는 호찌민시 전경

하는 것이 수익성 측면에서 이득이기 때문에 공급과 수요가 동시에 늘고 있는 것이다.

호찌민시는 이미 주택을 지을 땅이 부족할 정도로 건물과 주택이 빼곡하고, 비교적 여유 있던 하노이시는 도시 전반적으로 크레인이 서 있는 고층 아파트 건설 현장이 많이 눈에 띌 정도로 아파트 건설이 한창이다. 부동산컨설팅 회사 JLL베트남이 2019년 10월 3일 발표한 시장보고서에 따르면 2019년 3분기 호찌민시의 아파트 평균 가격은 m^2당 평균 2,067달러로 전년 동기 대비 23.8% 상승했고, 고급 아파트 가격은 제곱미터당 5,320달러로 전년 동기 대비 64.9%나 상승했다. 하노이시의 아파트는 공급이 계속되면서 가격 상승 속도가 호찌민시만큼 빠르지는 않지만, 3분기에 2분기 대비 0.21% 상승한 것으로 나타났다.

아파트 분양가는 토지비용, 자재비, 인건비 등 원가의 꾸준한 상승으로 자연스레 올라가는 추세이다. 또 베트남 정부가 정책적으로 아파트 공급을 제한하는 경우도 있고, 행정절차가 지연되면서 아파트 공급이 늦어져 2019년 들어 대도시의 아파트 분양가가 한층 상승하고 있다.

아파트 가격은 등급, 브랜드, 위치, 면적에 따라서도 천차만별이지만 외국인들이 주로 찾는 B급 이상 아파트 중 방 2개 이상을 갖춘 경우에는 대략 1억~10억 원 수준까지 폭넓게 분포되어 있다.

아파트 분양가가 상승하면서 이미 완공된 아파트의 매매 가격도 상승 추세를 보이고 있다. 같은 가격으로 새로운 아파트를 분양받을 것인가, 이미 인프라가 조성된 기존 아파트를 매매할 것인가 선택의 문제가 되기 때문이다. 또 인기 있는 아파트로 검증된 경우에는 수요가 몰리면서 소유권 증서 발행 전에 프리미엄을 붙여 전매하는 경우도 있다. 이와 같이 베트남 대도시의 아파트 가격이 오르고 있어, 아파트에 투자하면 어느 정도 수익을 거둘 수 있다는 기대감을 갖게 한다.

그러나 2020년 2월 이후 코로나19 여파로 항공 길이 막히고 관광 수요도 사라지고, 베트남에 체류하던 주재원 일부가 본국으로 돌아가자, 높은 월세를 지지하던 많은 변수가 일시에 사라졌다. 그래서인지 최근 들어 고급 아파트가 하노이와 호찌민시 중심에서 급매물로 속속 쏟아지고 있지만 베트남 부동산컨설팅 회사인 사빌스(Savills) 보고서에 따르면, 2020년 1분기 하노이의 아파트 및 단독주택 가격은 전 분기에 비해 하락하지 않았다. 아파트의 평균가격은 오히려 작년 동기 대비 10% 상승하며 m^2당 1,460달러를 기록했다.

외국인도 베트남 아파트에 투자할 수 있나?

한국인이 선호하는 투자국 베트남

2019년 9월 KB금융연구소가 발표한 「2019년 한국 부(富)의 보고서」에 따르면 조사 대상 자산 10억 원 이상 한국인 중 절반 이상이 해외 부동산 투자에 관심을 보였다. 베트남에 투자하고 싶다는 응답이 57.15%로 가장 높았고, 싱가포르 32.1%, 중국 30.7%, 말레이시아 26.4%였다. 전체 자산 50억 미만 응답자 중에서도 베트남 부동산을 선호한다는 응답이 57.6%로 가장 높았고, 싱가포르 31.8%, 중국 30.6%, 말레이시아 25.9%, 유럽 17.6%, 미국 10.6%, 홍콩 9.4%, 일본 4.7%로 나타났다. 다만 이 보고서는 한국의 부유층이 낯선 해외 부동산에 대한 이해와 분석의 어려움을 피해 펀드나 부동산신탁 등 간접 투자를 주로 한다고 분석했다. 그러나 베트남 부동산에 대한 직접 투자는 현지 교민이나 일부 투자자들이 신고 없이 매입하는 경우도 많아 통계에 제대로 잡히지 않는다.

이 보고서가 인용한 한국은행의 자료에 따르면, 한국 투자자들은 2018년 베트남 부동산 시장에 5,610만 달러를 투자했는데, 이는 미국 1억 5,520만 달러에 이어 두 번째로 큰 규모였다. 한국의 부동산 시장 규제가 강화되고 정책과 세법이 자주 변경되면서, 해외 부동산 투자로 눈을 돌리는 투자자가 늘고 있다. 더욱이 한국 부동산 시장의 상승을 목격해 베트남 부동산 투자에 대한 관심이 매우 뜨겁다.

외국인도 '일부' 아파트를 살 수 있다

베트남은 2015년 7월 주택법을 개정해 '베트남에 입국할 수 있는 비자를 가진 개인'의 아파트 구매를 허용했다. 이런 주택법상 외국인의 아파트 구매가 허용된 이후 약 3년 동안 신규 분양하는 외국인 밀집 지역에 위치한 아파트를 한국인이 대거 구매하기도 했다. 하노이의 경우 한인타운의 미딩(My dinh) 지역을 비롯해 베트남 유명 민간 건설기업 빈홈(Vinhomes)이나 선샤인(Sunshine) 그룹이 분양하는 하노이 각지의 주요 프로젝트에서 한국 사람들의 구매가 늘며 외국인 분양 가능 상한에 달해 더 이상 아파트를 구매할 수 없는 소위 '매진'된 아파트도 나오고 있다. 투자 목적도 있겠으나 베트남의 임대료가 일반 소비재 물가에 비해 매우 높은 편이어서 교민들이 실거주 목적으로 구매하는 경우도 많다.

그렇다면 외국인이 아파트를 정식으로 '소유'할 수 있는가? 베트남 주택법에 따르면 외국인이 모든 주택이나 상가 등을 직접 구입할 수 있는 것

현재 베트남 주요 도시에는 30층 이상 고층 아파트 공사가 한창 진행 중이다. 사진은 하노이 빈홈스카이레이크 아파트 공사 당시 현장 모습이다.

은 아니다. 외국인은 '상업용·주거용 주택공급 프로젝트 구역 내에 지어지는 아파트, 빌라, 타운하우스, 주택'만 구입할 수 있다. 또 프로젝트 중에서도 국방, 외교 등과 관련되거나 주요 공공기관 부근의 분양에서는 외국인에 대한 판매가 허가되지 않는다. 더 나아가 외국인 판매 허가를 받은 분양 단지에서도 '총분양 호수의 30% 범위'에서만 외국인에게 판매가 가능하다. 또 외국인은 신규 프로젝트에서 분양받지 않으면, 이런 유효한 외국인 분양을 받은 외국인한테서만 주택을 매수할 수 있다(코로나19 유행 후 베트남 부동산중개협회는 정부에 고급 아파트 사업에 외국인 소유 상한선을 늘려달라고 제안했다).

　한편 외국인은 아파트를 구매하더라도 소유권이 영구적인 것이 아니라, 소유권 기간이 50년으로 제한된다. 베트남인들의 주택 소유권이 영구적인 것과 차이가 있다.

이런 까다로운 조건 때문에, 베트남 전체 주택 시장에서 매우 한정된 아파트, '외국인 분양허가를 받은 프로젝트의 30%' 중 '소유 기간 50년 이하인 아파트'만 외국인이 거래할 수 있다.

외국인으로서 아파트를 사기 위한 자격과 방법

외국인으로서 아파트를 사기 위한 자격은 의외로 간단하다. 입국 비자를 받은 여권만 소지하면 된다. 아파트 매입은 베트남동화(VND)로 해야 하

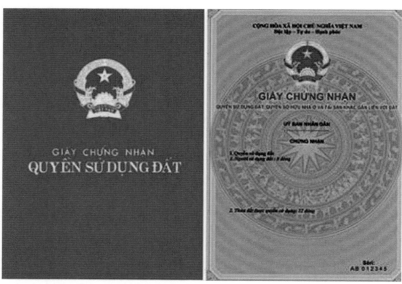

베트남의 외국인 아파트 구매 소유권인 핑크북

는데, 현금으로도 살 수 있고 송금할 수도 있다. 분양받는 경우에는 분양 계약서에 서명한 뒤, 통상 계약금으로 1억 동에서 2억 동(한화로 500만에서 1,000만 원) 정도 납입한 후 분양대금 납입 계획에 따라 중도금을 납입하고, 아파트 소유권증서, 소위 '핑크북(Pink Book)' 발급 시 잔금 5%를 최종 납입하는 게 일반적이다.

만약 신규 분양을 받지 않고 다른 외국인으로부터 아파트를 매수하면, 매매계약서를 작성하고 공증 사무소에서 계약서 공증을 거쳐 매도인이 거래세를 납부한 후 소유자 명의 변경을 신청해 신규 소유자 명의의 소유권 증서를 발급받는다. 아파트를 사는 절차상 특별한 조건이나 제약은 없다.

외국인 아파트 투자의 기대수익

앞서 살핀 바와 같이 아파트를 실제 거주용으로 구입하는 경우도 있지만 시세차익 또는 임대수익을 기대하고 매입하는 경우도 많은 것으로 알려져 있다. 현재 매매차익에 대한 통계가 제대로 나와 있지 않아 시세차익이 어느 정도인지 파악하기는 다소 어렵다. 월세 임대수익은 아파트마다 큰 차이가 있으나 투자금액 대비 4~7% 정도로, 최근 한국에서의 월세 수익에 비하면 높은 수준이지만 베트남의 은행 동화 정기예금 이자율이 연 5~8%인 것과 비교하면 높은 수준은 아니다. 그만큼 아파트 분양 가격이 높다는 의미이기도 하다.

또한 원칙적으로 임대소득도 소득세 신고 대상이다. 그러나 신고하는 경우는 소수이며 아직 이에 대한 단속도 본격적으로 이루어지지 않고 있다. 하지만 소득세 신고를 누락할 경우 위험이 없다고 단정할 수는 없다. 베트남은 세금 징수에 매우 엄격하고 세율 또한 높은 편이다.

> **[참고] 베트남 10대 부동산 기업 명단**
>
> 1. 빈그룹(VinGroup)
> 2. 에프엘시 그룹(FLC Group)
> 3. 호아팟 그룹(Hoa Phat)
> 4. 비글라세라 총공사(Viglacera)
> 5. 노바랜드부동산투자사(Novaland)
> 6. 하도 그룹(Ha do)
> 7. UDIC 인프라개발투자사
> 8. 힘람주식회사(Him Lam)
> 9. 호아빈사(Hoa Binh)
> 10. 푸미흥개발사(phat trien PMH)

베트남 아파트 매매 시장의 왜곡

외국인 시장과 내국인 시장으로 양분

한마디로 베트남에서 외국인이 살 수 있는 아파트는 매우 제한적이어서, 현지 내국인의 아파트 시장과 나뉘어 있다고 볼 수 있다. 아파트 가격이 상승하려면 결국 현지인들의 수요가 크게 늘고 구매력이 커져야 한다. 그러나 아직 베트남은 빈부 격차가 매우 커 대다수 사람이 중고급 아파트의 구매력을 갖출 때까지 단기적인 가격 급등을 기대하기는 어려울 것으로 보인다. 선진국 대도시에서 최근 수년간 집값이 급등한 것과 대조적으로 가격 상승 속도가 기대보다 더 딜 수 있다는 것이다.

또 외국인 밀집 지역이나 일부 고급 아파트, 유명 브랜드의 아파트들은 외국인들의 수요가 많으나 매매 가능분이 프로젝트당 30%로 제한되어, 외국인끼리 외국인 분양분에 대해 프리미엄을 붙여 전매나 매매가 이루어지기도 한다. 결국 내국인이었다면 분양가 그대로 살 수 있거나 오히려 미분양된 부분을 할인 가격으로 살 수 있는데, 같은 아파트를 외국인은 프리미엄까지

호찌민시 고급 아파트인 빈홈파크. 외국인들이 가장 많이 살고 있는 곳으로, 현재 베트남에서 가장 높은 랜드마크81과 함께 있다.

주고 사는 경우가 생기는 것이다. 이런 비싼 매입이 향후 비싼 매도로 이어질지는 의문이다.

정리하자면 아파트 분양 시 외국인 분양분을 신청한 프로젝트(베트남에서는 프로젝트라고 표현)에 한해 최대 30%까지 외국인에게 분양된 것을 최대 50년까지만 보유 가능하며, 1회 연장 가능(즉, 100년)하다. 베트남인이 소유한 아파트를 외국인이 사는 것은 불가능하다.

아파트 가격에 반영된 선호 조건 불이행 문제

베트남 아파트는 분양 시부터 통상 층수, 조망, 코너집, 주변 건물의 간섭 등을 고려해 분양가를 책정한다. 그러나 아파트 건설사나 시행사들의 시공 계획 불이행 문제나 행정절차의 불합리성으로 인해 이런 조건들이 지켜지지 않는 경우가 발생하기도 한다.

하노이의 유명 건설사가 지어 최근 입주를 시작한 S아파트는 분양 계획에 호수 조성이 담겨 있고 호수 조망 아파트는 분양가도 높았으나, 아파트가 완공되고 입주를 시작한 지 몇 년이 지났으나 인공호수 조성의 첫 삽도 뜨지 않은 채 주변이 황무지로 남아 있다. 그러나 이런 문제에 외국인이 대응하기는 거의 불가능한 상황이다.

또 일부 아파트의 경우에는 분양받아 입주를 마친 지 수년이 지났는데도 소유권증서 발급이 지연되고 있다. 이유는 알 수 없다. 통상 아파트별로 현지인부터 소유권증서를 발급해주어 외국인들은 기다림에 분통만 터뜨리고 있다. 어떤 경우에는 아파트 바로 앞에 초고층 빌딩이 들어서기도 한다. 이처럼 다른 프로젝트로 인한 조망권이나 프라이버시 침해를 막을 방법이 없다.

베트남 현지인들도 이런 문제로 장기간 분쟁을 벌이는 경우가 많다. 관리비 미납 운동을 벌이거나 주민위원회를 결성해 운영방식에 항의하기도 한다. 베트남 정부도 이런 문제를 알고 있으나 현재 규제가 명확하지 않아 특별한 해결책이 없다.

아파트 시장에 대한 정보 부족

한국의 아파트 시장은 국토부의 아파트 실거래가 웹사이트, 여러 포털이나 부동산 전문 앱을 통해 부동산 실제 거래 가격을 거의 정확하게 파악할 수 있다. 이 시세를 바탕으로 담보대출 범위도 정하고 매매도 이루어지며 세금도 부과된다. 그렇다면 베트남에서는 아파트 시세를 무엇으로 알 수 있을까. 최초 분양가는 공개되기도 하지만 실제 거래 가격은 알기 어려우며, 현지인들 간 거래 시세와 외국인들 간 거래 시세가 달라 시세라는 공정한 시장가격으로 아파트를 매매하기가 쉽지 않다.

아파트 거래 시 어려움

소유 기간 제한으로 50년 이내 매도

외국인 아파트의 경우 소유권이 영구적이지 않고, 소유권증서 발급 기준 50년으로 소유 기간이 제한된다. 일각에서는 이 소유 기간이 한 번 연장되도록 변경을 논의 중이라고 하는데 그렇게 될 경우 100년 이내에 반드시 아파트를 매도해야 한다. 이 소유 기간이 지나면 외국인이 소유한 아파트는 베트남 국고로 귀속되기 때문이다. 이렇게 시간이 흘러 주택을 구입한 외국인이 반드시 매도해야 하는 상황이 다가올수록 베트남인 매수자가 우위에 서는 시장이 될 것으로 예상할 수 있다.

또 외국인 소유분은 소유 연수가 경과할수록 다른 외국인에게 매도하기가 어려워질 것이다. 외국인들은 소유 연한이 적게 남은 아파트보다 신규 아파트를 더욱 선호해, 기존 아파트의 매매 가치가 다소 하락할 수 있다.

이런 소유권에 제한이 있는 부동산을 분양하는 국가는 전 세계에서 약 70개국으로, 싱가포르는 99년, 필리핀은 50년이고, 태국의 리조트 부동산은 30년이라고 한다. 따라서 이런 소유권 기간 제한으로 분양사들이 투자자들에게 일정 기간 어느 정도 수익률을 보장해주기도 하는데, 실제로 이런 보장을 제대로 이행하지 못해 문제로 지적되기도 한다.

매도 시 매수자 물색

현재 외국인을 상대로 하는 중개인들과 현지인들 대상 중개인이 비교적 나뉘어 있어, 외국인 보유 부동산을 현지인에게 매도하는 것이 쉽지 않은 상황이다. 실제로 대부분의 거래는 외국인끼리 이루어지고 있다.

베트남 아파트의 내구성과 감가상각

베트남 아파트의 내구성은 한국보다 다소 떨어진다고 볼 수 있다. 일단 자재나 마감 등에 차이가 있고 베트남의 기후는 한국보다 고온다습해 외관이 빠른 속도로 부식한다. 또한 대부분의 신축 아파트가 30층 이상 고층

베트남의 대표적인 서민형 아파트인 하노이시 황마이구의 링담 아파트는 41층 12개 동으로 이루어져 있는데, 한 동에 800세대를 수용해 전체 1만 세대가 입주할 수 있다.

으로 건설되어 향후 재건축 등을 기대하기 어렵다. 감가상각이 큰 것이다. 많은 외국인의 임대 수요가 최신 분양 아파트에 집중되는 것도 이런 이유이다. 아파트가 오래될수록 매매 가격이 떨어지거나 임대 수익이 적어질 수 있다는 점도 감안해야 한다.

매도 후 환전과 송금

베트남은 현금 이용률이 압도적으로 높다. 거래 당사자 모두 현금을 선호하고 출처가 불분명한 자금도 있기 때문일 것으로 추정된다. 따라서 아파트 거래 현장에서 현금 다발로 거래하는 경우를 많이 보게 된다. 현재 베트남 정부는 이런 부동산 현금 거래를 통제하려는 움직임을 보이고 있다. 또 호찌민시 건설부는 2019년 9월 초 부동산 회사와 중개업자, 거래소 들에 자금세탁과 테러 자금 조달 예방을 위한 조치를 강화해줄 것을 요청하기도 했다. 건설부는 3억 동(약 1만 2,800US달러) 이상의 현금 거래에 대해서는 베트남 건설부 산하 주택부동산시장관리부와 베트남 중앙은행의 자금세탁방지부서에 보고하라고 지시하기도 했다.

특히 2019년 7월부터 외국인을 대상으로 우선 현금 거래를 제한하고 송금 거래를 유도하는 정책을 펴고 있다. 이에 베트남 중앙은행의 정책에 따라 외국인의 현금 입금과 예금 가입을 통제하고 있어, 거액의 현금 보유 시 계좌 입금은 특별한 이유가 아닌 한 거의 불가능하며, 은행에 따라 차이가 있지만 최대 1회 1억 동(한화 500만 원), 월 2억 동(한화 1,000만 원)까지로 제한하기도 한다. 따라서 부동산 매매 시 현금으로 거래하는 경우, 거래 자체는 가능하나 매매대금으로 받은 현금을 은행에 예금하기가 매우 까다롭다.

이렇듯 계좌이체로 받지 못하고 현금 거래한 매매대금을 본국으로 송금할 수 있을까? 베트남 현지 은행들은 현금 거래한 부동산 매매대금은 우선 달러로 환전해주지 않아, 결국 송금이 불가능하다. 부동산 매매대금 환전 및 송금을 위해서는 부동산 소유권 이체를 증명할 증서, 공증계약서, 계좌이체 거래 내역서, 세금납부서 등 모든 서류를 완비해야 한다. 그러나 실제로는 소유권증서 발행 전 전매나 현금 거래 등이 이루어지는 경우가 많은데, 이런 경우에는 환전 및 본국 송금이 불가능하다.

또 환전 및 송금이 가능한 경우에도 한국의 외국환거래법과 외국환거래 규정에 따른 신고 등을 고려해야 한다. 이들 법규에 따르면 해외 부동산 취득신고, 보유신고, 매각신고 등을 모두 이행해야 하며, 매매대금도 한국으로 전액 송금해야 하는데, 여러 가지 현실적인 문제로 모두 이행하기 어려울 수 있다. 미이행 시 소액 부동산의 경우 과태료가 부과되지만, 10억 원 이상 부동산에 대해서는 형사처벌 규정도 있음을 고려해야 한다. 또 원칙적으로 해외 부동산의 양도 차익에 대해서도 한국에서 별도 세율에 따라 양도소득세를 신고하고 납부해야 한다.

최근 베트남 아파트 투자가 주목받으면서 한국의 감독 당국도 이를 눈여겨보고 있어 각종 규제 위반이 이슈가 될 수도 있다.

베트남 아파트 투자, 장밋빛만은 아니다

하노이와 호찌민을 중심으로 대도시 아파트들은 코로나19 유행 이후에도 가격이 오르는 것이 사실이다. 일단 물가 상승 등을 고려해 분양가가 높아지고 요지의 토지가 부족해지면서 공급이 제한되며, 중고급 아파트 수요가 커지기 때문이다. 또 베트남의 경제가 지속적으로 고성장 중이어서 현지인들의 수요와 외국인들의 수요도 높다.

그러나 투자할 경우 단순히 매매 가격의 차이만 고려할 것이 아니라, 투자의 안전성, 수익성, 원활한 회수 가능성과 매매대금의 송금이나 활용 등 모든 요소를 고려하면, 아파트 투자가 반드시 성공적인 투자 방법이라고 단정할 수는 없다. 또한 이 과정에서 베트남의 사회, 문화, 언어의 차이가 작지 않은 장벽으로 작용한다.

베트남인들의 아파트 매매 시장과 외국인들의 아파트 매매 시장이 구분되어 있어 외국인들과 베트남인들 간의 활발한 거래, 베트남인들의 아파트 수요와 구매력 상승으로 인한 매수에 대한 기대는 상당히 장기적 관점에서 봐야 하는 것이다. 시류나 유행에 휩쓸린 투자보다는 현실적인 어려움이나 제도적인 문제점을 충분히 고려해 이를 감안하고 자신의 계획에 맞는 투자에 나서는 것이 바람직할 것이다. 이런 점을 고려할 때, 아파트 투자는 조금 더 신중할 필요가 있다.

현재 베트남 현지에서는 코로나19 유행 후 포스트 차이나를 주장하고 있고 EU와의 FTA 체결, F1 대회 11월 개최 등 외국과의 비즈니스가 확대될 거라는 전망이 우세하다. 즉 베트남 아파트 거래에서 코로나19의 영향을 받지 않고, 단기간 매매는 줄겠지만 조만간 U자형 반등이 일어날 거라고 생각하는 이가 많다. 사실 정부의 강력한 내수 확대 노력(응우옌 쑤언 푹 총리는 베트남 GDP 성장률 5% 달성과 인플레이션 4% 이하 유지를 위해 노력한다고 한다)과 외국인직접투자가 코로나19 유행 전에 비해 떨어지긴 했지만(2020년 1~5월 베트남에 유입된 외국인직접투자는 67억 달러로, 전년 같은 기간에 비해 8.2% 증가했다) 상대적으로 양호한 성적이다.

관광 산업의 추락과 실업률 증가 등의 문제가 있긴 하지만 조만간 분명 성장할 거라는 베트남만의 자존심이 강하나, 투자에서는 항상 조심할 필요가 있다.

2부 | **포스트 코로나 시대,
베트남을 주목하라**

5장

코로나19 대처 능력이
말해주는 사실

베트남의 코로나19 대처 배경

2020년 7월 초 기준 베트남 보건부의 공식 집계에 따르면 베트남 내 신종 코로나바이러스 감염증(코로나19) 확진자 수는 369명이고, 이로 인한 사망자는 한 명도 없으며, 확진자 중 341명이 완치 판정을 받았다. 또 2달 이상 신규 확진자가 나타나지 않고 있다. 상황이 심각한 다른 나라들에 비해 양호한 편이라고 할 수 있다. 그러나 강력하고 광범위한 격리와 봉쇄, 강제적인 사회적 거리두기 정책을 펼친 결과 예상된(?) 문제들이 발생했다.

한국과의 관계에도 물리적, 심적 거리가 생겼다. 한국 기업인들과 교민들, 주재원들 그리고 베트남과 관련 있는 대다수 비즈니스가 어려움을 겪고 있다. 그런데 베트남은 왜 이처럼 강경하게 대응했는지 궁금할 수밖에 없다. 그 배경에 대해 살펴보고자 한다.

코로나19 현황 (2020년 7월 6일 기준)			
		확진자	사망자
전 세계		11,656,205명	540,055명
1	미국	2,999,904명	132,545명
2	브라질	1,626,071명	65,556명
3	인도	720,346명	20,174명
4	러시아	687,862명	10,296명
5	페루	305,703명	10,772명
6	칠레	298,557명	6,384명
7	영국	285,768명	44,236명
8	멕시코	261,750명	31,119명
9	스페인	251,789명	28,398명
10	이란	243,051명	11,731명
56	일본	19775명	977명
64	한국	13,181명	285명
125	홍콩	1,286명	7명
155	대만	449명	7명
157	베트남	369명	0명
178	몽골	220명	0명

출처: 버지니아 대학 코로나 현황

베트남 사람들의 질병에 대한 두려움

어느 국가든 사람이든 질병에 대한 두려움이 없지 않겠으나, 베트남의
질병과 전염병에 대한 두려움은 실로 매우 크다. 베트남 사람들은 건강에
관심이 많아 몸에 좋다는 건강식품도 좋아하고 평소 운동에 힘쓰는 사람

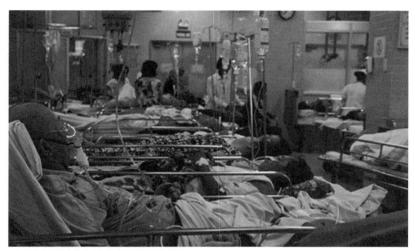

베트남의 대형병원 입원실. 사진: KOTRA 무역관

이 많다. 그러나 무엇보다 큰 질병에 걸리면 제대로 치료받을 수 없을지도 모른다는 두려움이 매우 크다.

　도시와 농촌 간 생활 수준이 많이 차이 나고 같은 도시 안에서도 빈부 격차가 크지만, 질병에 대한 두려움은 누구에게나 크게 다가오는 것 같다. 베트남에 외국계 자본이 투자한 병원들도 있고, 베트남의 삼성이라 불리는 빈그룹이 운영하는 대형 종합병원 빈멕(Vinmec)병원도 대도시 몇 곳에 있다. 제법 현대적인 의료시설과 의료진을 갖추고 있다.

　그러나 전반적으로 의료 수준이 낮은 편이어서 국민들이 불안하게 생각한다. 외국계 병원이나 빈멕병원은 병원비가 비싸 접근이 쉽지 않다. 외

베트남 정부의 코로나19 방역

래 진료를 한 번 받으려면 10만 원 이상 들고, 검사나 진료 횟수에 따라 금
액이 상상을 초월하게 커진다. 또 대형병원도 의료 수준이 우리나라에 비
해 많이 떨어진다는 것이 전반적인 평이다.

　과거 큰 전쟁을 거치면서 외과 부문은 상대적으로 수준이 높으나 전염
병을 책임지는 내과 부문은 기대하기 어려운 수준이라는 것이 보편적인
인식이다.

　한편 소규모 병원과 의원들의 병원비는 몇천 원 정도로 저렴한 편이지
만, 시설이 한국과 큰 차이가 있다. 한눈에 보기에도 침상과 시설, 냉난방
이나 시스템, 위생 등이 크게 낙후되어 있다. 치료도 진료 순서나 치료 정
도에 따라 비용에 차등이 있다. 필자가 경험한 바로는 뒷돈의 영향도 크다.

베트남 정부와 국민 모두 이런 상황에서 전염병의 타격이 얼마나 클지 알기 때문에 전염병 확산 방지에 사활을 걸었던 것으로 보인다. 따라서 미지의 바이러스에 대해 최대한 사람들을 '격리'하는 방식을 택한 것이다.

이 장에서는 코로나19에 대한 베트남의 대처에 초점을 맞춰, 베트남 정부의 전염병 대처와 정부에 대한 국민의 신뢰와 자부심이 높아지면서, 반대로 반한 감정이 있다는 일부 언론의 잘못된 정보를 객관적인 시각에서 조명해보려 한다.

베트남 정부의 강력한 대응

오로지 전염병 확산 방지만 고려한 전략

코로나19 발생 초기, 베트남 정부는 다른 어느 나라보다 빠르게 움직이며, 외교와 경제 문제는 젖혀두고 무엇보다 보건 문제에 사활을 걸었다. 중국과 한국에서 코로나19가 심각해지자 국경을 단계적으로 폐쇄하고, 급기야 모든 외국으로부터의 입국을 막았다. 그 뒤 거의 연일 새로운 대책을 내놓았다. 유입되는 바이러스를 어떻게든 막으려는 노력이었다.

이 과정이 너무 급박하게 진행되고 바이러스 유입 문제만 고려하다 보니 대처 방식에 미숙한 점도 있었다.

베트남 무역에서 중국 의존도는 세계 어느 나라보다 높다. 중국은 베트남의 최대 수입국이자 수출국이다. 특히 북부에 국경을 접하고 있어 육로 교역이 매우 활발하다. 그러나 베트남은 일시에 북부 국경을 모두 막고, 중국과 베트남을 오가던 거래상들을 모두 14일간 격리조치하기 시작했다. 농산물을 주로 수출하던 이 경로가 막히자 농산물이 썩어나가기 시작했다. 주요 산업의 원재료 조달도 어려워졌다. 사회 곳곳에서 신음 소리가 나왔다. 그러나 베트남은 나날이 격리 대상을 넓히고 더 빠르게 추가적인 폐쇄 조치에 들어갔다.

이 무렵 한국과의 우호적인 관계에 찬물을 끼얹은 사건이 발생했다. 한국의 확진자가 급증하자 당황한 베트남 정부는 한국 측에 통보도 하지 않은 채 이미 인천 공항을 떠나 하노이 노이바이 국제공항으로 향하던 비행기마저 갑작스럽게 회항 조치했다. 또한 이미 도착한 한국인들을 갑자기 시설에 격리시켜 격리된 사람들 사이에서 불안과 불만이 터져나오기도 했다. 역시 외교적인 문제보다 오로지 바이러스 유입 방지만을 고려한 조처였다.

예고도 없이 새로운 정책이 나와 시설에 격리되거나 자가격리되고, 시·성 간 이동이 막히거나 지역 전체가 봉쇄되어 이산가족이 생기고, 공안과 CCTV로 감시하는 경우도 발생했다. 게다가 현지 TV에서 연일 중국과 한국 상황에 대한 뉴스가 나오면서 베트남 사람들이 이미 베트남에 오래 살고 있던 한국 사람과 중국 사람의 근처에도 오지 않으려고 하거나 가게에 들어오지 못하게 하는 상황이 발생하기도 했다.

이런 상황에서 베트남의 의식과 태도 문제를 꼬집는 시선도 많았다. 그러나 베트남의 목표는 오로지 '전염병 확산 방지'뿐이었다. 그리고 정부는 계속해서 이 정책을 설명했다. "우리의 의료시설은 충분하지 않다. 우리는 전염병을 치료할 수 없다. 1명의 확진자가 발생해 대처하는 것보다 1,000명을 격리시키는 것이 예방에 훨씬 효과적이며 비용도 더 적게 든다."

대부분의 베트남 사람은 이런 상황에 동의했으며, 이로 인한 부득이한 인권 침해나 차별에 대해 심각하게 생각하지 않았다. 심지어 베트남은 중국인과 한국인뿐 아니라 잠시 외국에 나갔던 자국민의 귀국도 막겠다고 공식적으로 발표했다. 많은 나라가 위험한 상황에 처한 자국민을 데려오는 것과 대비되는 조치였다. 베트남은 그만큼 절실하게 바이러스 유입을 막으려고 한 것이다.

한편 필수 업종을 제외한 업종에 영업 중지 명령을 내렸다. 하나둘 영업 중지 대상을 늘려나가면서, 슈퍼마켓, 잡화상, 시장의 식료품 가게, 약국, 병원의 문은 앞으로도 닫지 않겠다고 수차례 공언했다. 또 사재기가 일어나지 않도록 대도시 대형 슈퍼마켓의 재고량을 평소의 3~5배가량 늘리도록 지시하고 물자를 대도시로 모아 오히려 슈퍼마다 식료품이 산처럼 쌓이게 만들었다. 사람들은 실제로 이 광경을 보고 사재기에 나서지 않았다. 배달에 대해서는 배달원과 거리 유지를 강조할 뿐 특별히 제한을 두지 않았다. 따라서 생필품들과 음식을 모두 배달받을 수 있는 상황이었다.

점차 폐쇄 정책과 사회적 거리두기를 강화해오다 마침내 4월 1일부터

2020년 4월 이후 코로나19로 인한 베트남 호찌민시 동부터미널 제한조치 단행.
출처: 인사이드비나

2~3주간 '전 사회적 격리'라는 강력한 사회적 거리두기 정책을 시행했다. 이때부터 필수 업종 이외에는 매장 영업을 할 수 없고, 대중교통까지 모두 중단시켰다. 또 필수품 구매 목적 이외의 외출도 금지했다. 도로에는 오토바이와 차량으로 요란하고, 음식점과 카페에는 사람들로 북적이던 도시가 텅 빈 적막한 모습이었다. 이런 정책이 시행된 후 2주 차에 접어들자 확진자 발생이 확연히 줄어들기 시작했다.

그사이 베트남은 자체 기술로 진단 키트를 개발하고 한국에서 진단 장비도 구입해 집단감염 위험이 있던 박마익병원, 부다 바 등의 접촉자들에 대한 신속한 진단을 시행하며 검체 수를 급격히 늘려나갔고, 계속해서 격리 정책을 시행했다. 사회적 거리두기가 3주 차에 접어들 즈음 확진자가 나오지 않은 날이 지속되면서, 마침내 베트남은 이 정책을 종료하고 일상으로 빠르게 복귀했다.

베트남의 결속력과 실용주의 문화

고대 촌락 사회에서 출발해 큰 전쟁까지 겪은 오랜 역사를 지닌 베트남은 작게는 촌락 단위, 넓게는 국가 공동체의 결속력이 매우 강하다. 베트남 곳곳에 베트남 국기가 휘날리며, "베트남을 사랑해요(Tôi Yêu Việt Nam)"라는 글귀가 붙어 있다. 특별한 위기가 닥치면 베트남 사람들은 똘똘 뭉치고 자국을 가장 우선시하는 문화가 더욱 두드러진다. 따라서 코로나19 위기 상황에서도 베트남 사회는 일사불란하게 움직였고, 가장 빠르게 국경을 폐쇄해 외국으로부터의 바이러스 유입을 차단한 것이다.

베트남의 무질서해 보이는 모습들은 대부분 베트남 사람들의 실용주의 성향에 기인한다. 베트남은 전통적인 농업사회이면서 폐쇄된 가족 공동체가 주축을 이루어, 상업이나 교류가 발달하지 않고 규칙이나 규율보다는 임시변통으로 목적을 달성해나가는 성향이 강하다. 다른 시각에서 보면 무질서하고 무계획적으로 비칠 수도 있으나, 위기 상황에 부딪혔을 때는 이를 헤쳐나가기 위해 가능한 방법을 모두 동원한다.

이번 코로나19의 대처도 그런 맥락이었다. 처음부터 규율과 원칙을 고려하기보다 가장 중요한 바이러스 확산 방지에 목표를 두고 이를 실현할 모든 수단을 동원했다. 매일 변하는 상황에 따라 수시로 변경된 정책을 발표해도 베트남 사회에서는 큰 반발이 없었으며, 이로 인한 큰 불편을 감수해나갔다. 이런 베트남의 전염병 상황 대처 능력은 임시변통과 실용주의 문화가 바탕이 된 것이라고 짐작된다.

자족 가능한 식량과 높은 대외 의존 경제 공존

베트남 경제에서 외국인직접투자(FDI) 기업의 비중은 매우 크다. 예컨대 베트남의 2020년 1분기 전체 교역량 약 1,227억 달러 중 약 770억 달러가 FDI에서 발생했다. 특히 베트남의 주요 수출 품목은 여전히 휴대전화, 컴퓨터, 전자기기 및 부품과 의류·신발류인데, 대부분 FDI 회사들이 제조한 것이다. 이렇듯 FDI의 경제 의존도가 높은데도 불구하고 외국인 입국을 금지할 정도의 특단 조치를 취한 것은 궁극적으로 베트남이 전염병 위협에서 벗어나지 않으면 더 이상의 FDI도 없다는 위기감 때문이었다. 실제로 3월 중 베트남에서 코로나19가 확산되자 많은 외국인이 베트남이 위험하고 만약 감염될 경우 적절한 치료를 받지 못할 것을 우려해 본국으로 귀환하기도 했다.

단기적으로는 외국인 입국 금지와 봉쇄 정책들이 FDI 기업에 타격을 주겠지만, 장기적으로는 전염병에서 안전한 국가로 만드는 것이 무엇보다 중요했기 때문에 취한 조치였다. 베트남 정부 역시 자국의 의료시설이 충분하지 않아 외국인의 입국을 막는 것은 불가피한 조치라는 입장을 밝혔

(단위: 백만 US 달러)

순위	2018년 1분기		2018년 2분기		2018년 3분기		2018년 4분기		2019년 1분기		2019년 2분기	
	투자국 순위	투자 금액	투자국 순위	투자 금액	투자국 순위	투자 금액	투자국 순위	투자 금액	투자국 순위	투자 금액	투자국 순위	투자 금액
1	한국	1,835	일본	5,874	싱가포르	1,281	홍콩	1,677	홍콩	4,407	한국	1,414
2	홍콩	689	한국	3,224	한국	630	한국	1,523	싱가포르	1,461	중국	1,285
3	싱가포르	649	싱가포르	1,741	일본	624	일본	1,508	한국	1,317	일본	1,250
4	일본	593	버진 아일랜드	704	중국	535	싱가포르	1,400	중국	1,001	홍콩	897
5	버진 아일랜드	481	중국	496	프랑스	407	중국	1,060	일본	700	싱가포르	558
6	중국	338	홍콩	476	홍콩	389	호주	542	버진 아일랜드	440	대만	400
7	대만	170	네덜란드	256	대만	313	대만	443	대만	383	버진 아일랜드	334
8	네덜란드	167	대만	148	버진 아일랜드	285	버진 아일랜드	397	태국	179	태국	310
9	미국	152	말레이시아	126	미국	157	사모아	233	미국	141	사모아	206
10	사모아	85	미국	106	영국	130	영국	230	사모아	139	미국	92

최근 베트남 내 외국인 투자 현황. 출처: KOTRA 하노이 무역관

다. 상황이 점차 진정되면서 외국 기업인을 우선 제한적으로 입국시키는 방안을 채택하며 조금씩 빗장을 풀고 있다(2020년 3월 이후 제한된 베트남 입국을 6월 7일 한국인 유학생을 시작으로 허용했으며, 7월 80개국을 대상으로 베트남 하늘길을 열었다).

한편 아열대 기후인 베트남은 여전히 농업의 비중이 매우 높아, 농산물과 축산물이 풍부하다. 무엇보다 세계 3위 쌀 수출국일 정도로 주요 식량은 자족이 가능하다. 이같이 식량이 풍부해 만약의 경우 외국과의 관계가 다소 멀어져도 필수 식량을 자족할 수 있다는 점이 봉쇄를 단행한 근거가 되지 않았을까 추정할 수 있다.

비록 베트남의 코로나19 대처 방식이나 절차, 구현 방법이 우리가 기대

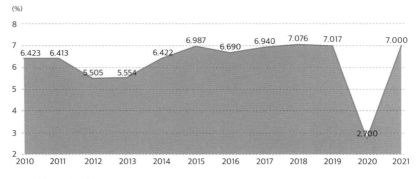

(%)

IMF 예측―베트남 2020~2021년 실질GDP 성장률. 출처: www.ceicrata.com

하는 인권 보호, 외교적 예의, 자국민 보호 원칙들과는 큰 차이가 있으나 베트남의 사회, 문화, 경제적 상황상 다른 선택지가 없었을 거라는 점을 이해할 수 있다.

정부에 대한 국민들의 신뢰감

코로나 극복을 통해 정부 정책에 대한 신뢰감 상승

베트남도 다른 나라와 마찬가지로 바이러스 확산을 막기 위한 각종 공장 가동 중단, 영업 중지, 외출 제한, 입국 금지 등 봉쇄 정책으로 경제적 어려움을 겪었다. 거시적으로 2019년 7.02%의 GDP 성장률을 기록했으나, 글로벌 신용평가사 피치(Fitch)나 세계은행(World Bank) 등은 2020년 베트남

GDP 성장률을 3%대로 낮춰 전망하고 있다. 특히 일자리를 잃거나 일감이 없어진 취약계층, 노동자들과 소상공인, 자영업자들의 타격이 매우 크다.

여러 통제 정책으로 생활의 불편이 커지고 경제적 어려움이 발생했음에도 불구하고, 베트남 국민 대부분은 정부가 이런 정책을 쓸 수밖에 없음을 받아들였다. 따라서 전 국민이 폐쇄·격리조치에 순응하고, 전국 단위에서 각 지방성, 구역별로, 또 각 아파트나 가정 내에서까지 위생수칙을 철저히 지켰다.

그 결과 다른 선진국이나 이웃 국가들과 비교해 공식적인 확진자 수가 매우 적었고, 그 어느 나라보다 먼저 사회적 거리두기를 종료하고 일상으로 복귀하면서 베트남 사람들은 정부에 대한 믿음이 매우 커졌다.

안도감에서 더 나아가 자신감으로

한편 베트남 대도시 사람들은 일상화된 대기오염으로 불안해했으며, 평소에도 마스크 착용이 일상화되어 있었다. 이런 상황이 전화위복이 되어 안정적인 마스크 공급이 가능했으며, 영유아까지 빠짐없이 실내와 공공장소에서 마스크를 착용하면서 바이러스 확산을 막는 데 기여한 것으로 추정된다.

베트남 정부는 이번 사태를 겪으며 언론을 통해 상황과 정책을 신속하게 공개했다. 물론 언론의 자유나 투명성에 대한 엇갈린 평가가 있었고, 이런 측면에 대해 인식하고 있는 사람도 많았다. 그러나 이번 사태 속에서 정

주요 도시		US AQI
1	★ 하노이(베트남)	254
2	두바이(아랍에미리트연합)	174
3	★ 청두(중국)	163
4	쿠웨이트시(쿠웨이트)	163
5	★ 호찌민시(베트남)	159
6	★ 베이징(중국)	158
7	자카르타(인도네시아)	158
8	광저우(중국)	156
9	선전(중국)	155
10	충칭(중국)	154
11	☆ 홍콩(홍콩)	146

대기오염 조사 분석 업체 에어비주얼(AirVisual) 2019년 10월 조사결과. 출처: 한국일보

부는 솔직하게 베트남이 격리시설이나 의료시설이 충분하지 않아 격리와 봉쇄 위주의 정책을 쓸 수밖에 없다는 배경과 방향을 공개했다.

결과적으로 세계적인 전염병 대유행 속에서 베트남이 택한 일련의 조치들이 옳았다는 평이 많아졌으며, 바이러스 확산세가 멈추면서 속속 평소 생활로 되돌아온 베트남 사람들은 안도하고 있다.

더욱이 베트남에서는 코로나19로 인한 사망자가 공식적으로 한 명도 발생하지 않았고, 대다수가 완치 판정을 받고 퇴원했다. 이제 베트남 사람들은 전염병에 감염되었을 때 무료로 치료받을 수 있고 완치될 수 있다는 사실에 크게 안심하며 정부의 대책을 자랑스러워하고 있다.

이런 믿음과 안도가 경제적 자신감으로 나타나고 있다. 다국적 리서치 기업 입소스(Ipsos)가 4월 9일부터 12일까지 15개국에서 행한 리서치 결과에 따르면, 베트남인의 80%가 경제가 빠르게 회복될 것으로 예상한다고 답해, 세계에서 가장 낙관적으로 나타났다. 같은 조사에서 중국과 인도는

각각 68%, 63%, 브라질과 미국, 멕시코는 각각 46%, 43%, 37%가 봉쇄 해제 이후 경제 회복을 예상했다. 반면 스페인, 프랑스, 이탈리아, 영국, 러시아, 일본, 캐나다 7개국은 국민 대다수가 경기회복에 대해 비관적인 것으로 나타나 대조적이었다.

베트남의 방역 최우선 정책이 성공을 거두면서, 그 자신감이 결국 뒤이은 경제 회복과 발전에서 다시 한번 베트남에 기회를 가져다줄 것으로 기대된다.

베트남에 반한(反韓) 감정이 있다고?

전염병 공포로 인한 단기적 경계심

2020년 2월 초부터 중국 후베이성에 이어 한국 대구, 경북 지역에서 코로나19 확진자가 급증하면서 베트남 현지 언론과 TV를 통해 연일 중국과 한국의 코로나19 상황이 집중적으로 보도되었다. 이렇다 보니 당연히 베트남 사람들은 한국인을 우려의 시선으로 바라보았다.

또 베트남에서 한국의 코로나19 발생 도시와 그 도시 출신 입국자는 모두 전수조사, 격리, 입국 금지하면서 베트남이 한국을 등한시하고 한국인을 싫어한다는 소문이 퍼지기도 했다.

그러나 이는 2020년 1월 초에서 2월경까지 한국에서 중국의 코로나19

상황이 연일 보도되고 실제로 중국에서 입국한 사람들이 확진 판정을 받으면서, 중국에서 갓 입국한 중국인은 물론 한국에 오랜 기간 거주했던 모든 중국인과 중국 교포들에 대한 시선이 달라졌던 것과 같은 단기적 현상이었다.

더욱이 1월 말부터 약 9일간 연휴가 이어지는 설(똇)에 대이동이 있었고, 많은 베트남 현지 거주 한국인이 명절을 지내기 위해 한국으로 돌아갔다 귀국하던 상황이었다. 이런 시기적인 상황과 베트남 정부의 강경한 전염병 유입 방지 기조가 맞물려 한국인들을 보는 시선에 경계심이 앞섰던 것이다. 단지 전염병에 대한 두려움으로 인한 자연스러운 반응이었을 뿐 특별히 한국을 목표로 한 것은 아니었다.

소수 인터넷 SNS 여론의 과장된 반응

베트남의 젊은 층은 TV 뉴스보다 페이스북이나 유튜브를 이용하는 비율이 매우 높다. 전 세계적으로 비슷한 흐름이지만 베트남은 특히 TV 보급률이 낮은 반면, 인터넷 이용률은 매우 높다. 베트남 BIDV연구소의 최근 보고서에 따르면 2019년 말 기준 베트남의 모바일 가입 건수는 1억 2,950만 건으로, 전체 인구의 45%인 4,370만 명이 스마트폰을 사용하며, 6,850만 명이 인터넷을 사용할 정도이다.

인터넷과 모바일 이용자 비율이 매우 높은 만큼 최근 페이스북이나 유튜브 등 소셜네트워크서비스(SNS)나 1인 방송 제작자들이 조회 수를 늘리기 위해 일부러 자극적인 내용을 담는 경우가 많아지면서, 일부에서는 한국의 급박한 코로나19 상황을 여러 확인할 수 없는 내용을 덧붙여 비하하거나 부정적인 면을 강조하는 경우가 있었다. 또 한국 언론사의 베트남에 대한 기사와 댓글을 번역해 베트남 현지에 싣는 채널이 많아, 한국 네티즌들의 일부 반응이 실시간으로 전달되면서 오해를 낳기도 했다.

그러나 인터넷을 통해 과장된 이런 소문이 주된 여론이라고 말할 수는 없다. 베트남에서도 극히 일부 네티즌이나 개인 SNS를 통한 감정적인 반응이 있었을 뿐, 주요 언론사에서 특별히 한국을 비평하거나 대부분의 사람이 반한 감정을 표출하는 경우는 거의 찾아볼 수 없었다.

쌀 한 톨 때문에 서로 싸우지만, 곧 밥 먹자고 초대하는 문화

베트남이 코로나19 상황에서 한국에 보인 태도를 문제 삼아 베트남을 배척하고 기분 나빠하는 한국인이 많은 것 같다. 그러나 베트남은 한국과 많이 다르다. 한국 사람들은 여행이나 비즈니스를 하면서 베트남을 친숙하게 느끼지만, 사실 베트남은 한국과 다른 기후와 지리적 위치, 이질적인 역사와 전통을 지닌 나라이다. 따라서 베트남 자체를 있는 그대로 이해하고 보는 시선이 필요하다.

베트남에는 "쌀 한 톨 때문에 서로 싸우지만, 곧 서로 밥 먹자고 초대한다"는 말이 있다. 베트남의 고대 농경 문화에서 유래한 이 말은 수확 후 쌀을 나눌 때 서로 많이 가져가려고 싸우지만, 이후 많이 가져간 사람이 상대방을 초대해 같이 식사한다는 의미이다. 베트남의 오랜 부락 문화에서 생긴 실용주의적인 태도로 이익은 챙기지만, 싸우더라도 바로 화해하고 일상으로 돌아가는 특징이 있는 것이다.

한국은 싸우고 나면 그 앙금이 오래가고 원수를 갚거나 도와준 사람에게 의리를 지켜야 한다는 의식이 강한 것과 다소 차이가 있다. 한국에서도 일부에선 베트남에 배신감을 느끼거나 코로나19 상황에서 발생한 일을 잊지 말고 경계하자는 주장이 나오고 있다. 그렇지만 베트남이 특별히 한국을 배척할 의도가 있었다고 보기는 어렵고, 여전히 한국 기업들이 베트남 경제에서 차지하는 역할이 큰 만큼 전염병 상황이 진정되면 곧바로 한국 기업을 우대하고 한국에 빗장을 풀어나가며 협력을 도모할 것으로 예상된다.

베트남의 문화와 의식이 기본적으로 한국과 다를 뿐이다. 다만 이번 사태를 계기로 베트남의 문화를 좀 더 이해하는 것이 바람직할 것이다.

베트남, 여전히 한국과 우호적 관계 원해

극히 짧은 기간 일부 아파트에서는 한국인들이 사는 세대를 표시해두거나 엘리베이터 이용을 분리하기도 했으며, 택시 기사가 택시 승차를 거부하거나, 공공장소에서 한국인을 피하는 사례가 발생하기도 했다. 그러나 이는 전염병에 대한 두려움으로 우왕좌왕하던 몇 주간 일부 지역에서 벌어진 일이었다.

(왼쪽에서 시계 방향으로) 삼성베트남, 신한은행베트남, 베트남 K마트, 박항서 베트남 축구대표팀 감독
코로나 성금

　실제로 베트남에서 사업을 하는 기업인들과 교민들은 이런 경계심을 이해하고, 교민 사회에서 확진자가 나올 경우 그 여파가 걷잡을 수 없을 것이라는 인식하에, 베트남의 정책에 순응하고 방역 조치를 잘 따랐다. 실제로 이것이 교민과 기업 스스로 보건과 안전을 지키는 길이기도 했다.

　이런 덕분에 베트남 내 한국인 확진자는 한 명도 나오지 않은 반면, 오히려 외국에서 귀국하는 자국민과 유럽, 미국인들의 확진 사례가 나오면서 베트남 언론에서 한국에 대한 뉴스가 점차 사라졌고, 자연스럽게 베트남의 한국과 한국인에 대한 경계도 특별할 것이 없어졌다.

한편 베트남 내 한국 기업과 한국 교민들은 코로나19로 인한 베트남인들의 경제적 어려움을 돕기 위해 거액의 성금을 내거나 마스크를 제작해 기부하기도 하고, 중국 수출이 막힌 농가의 피해를 줄이기 위해 농산물 구매 운동까지 벌이며 베트남을 도왔다.

인사이트

세계적으로 대유행하는 코로나19 상황에서 베트남이 2020년 초부터 4월까지 행한 여러 조치는 베트남의 의료 환경과 보건 문제에 대한 큰 두려움에 기반을 두고 있었다. 그러나 전염병 확산 방지를 최우선 목표로 삼고, 국민 개개인의 마스크 착용 강제와 벌금 부과, 영업과 이동 제한, 격리와 입국 제한 등 일련의 조처들이 현재까지는 비교적 성공적으로 평가되고 있다.

아직 종식되지는 않았지만 눈에 띄는 확산세가 진정된 상황에서 베트남은 본연의 실용적인 경제원칙으로 돌아와 다시 한번 경제활동 재개와 성장을 위한 전열을 가다듬기 시작했다. 이런 과정에서 한국 기업인들의 입국을 확대하며 국경의 빗장을 단계적으로 풀고 있다.

베트남은 한국과 상황이 다르다. 베트남의 경제 성장세가 연간 7%대를 기록해왔으나 한국에 비해 의료·보건 시설이 낙후되어 있다. 특히 베트남은 오랜 농경, 부락 사회로 결속력과 실용주의 색채가 강하며 취사선택에 능한 문화적 배경과 일부 SNS 언론의 발달로 여론이 왜곡되어 형성되기도 한다.

베트남 정부는 6월 이후 한국 기업인과 유학생들의 입국을 허용하고 있다.

　이런 현상들은 특별히 다른 나라를 혐오하는 감정에서 비롯된 것이 아니며, 한편으로는 사실 다른 나라에 대한 의리를 지켜야 한다는 의식도 없다. 베트남과 비즈니스 또는 상호 교류 시 이런 점들을 염두에 둬야 한다.

인포플러스- 김민호 대표

금융 솔루션으로
베트남 IT 시장에 자리 잡다

인포플러스 김민호 대표

베트남의 대표적인 SaaS(Software as a Service) 회사인 인포플러스(INFOPLUS) 김민호 대표를 통해 베트남의 IT 시장과 향후 전망을 점검해볼 수 있다.

Q. 회사 소개를 좀 부탁드립니다.

A. 인포플러스는 2018년 3월 하노이에 설립된 IT 기업입니다. 해외에 진출한 한국 기업의 IT 기술 지원과 베트남 현지 시장 진출을 위한 SaaS 기반의 빌딩/아파트 플랫폼(InfoCITY), 회계 솔루션(InfoERP)과 한국의 선진 기술을 집약한 금융 솔루션(InfoAPI)이 주요 포트폴리오입니다. 우리는 한국 기업이 해외에서도 한국과 같은 기술 지원을 받고, 한국의 선진 솔루션을 현지화하겠다는 모토로 시작했습니다.

2018년 사업 초기부터 삼성디스플레이베트남 IT 인프라 운영 지원을 시작으로 우리은행베트남 IT 인프라 통합운영 등 대기업의 사업을 수주했으며, 2019년 11월에는 SaaS 기반 빌딩/아파트 플랫폼을 CJ 빌딩에 적용하고 2020년 6월에는 베트남 내 주요 기업인 페트로베트남(PetroVietnam)의 자회사 PSA와 아파트/빌딩 플랫폼 적용을 5년간 계약하는 데 성공했습니다. 또한 베트남 현지 회계와 한국의 선진 기술을 접목한 회계 솔루션이 2020년 8월 출시 예정이며 이미 베트남 내 주요 회계법인의 관심을 끌고 있습니다. 그리고 한국의 금융 솔루션인 InfoAPI도 한국계 은행 적용을 넘어 베트남 주요 은행들과 현재 도입 검토를 추진하고 있으며, 2020년 하반기에는 성과를 낼 예정입니다.

또한 2020년 5월 한국에 법인 설립을 완료해, 보다 안정적인 해외시장 확장에 힘을 더하기 위한 발판을 만들었습니다.

Q. 베트남에 진출한 계기는 무엇인가요?

A. 저는 과거 은행원이었습니다. 은행원이 회사를 그만두기도 힘들지만, 더군다나 해외에서 사업을 한다는 것은 거의 미친 짓이라며 주변에서 말렸습니다. 하지만 저는 운 좋게도 은행 재직 시절 IT 엔지니어를 거쳐 스마트금융 그리고 해외 IT 총괄 담당을 약 6년간 하면서 주변 시장을 보는 시각이 넓어졌습니다. 미국에 진출한 법인의 업무와 IT 현황을 검토하고, 인도네시아, 러시아 그리고 중국법인에서 약 2년간 IT 지원을 하면서 글로벌 금융 IT 시장을 어느 정도 알게 되었습니다.

이때 한국의 실력이 매우 뛰어나지만, 글로벌 시장에 뛰어들기는 어렵다는 것을 깨달았습니다. 그러던 중 베트남법인 설립이라는 좋은 기회가 찾아와, 2015년 9월 처음으로 베트남을 보게 되었습니다. 동남아를 여행지로만 여겼던 시각에서

IT 시장의 성장 잠재력이 무한하다는 것을 처음으로 알게 되어, 베트남이 제 인생에서 새로운 도전을 할 곳이라고 확신하게 되었습니다.

베트남은 인구 약 1억의 시장으로 매년 7% 정도 성장하며, 중국과 달리 글로벌 제품의 신뢰도가 높고, 외산 패키지 사용률이 90% 이상으로 중국과 다른 시장이었습니다. 또한 한국과 문화가 비슷해 도전할 힘을 얻었습니다.

Q. 하노이를 시장으로 선정한 이유가 있나요?

A. 은행 근무 시절 하노이에서 일을 시작하게 되어 자연스럽게 회사를 하노이에 설립했습니다. 그리고 하노이가 행정수도이다 보니 외국 기업의 진출이 많아져 초기 비즈니스인 IT 인프라 기술 지원 덕분에 안정적으로 일을 시작할 수 있었습니다. 우리는 하노이뿐 아니라 호찌민에도 파트너와 고객을 두고 있으며 하노이와 호찌민을 중심으로 주요 5대 도시를 시장으로 확장해나갈 계획입니다.

Q. 왜 SaaS 기반 서비스를 목표로 했나요?

A. 저는 개인적으로 한국과 베트남 IT 솔루션의 차이를 패키지 기반과 SI 기반으로 둡니다. 한국은 기업의 입맛에 맞춰 개발하는 IT가 주를 이루고, 베트남은 기업이 알맞은 IT 패키지를 도입해 패키지가 주는 기능에 맞춰 사용하는 것이 일반적이기 때문입니다. 그래서 베트남은 패키지를 잘 이해하고 잘 활용합니다. 이게 첫 번째 이유입니다.

두 번째 이유도 첫 번째 이유처럼 패키지입니다. 베트남은 아직 수작업이 주를 이루어 패키지의 완성도가 많이 떨어집니다. 한국에서 진출한 기업이 빌딩의 관리와 회계 전산화 컨설팅을 요청한 적이 있어 베트남 내 관련 솔루션과 한국에서 진출한 솔루션들을 검토하다 베트남 시장이 필요로 하는 최적화된 솔루션이 없다는 것을 알게 되어 클라우드 내 SaaS 기반 플랫폼을 구축하게 되었습니다. 1년 이상 분석해 베트남 빌딩/아파트, 회계법인 및 기업들에 필요한 서비스를 위한 솔루션을 구축하게 된 것입니다.

Q. 기대했던 수요가 현실에서도 발생하고 있나요?

A. 아직 시작 단계이긴 하지만 예상대로 우리가 출시한 솔루션이 인정받기 시작했습니다. 이미 경쟁 솔루션이 많았지만, 경쟁 솔루션과 비교했을 때 한국의 경험이 집약된 높은 수준의 품질이 인정받으면서 점차 기업들에서 도입하기 시작했습니다. 또한 도입한 업체가 다른 업체에 소개해주면서 현재 안정적인 확산세를 보이고 있습니다.

참고로 베트남은 개발자 인력의 기술력은 풍부하지만, 문화와 경험의 차이로 분석과 설계를 통한 완제품을 만드는 실력에서는 차이가 많이 납니다. 즉 이미 설계된 기능을 만드는 기술은 좋으나 새로운 제품을 만드는 설계 능력은 아직 미흡한 편입니다.

Q. 베트남 시장에 진출하면서 겪은 어려운 점으로는 어떤 것이 있나요?

A. 여러 가지가 있지만 두 가지를 이야기하면, 첫째는 구인 문제입니다. 아무래도 해외에 있는 스타트 업체다 보니 한국인을 구할 때도 우리 회사로 이직을 원하는 사람이 거의 없어 지인들을 통해 겨우 구했습니다. 베트남인도 베트남 내 IT 구인 업체와 다양한 방법으로 구인을 진행했으나, 최근 핀테크 및 AI 붐으로 이 또한 어려움이 많았습니다. 지금도 계속 베트남 현지 직원을 구하는 중입니다.

둘째는 한국에서 진출하는 기업들(주로 중소기업)이 베트남 시장을 알아보기 위해 우리 회사와 접촉하고 파트너십을 통해 시장 정보 및 업체 미팅, 협약을 진행했지만, 적극적으로 추진하지 않아 무산된 프로젝트가 많습니다. 이것이 가장 아쉬우면서도 어려운 부분입니다. 실제로 직접 시장조사 및 진출 준비를 위해 연간 5억 원 이상을 지불한 경험이 많으면서, 현지에 이미 진출한 파트너의 도움을 너무 가볍게 여기는 경향이 있다는 것을 알게 되었습니다.

Q. 베트남에서 사업을 시작하면서 꼭 필요한 것이 있다면요?

A. 저는 인적자원을 말하고 싶습니다. 여기서 인적자원이란 멘토를 말합니다. 혼자 한국이 아닌 해외에서 사업을 하기란 상당히 어렵고 위험한 일입니다. 특히 경험 없는 저 같은 경우에는 더욱 그렇습니다.

저는 운 좋게 사업 초기부터 좋은 멘토들의 도움으로 새로운 아이디어를 얻고 올바른 결정을 하고 많은 조언을 통해 힘을 얻었으며 그걸 밑바탕으로 지금도 잘 성장하고 있습니다. 대표적으로 펑거비나의 이 대표님, 우리은행의 김 부장님, VTC 온라인의 이 부사장님, 이페이의 김 사장님과 장 부사장님, ABI 김 대표님, CJ올리브네트웍스 장 법인장님, 케이패스의 김 대표님, KIMC의 김 대표님 등 이런 멘토들의 조언과 도전이 저에게 매일 새로운 힘을 줍니다. 지금 보니 아주 많네요.

Q. 향후 계획이 있다면요?

A. 향후 계획은 세 가지로 나눌 수 있습니다.

첫째는 베트남에 한국 기술 체인을 만들고 있습니다. 이미 진출한 기술 업체와 새로 진출하는 기술 업체 간 파트너 및 협력 체인을 만들어 더 많은 한국 중소기업이 베트남에 진출했을 때 설립부터 운영까지 IT 지원을 해서 함께 성장했으면 좋겠습니다. 이미 베트남 내 IT 인프라 공사, IDC/네트워크, 보안/방화벽 등의 기업들과 파트너십을 통해 한국에서 진출한 기업들을 지원하고 있습니다.

둘째는 SaaS 기반 솔루션들이 베트남에서 시장점유율 50%를 차지할 수 있도록 3개년 계획을 통해 추진하고 있습니다. 단기적 수익보다는 시장 확대를 위해 지속적인 개발과 마케팅에 투자하고 있습니다. 이를 위해서는 2020년 하반기에 에인절 투자 및 2021년 초에 시리스A 투자 유치 계획을 세우고, 한국에 신규로 설립된 법인을 중심으로 본격적으로 추진할 예정입니다.

셋째는 동남아 주변 국가로의 확산입니다. 글로벌 5개년 계획을 세워 베트남에서 성공한 모델을 통해 캄보디아, 미얀마, 인도네시아로 진출할 목표를 갖고 있습니다. 이를 위해 이미 해당 국가들의 현황을 파악하고 있으며, 현지 파트너가 될 고객들과 미팅을 진행하고 있습니다. 또한 함께 진출할 베트남 및 한국의 파트너들과도 협의하고 있습니다.

6장

베트남의
유통 시장

베트남 유통 시장이 뜨겁다

베트남을 찾은 여행객이 돌아갈 때 구매하는 품목 중 커피는 빠지지 않는다. 베트남 코코넛커피가 설탕이 없어 다이어트에 좋다고 하여 한때 한국 강남 일대에서 유행했다. 필자도 다수의 지인한테 귀국할 때 몇 봉지씩 사다달라는 부탁을 받았다.

커피 생산량 기준 전 세계 두 번째 생산 국가인 베트남에서는 남녀노소 모두가 커피 마시는 게 일상이 되어 어디서나 편하게 즐긴다.

이 장에서는 코로나19 대유행 이후 사회적 격리 조치 시행 등으로 소매판매가 심각한 타격을 입었지만 5월 이후 다시 사회적 거리두기가 완화되고 일상을 되찾은 베트남 유통 시장이 향후 젊은 세대의 도시화와 베트남 국민들의 생활이 넉넉해짐에 따라 어떻게 성장할지 살펴보려 한다. 특히 최근 부상하는 베트남의 편의점 현황과 롯데마트를 포함한 대형 마트, 커피 프랜차이즈, 그리고 베트남 최대 그룹인 빈그룹의 유통부문을 마산 (Masan) 그룹에 매각한 이후 베트남 유통 시장의 변화를 점검한다.

베트남 유통 업계 커지는 파이

베트남 인구 9,000만 명 중 60%가 15세에서 54세 사이 젊은 층이다. 게다가 베트남은 2019년 7.02%의 GDP 성장률을 기록하면서 2년 연속 7%대 성장률을 유지해 세계에서 보기 드물게 높은 경제성장률을 보이고 있다. 또 소득이 증가해 2030년에는 동남아에서 세 번째로 큰 소비 시장이 될 것이라는 전망이 대두하고 있으며, 지난해 도시화율이 38.4%로 급속한 도시화가 진행 중이다. 이런 배경을 바탕으로 베트남 유통 업계의 전망은

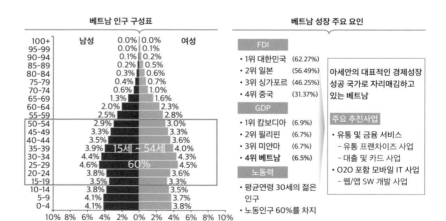

베트남 인구 구조 및 투자 현황. 출처: 핑거비나

매우 밝은 편이다.

지난 5년간 베트남 유통 산업의 연평균 성장률은 약 10%로 추정된다. 베트남 통계청에 따르면 2018년 베트남 유통 산업 규모가 2017년보다 12.4% 증가한 1,420억 달러였다. 이같이 유통 산업의 전망이 밝다 보니 한국을 포함한 외국의 대형 유통 기업들이 포화 상태인 자국 시장을 벗어나 베트남 진출을 서두르고 있다.

최근 몇 년 사이 한국의 롯데마트와 이마트, 일본의 이온(AEON), 다카시마야 등 대형 쇼핑몰과 미국의 서클케이(CircleK), 일본의 세븐일레븐(7-Eleven), 한국의 GS25가 베트남 시장에 본격적으로 진출했다. 그 밖에 태국의 MM메가마켓(Mega Market), 빅C(BigC) 등도 이미 확고한 고객층을 갖추고 있다. 베트남 국내 업체로는 빈그룹 계열사 빈커머스(VinCommerce)가 운영하던 슈퍼마켓 빈마트(VinMart)와 편의점 체인 빈마트플러스(VinMart+)가

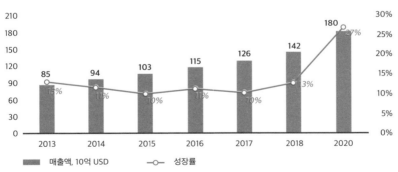

베트남 유통 산업 매출액 및 성장률 동향. 출처: 베트남 통계청(GSO), Deloitte

전국에 2,600여 개의 점포를 두고 베트남 내수 시장을 주도하고 있었다.

그러나 최근 시장의 흐름을 보면 유통 시장 규모와 이용자 수가 뚜렷하게 성장하고 있음에도 불구하고, 국내외 업체들 간 치열한 경쟁, 투자와 비용 증가로 인해 많은 유통 업체가 수익성 확보에 어려움을 겪는 것으로 보인다. 빈그룹은 주력 사업이던 유통 체인을 베트남 식품 대기업 마산에 매각했다. 활발한 M&A, 업체들의 선택과 집중 전략 속에서 누가 승자가 될지 주목해볼 만하다.

베트남 유통 공룡 빈마트의 매각

베트남에서 부동산, 건설, 유통, 병원, 자동차, 전자, 학교 등 핵심 산업 계열사를 모두 가지고 있는, 소위 베트남의 '삼성'이라고 불리는 최대 민간 기업 빈그룹은 2019년 12월 초 유통업 전문 계열사 빈커머스 산하 대형 슈퍼마켓 체인 빈마트와 편의점 체인 빈마트플러스, 유기농 농산물 소매 체인 빈에코(VinEco)를 베트남 식품 대기업 마산에 매각한다고 발표했다. 빈커머스의 유통 산업은 연평균 성장률 약 10%를 기록하고 있었으며, 전국에 2,600여 개의 점포와 14개의 빈에코 농장을 두고 있어 더욱 관심이 쏠렸다.

빈그룹은 2년 전부터 자동차 제조업(빈패스트VinFast), 스마트폰 제조업(빈스마트VinSmart)에 뛰어들면서 막대한 투자를 감행해 상당한 어려움을 겪는 것으로 알려져 있다. 빈그룹은 이번 매각을 선택과 집중 전략의 일환이라

빈그룹은 소매유통점을 마산 그룹에 매각했다. 사진: 하노이타임스.

고 전하며, 앞으로 차세대 제조업에 주력하기 위해 그 밖의 사업 부문을 매각하거나 사업을 중단한다고 밝혀왔다. 그럼에도 불구하고 베트남에서 빈그룹의 영향력이 워낙 크고 소비자들의 신뢰도 높기 때문에, 이번 유통 산업 매각은 베트남 사람들과 업계에 큰 충격을 주었다.

빈그룹은 2019년까지만 해도 로컬 슈퍼마켓 체인들을 공격적으로 인수해왔다. 2019년 9월 초에는 호찌민시를 중심으로 8개 매장이 있는 퀸랜드마트(Queenland Mart)를 인수해 빈마트로 간판을 바꿔 달았다. 또한 2019년 4월에는 숍앤고(Shop&Go)의 87개 매장을 1달러에 인수했고, 이보다 앞선 2018년 10월에는 약 50억 원을 들여 23개 매장을 가진 중견 유통

체인 피비마트(Fivimart)를 인수하며 몸집을 불려왔다.

그런데 소스, 음료, 컵라면, 육류 사업을 영위하는 마산에 유통 산업을 통째로 넘긴 것이다. 마산은 이들을 합병해 소비재 생산유통 기업을 신설하고, 빈그룹은 그 신설 기업의 지분 일부를 보유한 주주가 되기로 했다. 구체적으로 마산은 빈커머스의 지분 83.74%를 확보하고 신설 법인을 설립해 이 신설 법인의 지분 70%를 소유하고 빈그룹과 다른 투자자들이 이 신설 법인 지분의 나머지 30%를 소유할 계획이다. 이런 마산과 빈그룹의 소매유통부문 매각, 합병 소식 이후 두 회사의 주가는 엇갈린 행보를 보였다. 지난해 12월 3일 합병 발표 이후 마산 그룹의 주가는 이후 한 달 동안 20%나 하락했다. 그만큼 빈그룹 유통 체인의 인수가 마산에도 부담스러운 일이라는 의미이다.

빈마트나 빈마트플러스는 소비자들에게 인식이 꽤 좋았다. 가격이 다소 비싸지만 믿고 살 만한 농수산물과 식재료를 판다는 인식이 강했다. 현대적 슈퍼마켓 형태를 갖추고 있어 베트남 도시 사람들의 생활 깊숙이 파고들었다. 또 빈그룹 주력 사업인 빈홈(Vinhomes)의 아파트 단지 개발 시 대형 빈마트를 함께 입점시켜 부동산 가치를 끌어올리는 역할도 해왔다.

그러나 점포 수가 많아지고 외국계 대형 유통 업체들이 등장하면서 실제로 빈마트가 북적이는 모습을 찾아보기 어려워졌다. 많은 빈마트 매장이 대체로 늘 한산했다. 한눈에 봐도 큰 매장들을 유지하는 데 들어가는 비용이 만만치 않은 상황이었다. 빈커머스는 2019년 상반기 2조 5,200억 동

(1억 876만 달러)의 손실을 기록했다.

마산 그룹은 이번 인수합병을 계기로 소비자 식품 제조업에서 소매업으로 진출하기 위한 큰 발걸음을 내디뎠다. 마산 그룹은 빈커머스가 베트남 최대 규모 소매 업체인 만큼, 이 네트워크를 활용해 마산의 청정육가공 브랜드 미트델리(MEAT Deli)와 마산의 제품들이 유통에 날개를 달 거라고 기대하고 있다. 마산 그룹은 법적인 검토와 구체적인 계약 체결을 끝내고 2020년 내로 이 신설 법인이 EBITDA 기준 손익분기점을 넘기는 것을 목표로 하면서, 수익성이 낮은 점포 150~300개를 폐쇄할 계획이라고 밝힌 상황이다.

베트남 소비재의 양대 기업 간 빅딜이 베트남 유통 산업에 어떤 변화를 불러일으킬지 모두가 주시하고 있다. 빈그룹이 이번 매각을 통해 자동차와 기술 그룹으로 변모할 수 있을지, 고전하는 부문을 주력화하려는 시도가 성공할지 의문이기 때문이다. 또 마산은 식품 기업에서 전국 유통까지 좌우할 거대 기업으로 탈바꿈할지, 아니면 현재 유통부문의 적자를 떠안고 확고한 캐시플로를 다져왔던 식품 제조 분야까지 어려워질지 기로에 서 있다.

이번 인수합병은 단순히 두 기업만의 문제가 아니라 얼마 되지 않는 베트남 거대 민간 기업 간 거래이자, 거의 유일한 초대형 유통 업체의 미래가 달린 사건이다. 이번 딜로 베트남 유통 산업이 자립할 수 있을지, 아니면 실패로 드러나 베트남 시장이 외국 자본의 무대가 되어버릴지 궁금해진다.

커지는 파이를 차지하기 위한 치열한 경쟁

베트남의 유통업에 대한 외국인 투자자들의 투자와 M&A가 활발해지는 만큼 이들 간 경쟁도 치열하다. 유통 업계의 경쟁이 심화하며 최근 2년간 프랑스의 오샹(Auchan), 말레이시아의 팍슨(Parkson)이나 싱가포르의 숍앤고 등의 유통업 체인이 철수를 고려하거나 인수되었다. 경쟁이 치열한 만큼 구매력을 갖춘 인구밀도가 높은 위치 선점, 전자상거래와의 경쟁 등을 고려한 소비 습관 변화에 따른 새로운 소매 모델 개발이 중요해졌다. 특히 코로나19 확산으로 외출을 꺼리는 '집콕족'이 늘어나면서 실내에서 각종 경제활동을 즐기는 '홈코노미(Home+Economy)'가 급부상하고 있다. 외출을 줄이면서 외부 소비활동을 대체해줄 서비스가 주목받게 된 것이다.

이런 온라인의 오프라인 대체 현상은 더욱 확대될 것으로 보인다. 더욱이 상품 구매, 결제에서 배달까지 이어지는 소비 행태가 코로나19 이후 소비자들이 감염을 우려해 모든 소비 과정에서 비대면·비접촉 방식을 선호하면서 '비대면(untact) 온라인 소비'가 대세로 떠오른다. 온라인과 오프라인을 연계한 O2O 시장의 확산으로 기존 유통 업계 강자들이 온라인 쇼핑, 전자결제, 배달 서비스 등의 신규 수요에 적응해가고 있다.

쇼핑몰의 강자 이온몰

일본 대형 유통 그룹 이온은 현재 호찌민시, 하노이 롱비엔구, 빈즈엉에 이어 2019년 11월 하노이시 하동구에 새로운 매장을 개장했고, 하이퐁에도 개장을 준비하고 있다. 2019년 이온몰의 베트남 총괄이사 이와무라는 응우옌 쑤언 푹 총리와 간담회를 가지며 2025년까지 베트남에 20억 달러를 투자해 25개의 쇼핑몰을 지을 계획이라고 밝혔다. 푹 총리는 이온몰 건설에 필요할 경우 토지계획도 조정해주겠다며 지지를 표했다.

이온몰은 한편 베트남 내 쇼핑몰 사업 확장에서 더 나아가, 베트남이 일본에 수출할 고급 식자재들을 찾아내는 일에도 앞장서 일본 수출 규모를 2020년에는 5억 달러, 2025년에는 10억 달러까지 늘릴 계획이라고 밝히며 베트남 정부의 호응을 얻고 있다.

이온몰 하동 지점은 15만m^2의 면적에 9,000만 달러 넘게 들인 초대형

이온몰 하노이시 하동점. 이온 그룹은 현재 5개인 베트남 매장을 오는 2025년까지 25개로 늘릴 계획이다. 사진: 이온몰

복합 쇼핑몰이다. 지상 4층, 지하 1층으로 베트남 내 모든 식음료, 의류 브랜드, 문구와 완구, 생활소품 매장과 키즈카페들이 입점해 있다고 해도 과언이 아니다. 또한 일본 스타일 제품이나 식자재를 파는 대형 매장들도 들어와 베트남 사람들의 발걸음을 끌어모으고 있다. 개장 이래 엄청난 인파가 찾으면서 입소문이 더해져 성업 중이다. 오프라인 쇼핑과 달리 꼭 필요한 것을 사는 곳이라기보다, 먹고 즐기고 새로운 상품까지 만나는 체험형 복합 문화 공간으로 자리매김하고 있다.

이온몰은 도시 중심부가 아닌 외곽에 초대형으로 구성되어, 인근 지역뿐만 아니라 하노이 전역과 하이퐁, 박닌 거주자들까지 찾는 명소가 되었다. 베트남 현지 기업들이 시도하지 않은 새로운 형태의 쇼핑몰을 도입해 쇼핑몰 업계의 최강자로서 명성을 얻고 있다.

이온몰뿐만 아니라 2020년에는 이런 라이프 스타일의 대형 쇼핑몰이 유통 업계의 중심이 될 것으로 보인다. 호찌민시에서도 투띠엠 지역을 중심으로 새로운 오락과 쇼핑 중심지가 형성되고 있다. 대형 쇼핑몰들은 글로벌 패션 브랜드들에 좋은 조건을 제시하며 대규모로 입점시켜 고객을 확보하면서, 웰빙, 건강, 식음료, 엔터테인먼트, 라이프 스타일 스토어 등을 갖춰 새로운 수요를 창출하고 있다. 호찌민시에도 도심 외곽 지역에 사트라(Satra)센터몰, 소카몰(Socar Mall), 엘리트몰(Elite Mall), 센트럴프리미엄몰(Central Premium Mall) 등이 들어설 예정이다. 체험과 오락 위주로 방문하고 싶은 몰을 만드는 것이 도심 외곽 지역의 부동산 개발과 맞물려 유행처럼 번지며, 베트남 사람들의 취향도 저격하고 있다.

베트남 슈퍼마켓 시장에 안착한 롯데마트

한국의 롯데마트는 2008년부터 베트남에 진출했으며 총 3억 9,000만 달러를 투자해 현재 전국에 14개의 쇼핑몰과 1개의 백화점, 2개의 면세점을 보유하고 있다. 특히 롯데마트는 점포 내 상품을 모바일 주문을 통해 배송받을 수 있는 서비스를 도입해 큰 호응을 얻고 있다. 베트남 내 대형 마트로는 처음으로 제공하는 서비스이다.

롯데마트에서 모바일앱 '스피드 엘(SPEED L)'로 원하는 상품을 골라 주문하면 가까운 매장에서 지정한 시간에 배달해주는 서비스로, 주문 금액이 15만 동(한화 7,500원) 이상이면 무료로 배송해준다. 1시간 이내 배송 서비스인 스피드 엘은 동남아시아 차량 공유 서비스인 그랩(Grab)과 협업을

베트남 롯데마트의 배송 서비스 '스피드 엘'의 앱 화면. 사진: 롯데마트

통해 시행하고 있다. 경쟁 업체인 빈마트에는 배송 서비스가 없고, 빅C는 매장에서 모두 구매한 뒤 배송 센터에 배송을 의뢰해야 하며 배송 시간도 지정할 수 없다. 그 밖의 중대형 마트들은 전화 주문이나 직접 구매 후 배송밖에 없었다. 이런 획기적인 서비스로 한국 교민은 물론, 호찌민과 하노이 시민들의 마음을 사로잡았다.

롯데마트는 최근 베트남에서 유행하는 환경보호 캠페인에도 앞장서고 있다. 베트남은 플라스틱 빨대가 아닌 종이 빨대를 쓰거나, 플라스틱 용기 대신 도시락통을 이용하고, 텀블러를 사용하는 등 의식 있는 젊은 층이 환경보호를 실천하는 것이 유행이다. 젊은 도시민들을 파고드는 환경보호 활동을 이용해 에코백을 제공하고 비닐 사용도 줄이고 있다. 롯데마트를 이용하면 환경보호에 동참한다는 기분을 느끼게 하는 마케팅이다.

이런 차별화된 서비스와 세련된 이미지로 베트남 대도시의 대표적인 슈퍼마켓으로 확고히 자리매김하고 있다.

편의점 업계 군웅할거 시기

편의점 업계는 특히 외국인과 베트남 국내 투자자들이 하루가 다르게 더 많은 점포를 열며 시장점유율을 높이기 위해 분투 중이다. 현재 1,700여 개의 편의점 점포를 보유하고 있던 빈마트플러스가 인수합병과 구조조정으로 확장에 주춤한 틈을 타, 다른 중대형 편의점 업체들의 치열한 경쟁이 예상된다.

베트남 로컬 기업으로는 대표적으로 테지어이지동(세계이동통신) 체인을 보유한 모바일월드 그룹이 운영하는 편의점 박호아싸인(Bach Hoa Xanh)과, 호찌민시 중심의 300여 개 슈퍼마켓과 식음료 체인을 운영하는 사이공코옵(Saigon Co.OP)의 코옵 스마일 편의점이 각각 40여 개의 매장을 가지고 있다.

외국계 프랜차이즈 업체들은 베트남 편의점 시장에 주목하며, 새로운 사업 모델로 상당한 기대를 걸고 있다. 전국적으로 2008년부터 베트남에 진출한 미국의 서클케이가 300여 개 점포를 보유하고 활발하게 영업 중이다. 또 편의점 강국인 일본의 편의점 대기업들의 진출도 활발하다. 2017년 진출한 세븐일레븐이 30개 정도 매장을 열었고, 앞서 이온몰에 주력하는

GS리테일의 편의점 GS25는 베트남 63개 전 점포에서 배달 서비스를 시작했다. 사진: GS리테일

이온사의 미니스톱(Mini stop)도 100여 개 매장을 운영 중이다.

한편 한국의 GS25는 2019년 베트남의 손킴 그룹(Son Kim Group)과 제휴해 호찌민시에 5개의 매장으로 시작해 2020년 5월 기준 63개의 매장을 운영 중이다. GS25는 한국에 1만 4,000여 개의 점포를 두고 있지만 이미 편의점 점포의 밀도가 너무 높아 신규 시장에서 사업 기회를 모색할 수밖에 없는 상황이었다. 특히 한국에서는 반경 15미터 이내에 편의점을 중복해서 열 수 없지만, 베트남은 특별한 규제가 없다. 또 현재 베트남에는 편의점 수가 2,000여 개에 불과할 정도로 아직 절대적인 점포 수가 적어 성장 잠재력도 크다.

같은 이유로 한국뿐만 아니라 일본, 대만 등의 편의점 회사들도 베트남 시장을 눈여겨보고 있다. 최근 GS25는 코로나19 확산 이후 4월부터 베트남 63개 전 점포에서 배달 서비스를 시작했다. 최소 주문 금액은 한화로 3,500원이다. 식품·비식품을 비롯해 총 200여 종의 상품이 배달 가능하다. GS25베트남 홈페이지에서도 주문이 가능하다. 실제로 GS25는 배달 서비스 도입과 생필품 가격 인하 행사 진행 등으로 3월 대비 4월 매출이 큰 폭으로 상승했고, 계속해서 상승세를 이어가는 것으로 알려졌다.

베트남 정부도 편의점 시장의 활성화에 긍정적인 편이다. 하노이시 인민위원회는 2018년 5월, 2025년까지 시내 편의점을 1,000여 개까지 늘릴 계획이라고 발표했다. 편의점이 도시 환경 정비와 생활 인프라 구축에도 기여한다는 긍정적인 측면이 있기 때문에 슈퍼마켓보다 쉽게 영업 허가를 내준다. 그러나 한편으로는 자국의 기업보다 외국계 편의점의 확장 속도가 빨라진다면 소비자에게 가장 맞닿은 이 지점에서 유통 시장의 자립도가 약해질 것을 우려하고 있다. 유통 시장의 판도가 제조와 생산에도 영향을 미치기 때문이다.

인사이트

베트남의 전통시장은 현지인들이 가장 많이 애용하는 곳이다. 일반적으로 소득이 높지 않은 가정이 많고, 도시에서 조금이라도 벗어나면 전통시장밖에 대안이 없기 때문이다. 재래시장은 위생이나 편리함과 다소 거리가 있더라도 신선한 식자재와 풍부한 물품 구성을 자랑한다.

한편 온라인이나 모바일을 이용한 소매 거래가 폭발적으로 늘고 있다. 전국적으로 70% 이상의 인터넷 보급률과 100%가 넘는 모바일 이용률을 자랑하며 온라인 소매업이 유통의 큰 축을 차지하고 있다. 특히 하노이, 호찌민 중심의 30대 젊은 층은 거의 90% 이상이 스마트폰을 통해 온라인 배송 서비스를 이용하고 있다.

그러나 도시의 중산층 젊은 가정들이 몰리는 곳은 바로 현대식 오프라인 유통 채널이다. 이들은 도시 생활을 중심으로 다소 가격이 높더라도 안전하고 믿을 만한 먹거리를 찾는다. 또 가족들과 여가를 보내기 위해 쇼핑몰을 방문하는 횟수가 매우 높아졌다. 바쁜 도시 생활로 간편하고 편리한 구매를 위해 편의점을 찾는 경우도 급증하고 있다. 베트남 국내뿐만 아니

베트남의 재래시장 모습

라 해외 유통 회사들도 이 핫한 시장에 관심을 두지 않을 수 없다.

그러나 눈에 보일 정도로 시장이 커가는 만큼 뛰어드는 이도 많고 차별화하기도 어려워 경쟁이 치열하다. 또 도시화가 가속화되면서 교통체증과 임대료 및 인건비 상승, 물류 등 관련 비용이 증가하면서 수익성은 기대에 못 미친다. 이 틈을 파고들어 대형 쇼핑몰들이 도시 외곽의 초대형 매장으로 몰링(Malling)의 즐거움을 선사하고, 일부 대형 마트는 시간 지정 도어투도어(Door-to-door) 배송 서비스를 제공하며 고객을 확보해나가고 있다. 편의점 업계는 식재료 판매뿐만 아니라 도시락과 간편식, 커피 판매와 요금 납부 등 부가 서비스를 강화해나가는 추세이다. 각자의 고유한 특징과 장점만이 치열한 경쟁에서 살아남는 방법으로 보인다.

베트남 시민들의 눈이 높아진 만큼, 유통업 성장에 적합한 상품 개발, 고객을 끌어들일 만한 마케팅 포인트를 정확히 짚어내야만 살아남을 수 있다. 또 외국인 투자자들의 유통 부문 투자 쏠림 현상으로 베트남 내부에서는 외국이 베트남의 생산 활동까지 좌우할 것을 우려해 경제 주권에 대해 걱정하는 시선도 있는 만큼, 베트남 정부의 정책 방향을 주시해야 할 것이다.

7장

베트남의
음료 시장

커피 중심의 음료 시장

2015년 베트남의 대학과 산학협력을 위해 다낭에 처음 방문했을 때다. 대학은 다낭 시내에서 해안가 쪽으로 가는 중간쯤에 있었다. 날씨가 더워 시원한 커피를 마시고 싶어 대학에 도착하기 전 입구에 내려 제법 그럴싸한 프랜차이즈 커피숍을 찾았으나 없었다. 대신 작은 의자와 테이블에 학생처럼 보이는 남녀가 모여 있어, 간판은 없었지만 대략 커피숍인 것 같아 들어갔다.

커피숍은 맞는데 에어컨이 시원하게 켜진 쾌적한 분위기가 아니라 커다란 선풍기가 돌아가고, 젊은 남자들이 상의를 탈의한 채 담배를 피우고 있었다. 돌아서 나가기도 애매해서 메뉴에 있는 커피를 주문했다. 사장인 듯 보이는 이가 조그만 쟁반 위에 에스프레소 커피잔과 얼음이 들어 있는

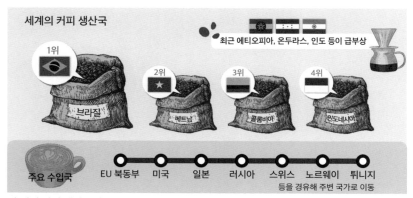

전 세계 커피 생산국과 수입국. 출처: 글로벌이코노믹

녹차 컵과 연유 같은 게 들어 있는 컵, 이렇게 세 개를 놓고 그냥 가버렸다. 한국에서 생각한 아이스 아메리카노가 아니고……

베트남어를 몰라 주문하고자 하는 커피를 설명해줘도 잘 이해하지 못할 거라는 생각에 그냥 커피를 한 모금 마시고 엄청 써 바로 아이스 녹차 컵에 입을 가져다 댔다. 그런 뒤 연유를 커피에 넣고 다시 한 모금 마시니 처음보다는 덜 썼지만 그래도 쓴맛이 강해 마시기 힘들었다.

지금은 이런 식의 베트남 커피를 즐겨 찾고 있다. 특히 점심 식사 후 머리가 멍할 때 작은 의자에 앉아 쓴 커피를 마시고 해바라기씨 껍질을 벗겨 습관처럼 씹는다. 갈증이 있을 때는 머리가 띵할 정도로 시원한 코코넛커피 한 잔으로 갈증을 달래곤 한다.

베트남 사람들은 남녀노소 커피를 즐긴다. 길거리 노점이나 베트남 로컬 브랜드 커피숍, 세계적인 커피 전문점 가릴 것 없이 커피를 마시는 사람들로 하루 종일 북적거린다.

베트남은 현재 브라질에 이어 세계 2위의 커피 생산국이다. 전 세계 커피 생산량의 20% 가까이 생산하며 세계에서 가장 많은 로부스타(Robusta)종 생산지이다. 무덥고 습기가 많은 기후로 인해 로부스타를 재배하기에 최적의 조건이어서, 생산된 커피 가운데 90%가 로부스타이다.

베트남 커피는 1857년 프랑스 선교사에 의해 처음 들어왔다고 한다. 그러다가 베트남 전쟁 후 동독과의 커피 조달 협약을 통해 산업화의 첫발을 내디딘 뒤 1986년 베트남 정부가 주도한 도이머이 정책을 거치며 현재의 부흥기를 맞이하고 있다.

하노이 철로변 커피거리 모습. 관광객들이 이색적인 분위기를 느끼기 위해 찾는 명소가 되었다.
출처: 인사이트비나

커피를 즐기는 베트남 사람들

베트남 대도시에서 눈에 띄는 풍경 중 하나가 한 집 건너, 아니면 바로 옆에 다닥다닥 붙은 커피와 차를 파는 가게들의 모습이다. 여기에 차가 달리는 도로 옆 좁은 인도에 파라솔과 앉은뱅이 플라스틱 의자를 넓게 펼치고 있는 노상 카페도 많이 보인다. 낮은 플라스틱 의자, 소위 '목욕탕 의자'에 앉아 아이스 녹차(짜다Tra Da)와 연유를 넣은 아이스커피(카페쓰어다Caphe sua da)를 마시는 모습과 깔끔한 인테리어에 쾌적한 에어컨이 나오는 카페에 앉은 모습이 혼재되어 있다.

그러나 노상 카페를 찾는 사람들은 주로 중장년층 남성이 대부분임을 한눈에 알 수 있다. 어른들을 따라온 어린아이들은 있지만 청년층과 젊은 여성들은 찾아보기 어렵다. 반면 웬만한 오피스나 주택가의 프랜차이즈 커피숍에서는 남녀노소 가리지 않고 다양한 사람들이 이야기를 하거나 공부, 비즈니스 미팅을 하는 모습도 많이 보인다. 이런 모습은 한국과 크게 다르지 않다. 베트남에서 커피나 차는 모든 사람이 물만큼 가까운 음료로 여기며 특별히 장소나 종류를 가리지 않아도 모든 음식점과 슈퍼마켓, 길거리 상점들에서 접할 수 있다.

베트남의 프랜차이즈 커피 시장

베트남의 커피숍은 개수가 엄청난 만큼 콘셉트도 다양하다. 중요 상점

스테디셀러 및 베트남 커피	베스트셀러

HIGHLANDS COFFEE

(카페쓰어 = 연유 커피)
Phin sữa
핀 쓰어

박 시우
Bạc xỉu

2만 9000동
= 1500원

Phin đen 핀 덴
(카페 덴 = 블랙 커피)

Tea with peach jelly
3만 9000동 = 2000원

Tea with lotus seed
3만 9000동 = 2000원

Freeze – Green Tea
4만 9000동 = 2500원

THE COFFEE HOUSE

카페쓰어
cà phê sữa

bạc sỉu

2만 9000동
= 1500원

cà phê đen 카페 덴

Peach tea with orange & lemon grass
4만 5000동 = 2300원

Matcha macchiato
4만 2000동 = 2200원

Blach tea macchiato
4만 5000동 = 2300원

STARBUCKS

Dolce Misto
5만 5000동 = 2800원

Asian Dolce Latte
7만 5000동 = 3900원

Caramel Macchiato
8만 동 = 4140원

Green Tea Cream Frappuccino
9만 5000동 = 4900원

Café Latte
7만 동 = 3600원

PHÚC LONG Coffee & Tea

Cà phê sữa 3만 동 = 1560원

Cà phê đen 3만 5000동 = 1800원

Phúc Long milktea

Lychee tea

Oolong milk tea

4만 5000동 = 2300원

CỘNG

Bạc xỉu
3만 9000동 = 2000원

Cà phê nâu
3만 5000동 = 1800원

Cà phê đen
2만 9000동 = 1500원

Coconut milk coffee
4만 5000동 = 2300원

Coconut milk with green rice
5만 9000동 = 3100원

Coconut milk with cacao
5만 9000동 = 3100원

VIET MEDIA coffee

Cafe nâu
2만 5000동 = 1300원

Cafe bạc xỉu 3만 동 = 1560원

Cafe đen 2만 5000동

Tropical Fruit tea

Pink Grape Fruit Tea

Mango Macchiato

4만 5000동 = 2300원

베트남 내 주요 카페별 인기 음료. 출처: KOTRA 호찌민 무역관 종합

가나 도심에 위치한 수많은 다양한 모습의 크고 작은 커피숍과 더불어, 눈을 돌리면 어디서나 대형 프랜차이즈 커피숍 매장을 찾을 수 있다. 최근 베트남에서는 프랜차이즈 커피숍이 대세라고 할 수 있다(특히 하노이, 호찌민 등

대도시에는 대형 아파트 및 상업지구 중심에 키피 프랜차이즈가 건물 내에 몇 개씩 입점해 있다). 도시 중심지, 오피스가, 주택가, 백화점 곳곳에 어김없이 대형 프랜차이즈 커피숍들이 자리 잡고 있다.

베트남 커피숍의 총시장 규모는 약 27억 달러(한화 약 3조 1,000억 원)에 이른다고 한다. 베트남의 5대 커피숍 체인점은 2019년 상반기 기준 하이랜드 커피(Highlands Coffee), 더커피하우스(The Coffee House), 스타벅스(Starbucks), 쭝응우옌(Trung Nguyen), 푹롱(Phuc Long)이다. 이 중 매출 1위는 하이랜드 커피이다.

하이랜드 커피는 2018년 1조 6,000억 동(약 800억 원)의 매출을 기록하면서, 2017년 대비 31%나 성장했다. 특히 2012년 필리핀 패스트푸드 대기업 졸리비(Jolibee)가 베트남 창업주로부터 이 커피 체인점을 사들인 후, 간단한 식사거리와 전통 커피부터 프라푸치노까지 다양한 메뉴를 제공하면서 남녀노소 가리지 않고 인기를 끌고 있다. 더구나 좋은 장소에 많은 매장을 두는 확장 전략으로 대도시 어디에서나 찾을 수 있는 익숙한 매장이 되고 있다(2012년 필리핀에 본사를 두고 있는 졸리비 푸즈Jollibee Foods가 49%의 지분을 인수한 뒤 2017년에는 지분의 60%까지 확대 인수했다).

한편 한국에서 엄청난 시장점유율을 자랑하는 스타벅스는 베트남에서도 살아남은 몇 안 되는 외국계 커피숍 체인점이다. 스타벅스는 고유의 매장 콘셉트와 맛을 유지하면서도 베트남에서는 점포의 입지에 집중해 안정적인 수익을 창출할 수 있는 곳에 입점하는 전략을 택했다. 가격도 현지 커피숍에 비해 약간 비싼 정도로, 젊은 층과 외국인들의 취향을 공략하며 비교적 성공적으로 베트남 시장에 안착했다.

2018년부터 두각을 나타낸 더커피하우스는 매장의 고급화에 투자하지 않고, 합리적인 가격과 고속 와이파이로 젊은 고객층을 공략하고 있다. 향후 5년 내 700여 개의 점포를 개설할 계획을 가지고 확장 중이다.

최근 눈에 띄는 커피숍 체인점은 푹롱이다. 호찌민시에서 시작한 푹롱은 커피에 남부 특유의 볼드하고 단맛을 내어 차별화한 것으로 알려져 있다. 특히 티라떼가 유명한데, 일반적으로 밀크티에 분말을 사용하는 것과 달리 신선한 우유를 사용해 풍미를 올렸다. 매장 콘셉트와 서비스도 세련된 느낌이다. 2019년 하노이에서 새로 오픈하는 푹롱 매장들은 할인 행사

푹롱 매장에 아침부터 그랩 배달 직원들이 줄지어 서 있다. 사진: KOTRA 하노이 무역관

베트남식 카페스어(연유커피). 사진: 서승균

까지 감행해 줄이 길게 늘어서곤 했다. 특히 푹롱은 그랩푸드로 배달이 가능해 직접 매장에 오지 않고 주문 배달로 소비하는 고객도 많다.

인스턴트커피 대기업으로 출발한 쭝응우옌 레전드 매장의 점유율은 하락하고 있다. 매장의 특색이 덜하고 프랜차이즈 관리가 느슨해 매장마다 맛과 메뉴에 편차가 있기 때문으로 분석되고 있다.

이 밖에 베트남 고유의 프랜차이즈 커피숍인 제미니(Geminee), 아하(Aha), 콩카페(Cong Caphe) 등도 상당히 눈에 띈다. 이들 커피숍은 베트남의 전통적인 노상 카페 분위기를 살리는 낮은 의자와 전통적인 인테리어로 베트남식 연유 커피와 코코넛이 든 커피를 주력 상품으로 판다. 전통과 현대가 공존해 현지인과 외국인 모두에게 인기를 끌고 있다.

외국계 프랜차이즈가 성공하기 어려운 이유

커피 체인점의 급성장으로 커피숍 시장이 거의 포화 상태에 이르고 있지만, 베트남 시장에 직접 뛰어든 외국계 프랜차이즈 커피숍 중 스타벅스 외에는 성공한 사례를 찾아보기 어렵다. 미국계 커피숍인 커피빈(Coffee Bean)도 매장을 몇 개 열었으나 곧 모두 철수했다. 한국의 카페베네(Cafebene)도 진출을 시도했으나 얼마 되지 않아 철수했으며, 엔젤리너스(Angel-in-us)는 롯데 그룹의 성공적인 베트남 진출에도 불구하고 영업 중인 매장 수가 매우 적다.

그 이유는 무엇일까. 우선 오래된 고유의 커피 문화 때문이다. 베트남은 브라질에 이어 세계 2위의 커피 생산국인 데다, 베트남인의 1인당 연간 커피 소비량이 약 1.8kg에 달할 정도로 커피 소비가 많다. 이처럼 베트남인들은 자신만의 고유한 커피 문화를 아주 오랫동안 이어와, 외국계 프랜차이즈 커피숍의 낯선 커피 맛에 다가가기 어려울 것이다.

또 커피숍에서 파는 커피 가격도 다른 소비 물가에 비해 저렴한 편이다. 커피는 그 어떤 다른 먹거리보다 베트남 사람들에게 친숙한 음료로서, 국민소득과 가격의 관련성이 크다. 최근에 완전히 철수한 커피빈의 경우에는 커피 가격이 미국이나 한국과 비슷한 약 7~8만 동(한화 약 3,500~4,000원) 수준으로 고가였다. 더욱이 같은 외국계인 스타벅스의 에스프레소 베이스 커피 가격인 5~6만 동(한화 약 2,500~3,000원)과 비교했을 때도 고가여서 부담스러웠다. 베트남 고유 브랜드 커피숍들이 기본적으로 갖추고 있는 전통 커피 카페스어다(연유커피)의 가격은 2만 5,000동(한화 약 1,300원) 안팎이어서 수요와 수익성을 고려한 가격 책정이 쉽지 않았을 거라고 추측된다.

대도시 커피숍에서 쉽게 볼 수 있는 모습. 젊은 층은 커피숍에서 미팅, 업무, 공부 등을 한다.
출처: KOTRA 무역관

더 넓게 보면 대도시 중산층과 젊은 층이 주로 커피숍을 이용하는 데 반해, 아직도 중장년층과 저소득층, 도시 이외 지역 주민들은 인스턴트커피를 마시는 경우가 많다. 커피숍을 이용하는 고객이 중산층, 청년층, 도시민으로 한정되어 있는 만큼 타깃 고객층의 문화와 습관을 파고들 수 있는 노하우는 역시 로컬 브랜드일 것이다. 예를 들면 청년층들은 커피숍에서 다양한 활동을 하며 간단한 식사까지 곁들이기를 선호하는데, 현지 브랜드들은 현지 기호에 맞는 간식 메뉴를 잘 갖춰놓고 있다. 또 커피에 달콤한 젤리를 넣어 먹거나 섞어 먹는 것도 베트남 전통 디저트와 유사해 젊은이들이 선호하는 메뉴이다. 외국계 프랜차이즈들이 이런 음식 문화를 빠르

게 받아들이는 데는 한계가 있었을 것이다

한편 젊은 층은 차(茶)에 대한 선호도 높다. 2018년과 2019년에는 버블티(Bubble tea) 매장이 커피숍만큼이나 우후죽순 생겨났다. 그런데 2019년 후반부터는 버블티 매장보다 레몬차인 짜짜인(Tra Chanh)을 파는 점포가 급증하고 있다. 이렇게 트렌드가 빠르게 바뀌면서, 뿌리 깊은 베트남의 전통적인 커피 문화와 혼재된 커피숍 시장에 외국계 프랜차이즈 커피숍이 적응해 성공을 거두기에는 어려움이 있었을 거라고 생각된다.

차 시장의 변화 양상

2019년 초에는 베트남 도시에서 버블티(밀크티) 시장이 무서운 속도로 확장되었다. 전국적인 수요 급증으로 버블티 시장에 뛰어드는 외국계 투자자도 많았다. 2019년에는 100개 넘는 브랜드가 들어와 있었고, 2017년부터 2019년까지 시장이 매년 약 20% 나 성장한 것으로 나타났다. 호찌민과 하노이 등 대도시에는 알리(Alley), 공차(Gongcha), 텐렌(Ten Ren), 토꼬토꼬(TocoToco), 딩티(Ding Tea), 로열티(Royaltea) 등 주요 밀크티 브랜드 매장과 중소기업이 운영하는 소규모 매장도 많다. 이에 하이랜드 커피와 더커피하

베트남 식당에서 쉽게 볼 수 있는 짜다티(Tra Da, 아이스 녹차). 다수의 식당에서 별도 비용을 받고 있지만, 여전히 많은 식당에서 물 대신 짜다티를 무료로 제공하고 있다.

베트남 버블티 딩차(Ding Tea, 홍콩 브랜드). 베트남 젊은 층은 버블티를 입에 물고 있다고 표현할 정도로 즐겨 찾고 있다. 사진: Ding Tea 홈페이지

우스 같은 커피 전문점이나, 파리바게트, 뚜레쥬르 같은 빵집도 메뉴에 버블티를 추가했다.

이런 버블티 전문점은 커피 전문점보다 매장 면적이 작고 인테리어도 단순해 투자비용이 적게 든다. 가격도 한 잔에 3만~8만 동(한화 약 1,500~4,000원)으로 원가 대비 수익성이 좋아, 대만, 중국, 싱가포르계 외국 브랜드들도 베트남에서 버블티 프랜차이즈화에 열을 올렸다.

그러나 2019년 말이 되자 버블티 열풍이 한풀 꺾였다. 버블티를 주문하는 수요층이 줄어들고 매장도 더 이상 확산되지 않았다. 매장들은 수많은 프로모션을 진행하며 배달 대행 업체와 제휴를 맺고 배달 판매 확대에 힘

레몬차 전문점 짜짜인 부이포. 사진: 짜 짜인 부미포 페이스북

쓰고 있다.

　처음부터 이런 버블티는 다른 차와 달리 대도시 젊은이들만을 대상으로 하는 만큼, 이들의 소비 형태가 자주 변화함에 따라 상품을 자주 바꿔야 할 거라는 지적이 있었다. 최근 버블티는 고칼로리, 고당도 음료로 인식되면서 건강과 다이어트를 생각하는 젊은 층의 수요가 다소 줄어들고 있다.

　반면 2019년 하반기부터 레몬차를 파는 전문 매장이 눈에 띈다. 레몬차는 원래 대부분의 노상 카페와 음식점에서도 파는 흔한 음료인데, 최근 이것을 파는 매장이 전문화하고 있는 것이다. 전통적으로 베트남 사람들에게 익숙한 맛인 데다 가격도 저렴하고 건강에도 좋다는 인식에 힘입어 전문점이 급속도로 확산되고 있다. 짜짜인 티모어(Tra Chanh Tmore), 짜짜인 부이포(Tra Chanh Bui Pho), 짜짜인 칠(Tra Chanh Chill) 등은 전국에 각각 100개에서 300여 개의 매장을 보유하고 있다.

이런 레몬차 전문점 오픈 비용은 버블티나 커피숍보다 훨씬 저렴한 약 3억 동(약 1,500만 원) 안팎으로 알려져 있다. 매장이 좁아 대부분 외부 인도에 의자를 내놓는다. 과일 향이나 과즙이 가미된 차 음료의 가격은 1만~3만 5,000동(한화 약 500~1,800원)으로 매우 저렴하다.

이런 레몬차 가게는 이미 프랜차이즈가 포화 상태에 접어든 호찌민시보다 북부 하노이와 중부를 중심으로 유행하고 있다. 베트남 북부와 중부가 더 새로운 시장으로 새로운 유행이 더 빠르게 퍼지고 변하는 특징을 대변하는 양상이기도 하다.

베트남 커피 시장의 치열한 경쟁

베트남의 인스턴트커피 시장은 다국적 기업 네슬레(Nestlé), 베트남 브랜드 비나카페(Vinacafe), 쭝응우옌 등이 매년 품질과 디자인을 개발하면서 치열하게 경쟁하고 있다. 최근 확산되고 있는 베트남과 외국계 편의점 체인들도 앞다투어 저가의 인스턴트커피와 원두커피 판매에 나서고 있다. 앞서 살펴본 커피숍들은 매장 콘셉트, 서비스, 커피 이외 음식, 가격대 등 모든

서민들의 상권까지 위협하는 대형 프랜차이즈 커피숍. 최근 대형 커피 브랜드가 길거리 손수레 상점을 운영하고 있다. 사진은 하이랜드 커피 손수레 상점.

면을 고려해 고객을 끌어들이기 위해 고군분투하고 있다. 그럼에도 불구하고 커피와 차 매장이 거의 포화 상태에 이르러 프랜차이즈들은 점포 확장의 어려움을 호소하고 있다.

　대형 커피 체인점들은 중고급 커피 부문에서 저소득층을 잠재 고객으로 하는 전략의 일환으로 투자를 줄이고 시장 진출을 쉽게 하는 커피 카트 운영도 시작했다. 주요 커피 브랜드들이 교통체증이 심한 길거리에서 카트를 끌고 나와 새로운 고객 확보에 나서기도 했다. 하이랜드 커피는 호찌민시 도로변에서 매일 오전 출근시간에 2만 9,000동(한화 1,500원)짜리 커피

친환경 기업인 슈엑스(ShoeX)가 만든 커피 마스크 '에어엑스(AirX)'. 출처: 뉴스펭귄

를 판매하는 판매 카트를 시범적으로 운영하기 시작했다. 인스턴트커피 회사 비나카페는 1만 2,000~1만 4,000동(한화 600~700원) 가격대의 커피를 판매하는 모닝커피 카트를 운영한다. 쭝응우옌 커피숍은 최근 테이크아웃 전용 소규모 커피숍 E-커피(E-Coffee)를 론칭해 일반 매장의 8분의 1 정도 투자금만으로 점포를 열게 하고 있다.

　이 밖에도 스타벅스와 푹롱, G7 커피로 유명한 쭝응우옌 등의 커피숍 매장은 베트남의 환경보호에 앞장서며 플라스틱 빨대 사용을 중단하고, 종이나 스테인리스 빨대를 사용하는 등 친환경 캠페인에도 앞장서고 있다. 최근 베트남 사람들의 환경에 대한 관심이 높아지면서 이런 캠페인이 이미지 차별화로 이어져 고객의 발걸음을 끌어들이고 있다. 스타벅스는 또 2020년 1월 베트남 진출 7주년을 맞이해 컵과 텀블러 등 기념품에 베트남의 옷과 문화를 입혀서 파는 마케팅에도 나섰다. 다양한 전략으로 커피만 파는 것이 아니라 문화와 감성까지 충족시키는 전략을 이용한 것이다.

인사이트

베트남은 세계적인 커피 생산국이자 자국민의 커피 사랑 또한 유서가 깊다. 그만큼 커피 시장의 경쟁 또한 치열하다. 특히 외국의 프랜차이즈 커피숍들이 베트남의 중산층 확산과 젊은 인구 구조, 급격한 도시화에 따른 시장의 잠재력을 보고 베트남 시장에 뛰어들려고 하지만, 현실은 만만치 않다.

전통적인 커피 문화와 급속한 유행의 변화, 저렴한 가격과 좋은 품질에 대한 수요의 충돌 속에서 균형점을 찾아내는 것이 관건일 것이다. 특히 베트남 사람들의 전통과 생활 습관, 현대적 사고방식에 대한 깊은 이해가 필요하다. 최근 유행하는 커피 외에 차도 다른 아시아·태평양 지역과 비교해 짜다를 즐기던 문화, 오토바이 배달 주문이 일상화된 환경, 젊은 층의 기호 변화 등이 맞물려 수요가 빠르게 변화하고 있다. 이런 배경에서 베트남인의 생활에 매우 밀접한 커피와 차에 외국인들이 접근하기가 어려운 것 같다.

8장

베트남의
금융결제 시장

현금 결제를 좋아하는 베트남 사람들

베트남의 한 정보통신대학과 산학협력으로 다낭에 가서 한 학기 동안 정보통신대학 졸업생과 졸업예정자 20명을 대상으로 모바일 앱 개발 교육을 진행했다. 교육 대상은 25세 미만의 젊은 남녀 대학생으로 구성되었고 3학년 이상이었기에 기본적인 컴퓨터 개발언어와 활용에 익숙했다. 애플의 IOS와 구글의 안드로이드 기반의 모바일 앱 개발 교육에서 한국 본사에서 개발한 앱과 자체 브레인스토밍을 거쳐 선정한 앱을 4개 팀으로 나누어 직접 개발 및 론칭까지 할 수 있게 했다.

한 학기가 끝난 뒤 한국 본사와 협의하에 교육생 20명 모두를 프리랜서 개발자로 채용했다.

한국에서 진행되는 프로젝트의 섀도 프로젝트(Shadow Project) 일환으로,

베트남 지폐. 사진: 게이티 이미지

한국에서 개발되고 있는 앱의 백업과 단순 반복적인 코딩 업무를 지원하려고 채용했는데 교육할 때와 달리 월급을 주는 입장에서는 개발자의 능력이 많이 부족했다. 결과적으로 베트남 시장을 알아가기 위한 일환으로, 장기적 관점에서 관계를 계속 이어갔다.

첫 월급 때 직원 모두에게 은행계좌를 달라고 했더니 현금으로 달라고 해서 엄청 당황했다. 개발자 모두 은행계좌가 없고 현금이 더 좋다고 했다. 일주일 내 은행계좌를 만들지 않을 경우 급여를 주지 않겠다고 으름장을 놓으니 한두 명씩 은행계좌를 만들어 보내왔다.

월급날 개발자 모두 대학 내 가까운 ATM 기기에 가서 전액 현금으로 인출하기에 통역 직원에게 왜 은행에 놔두지 않고 집에 가져가냐고 물으니 은행을 신뢰하지 않고 집 금고에 두는 게 훨씬 안전하다고 여기기 때문이라고 말했다.

실제로 2014년 세계은행 자료에 따르면 만 15세 이상 베트남인 중 통장을 개설한 이는 31%에 불과했다(한국 94%, 태국 78%). 베트남 사람들이 오랜 기간 전쟁을 경험하고 1986년 도이머이 정책에 따른 갑작스러운 인플레이션으로 금과 외화(달러, 유로) 같은 비교적 안정적인 자산을 더 선호하고 은행 등에 대한 불신이 큰 원인이었다.

이 장에서는 베트남 정부의 현금 없는 사회 구현을 위한 노력과 베트남 결제 시장의 변화에 대해 살펴보고자 한다.

베트남의 높은 현금 이용률

베트남은 전통적으로 현금을 가장 안전한 수단으로 선호해왔다. 전자 상거래 업체나 슈퍼마켓에서 물건을 주문할 때도 배달원이 상품을 전달하면 동시에 현금을 지급하는 방식(Cash on Delivery)이 아직까지 보편적이다. 제대로 된 상품을 받지 못하거나 배달 도중 분실되거나 도난되는 경우가 많다는 우려 때문이다.

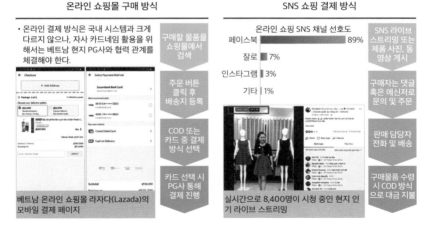

온라인 쇼핑몰 구매 방식

• 온라인 결제 방식은 국내 시스템과 크게 다르지 않으나, 자사 카드네임 활용을 위해서는 베트남 현지 PG사와 협력 관계를 체결해야 한다.

구매할 물품을 쇼핑몰에서 검색

주문 버튼 클릭 후 배송지 등록

COD 또는 카드 중 결제 방식 선택

카드 선택 시 PG사 통해 결제 진행

베트남 온라인 쇼핑몰 라자다(Lazada)의 모바일 결제 페이지

SNS 쇼핑 결제 방식

온라인 쇼핑 SNS 채널 선호도

페이스북	89%
잘로	7%
인스타그램	3%
기타	1%

SNS 라이브 스트리밍 또는 제품 사진, 동영상 게시

구매자는 댓글 혹은 메신저로 문의 및 주문

판매 담당자 전화 및 배송

구매물품 수령 시 COD 방식으로 대금 지불

실시간으로 8,400명이 시청 중인 현지 인기 라이브 스트리밍

베트남에서는 쇼핑 구매 및 결제 방식에서 현금 비중이 절대적으로 높다. 최근 페이스북 같은 SNS에서 라이브 스트리밍 방식으로 실시간 동영상을 게시하고 구매자로부터 댓글과 메시지로 주문 오더를 받고 판매자가 직접 물품을 제공하고 대금을 받는 방식이 인기이다.

온라인 거래뿐만 아니라 일반 상점에서 거래할 때도 대부분의 소규모 상점에서는 현금 거래가 당연시될 뿐만 아니라, 일부에서는 판매 상인들에게 카드를 내주고 결제하게 하는 것조차 거부감을 갖고 있다. 심지어 POS(Point-of-Sales) 단말기가 있는 상점이 전국 15만 개에 불과해 대부분의 상점에서는 현금 아니면 결제가 불가능하다. 지금도 베트남의 80%가 매일 현금으로 거래한다고 집계되고 있다.

베트남익스프레스(VnExpress) 등 현지 언론이 인용한 지난 5월 스탠다드차다드(Standard Chartered)의 보고서에 따르면 베트남 내 온라인 구매의 90.2%가 현금으로 지불되고 있다. 이렇게 현금 이용률이 높은 이유는 디지털 결제 방법이 어떻게 작동하고 어떻게 사용하는지 이해가 부족하기 때문으로 추정된다.

베트남인의 은행 이용률은 주변 동남아 국가에 비해서도 낮은 편이다. 2014년 기준 베트남 15세 이상 인구의 30.8%만이 은행계좌를 가지고 있다. 이는 필리핀의 34.5%, 인도네시아의 48.9%, 태국의 81.6%에 비해서도 낮은 편이다. 은행 이용률이 낮은 만큼 신용카드 소유 비율 역시 매우 낮아, 인구의 4.1%에 불과하다. 베트남인의 직불카드 보유율은 26.8%로, 인도네시아의 30.9%, 말레이시아의 73.8%보다 낮다.

이런 배경에는 디지털 결제의 기밀성에 대한 우려도 작용한다. 자신의 거래 내역이 누군가에 의해 드러날 수 있다는 불안감이 작용하는 것이다. 2019년 베트남 정부의 발표에 따르면 정부의 노력으로 15세 이상 인구 중

2016~2020년 비현금 결제 수단 개발 계획 일부

개발 계획	현황
2020년까지 전체 거래 중 현금 거래 건 비중이 10% 미만으로 감소 기대	2019년 11월 11.25%, 12월 11.3%, 2020년 12월 내 13.27%
▶POS 단말기를 통한 결제 체계를 구축해 카드 사용량 및 카드 결제 금액 증대 목표 • 2020년까지 POS 단말기 수량 30만 대 • POS 단말기를 통한 거래량 연간 2억 건 목표	• 2019년 12월 기준, 베트남 내 POS 단말기 수량은 27만 7,754대 • 2019년 기준, POS 단말기를 통한 거래는 연간 약 3억 1,035만 건(전년 대비 49% 증가)
▶전자상거래상 전자결제 사용을 촉진하기 위해 2016~2020년 전자상거래 개발 마스터플랜 달성 목표 • 슈퍼마켓, 쇼핑몰, 현대 소매유통 시설 모두 POS 단말기를 설치해 소비자가 비현금 결제 가능한 환경 제공 • 전기, 수도, 텔레커뮤니케이션, 미디어 서비스 기업의 70%가량은 이용자의 비현금 결제를 허용(금액 기준) • 대도시 가정 및 개인 50%는 쇼핑 및 소비활동 시 비현금 결제 이용	• 베트남 전력공사(EVN)의 2019년 자료에 따르면 동년도 비현금 수단으로 전기요금을 결제한 이용자 비율은 46.5%
▶시외 및 외딴 지역에 비현금 결제 시설을 개발해 금융 상품/서비스 접근성 증대 목표 • 2020년까지 만 15세 이상 인구 중 최소 70%가 은행계좌 소유	• 2019년 10월 기준, 만 15세 이상 인구 중 은행계좌를 소유한 사람은 63%(자료: 중앙은행 결제부)

베트남 정부의 비현금 사회 실현을 위한 방안으로 진행되고 있는 이 프로젝트는 2020년까지 현금 거래를 10% 미만으로 줄이는 노력을 지속한다. 2019년 현재 호찌민 중심 대도시에서 카드 사용과 온라인 결제률이 증가하고 있다.

자료: 베트남 시행령 Decree 2545/QD-TTg, 베트남 중앙은행, 호찌민 무역관 자료 종합

은행계좌를 소유한 사람이 63%까지 증가했다(중앙은행 결제부).

아직은 베트남 정부의 통계가 100% 신뢰를 주지 못하지만 분명한 것은 지속적으로 은행계좌가 늘고 신용카드 사용이 증가하고 있다는 점이다.

또한 190개국과 자유무역협정(FTA)을 체결했고 2020년 8월부터는 EU

와의 FTA가 발효되어 유럽의 선진 금융 시스템이 베트남 사회를 개방으로 이끌 것으로 전망된다.

변모하는 베트남, 현금 없는 사회를 향해

현금 대신 인터넷 결제, 모바일 결제, 전자지갑을 통한 결제가 주요 결제 수단이다. 이런 결제가 확산되기 위해서는 인터넷, 모바일 사용률이 높아져야 한다. 지금 베트남에는 인터넷과 모바일 사용자가 급속히 증가하고 있어, 향후 전자 지급 방식이 더 많이 이용될 거라는 기대가 높다. 베트남 인구의 60%가 35세 미만 젊은 층이어서 모바일과 인터넷 이용률이 빠른

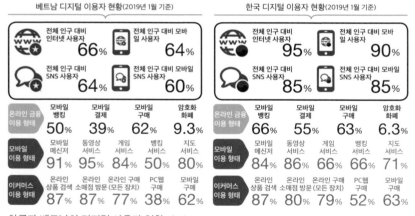

한국과 베트남의 디지털 사용자 현황. 출처: Hootsuite 2019 Digital Report

속도로 증가하고 있다.

2018년 기준 만 15세 이상 인구 중 스마트폰 보급률은 80%를 상회하는 것으로 추산되고 있다(Mobile Marketing Association 자료). 베트남인들은 하루 평균 4시간 휴대전화를 이용하는 것으로 집계되었다. 실제로 거리든 실내든 어디에서나 휴대전화를 이용하는 사람이 휴대전화를 보지 않는 사람보다 훨씬 많은 것을 알 수 있다. 그만큼 남녀노소를 가리지 않고 도시와 지방을 불문하고 휴대전화를 이용하는 사람의 비중이 압도적이다. 하노이나 호찌민, 일부 공업도시 등과 달리 대부분의 지방은 은행이나 교통 접근성이 매우 열악하지만, 놀랍게도 대부분 휴대전화를 능숙하게 이용하고 있다. 이와 같은 높은 모바일 보급률이 현금 없는 사회로 나아가기 위한 충분한 배경이 되고 있다.

베트남에는 2020년 5월 기준 34개의 전자지갑(e-wallet) 결제 서비스 기업이 있고, 삼성페이(SamsungPay), 알리페이(Alipay) 등 외국계 결제 업체도 진

베트남 전자결제 중개 기업 일부. 출처: KOTRA 호찌민 무역관

출해 있다. 베트남 중앙은행에 따르면 2017년 전자지갑의 거래 금액은 전년보다 64% 증가한 53조 동을 넘어섰다.

34개 전자결제 중개 서비스 기업 중 90%가량이 QR코드, 전자영수증, 전자지갑 서비스에 초점을 두고 있다. 전자결제 분야는 특히 모바일 페이 솔루션에 집중돼 있다. 특히 베트남 중앙은행 결제부에 따르면 2019년 기준 페이요(Payoo), 모모(MoMo), 에어페이(AirPay), 모카(MoCa), FPT, 이렇게 상위 5개 기업이 전체의 90% 이상을 점유하고 있으며 상위 10위 기업이 베트남 전자결제 시장을 점유하고 있다.

베트남의 높은 현금 이용률에도 불구하고 정부의 노력과 기업들의 서비스 확대 등으로 인해 베트남에서 현금 없는 지급 결제가 증가할 것으로 기대하고 있다.

비현금 결제를 위한 베트남 정부의 노력

베트남 정부는 비현금 거래를 늘리기 위해 지속적으로 노력하고 있다. 2020년 베트남 중앙은행의 5대 과업 중 하나가 전자결제 활성화 구축이다. 실행안으로 2019년 말까지 52개 모든 도시의 공과금을 현금 없이 납부할 수 있도록 하라고 권고하는 행정명령을 발표했다. 또한 전자지갑을 통해 은행계좌 없이도 현금을 예금할 수 있도록 하라는 내용도 포함되어

베트남의 '2025년 포괄적 금융 전략 결의안' 일부 요약. 출처: KOTRA 호찌민 무역관

있다. 베트남 정부는 2020년까지 총지급 거래 중 현금 거래 비중을 10% 이하로 줄이는 것을 목표로 하고 있다. 베트남 정부의 비현금 거래 증가 노력은 2019년도 상반기 들어 거래 건수나 액수가 모두 두 자릿수 증가율을 보이는 등 결실을 맺을 조짐을 보이고 있다.

호찌민시는 모든 학교와 병원 등에 비현금 결제를 할 수 있도록 하라고 지시했다. 또한 전기와 수도, 통신, 우편 사업자도 비현금 결제가 가능하도록 은행과 협력해야 한다고 권고했다. 호찌민시의 사회보험국에서는 연내에 연금과 복지비의 50%를 비현금 방식으로 지급하는 것을 목표로 세웠다. 또 시 당국은 베트남 중앙은행에 계좌이체로만 할 수 있는 거래 목록을 공표해달라고 요청하기도 했다.

베트남 정부는 2019년부터 6월 16일을 '현금 없는 날'로 지정하고 관련 행사를 기획해 정부와 민간 부문이 협력하는 장려책을 마련하기도 했다.

베트남 전자상거래협회(VECOM)는 2019년 「E-비즈니스 인덱스 리포트(E-Business Index report)」를 통해 현재 전자상거래 결제 수단 중 현금 사용 비중이 최소 70%에 이를 것으로 추산하고 있다. 이는 1년 전 보고서 기준, 10% 이상 줄어든 결과이다.

베트남 전자결제 업계 활황

코로나19 대유행 이후 베트남에서는 현금 없는 디지털 거래를 뒷받침하는 결제 중개 서비스가 폭발적으로 증가하는 추세이다. 2019년 3월 회계 세무컨설팅기업 PwC는 상점에서 모바일 결제를 이용하는지에 대한 설문조사 내용을 발표했다. 그 결과 2018년도에는 31%만이 모바일 결제를 이용한다고 답한 반면, 2019년에는 61%가 그렇다고 답했다. 베트남은 중국의 86%, 태국의 67%, 홍콩의 64%에 이어 4위에 올랐다. 이와 같이 상점에서 모바일 결제를 이용하는 베트남인 수가 2018년에 비해 24% 늘어, 세계에서 가장 빠르게 성장하는 것으로 나타났다. 베트남 중앙은행 결제부의 응이엠 탄 손(Nghiem Thanh Son) 부국장은 QR코드 결제, 비접촉 결제, 카드 정보의 토큰화 등이 개발되면서 모바일 결제가 새로운 트랜드로 자리 잡

베트남의 자판기 QR코드 결제 모습. 출처: KOTRA 호찌민 무역관

고 있다고 발표했다.

「핀테크 인 아세안(FinTech in ASEAN) 2019」보고서에 따르면 다양한 핀테크 모델 가운데 베트남 현 정부가 우선 개발 과제로 두고 관련 규제를 완화함으로써 다수의 기업이 전자결제에 참여하고 있다(2019년 베트남 핀테크 산업에 유치된 투자금 중 98%가 결제 솔루션에 집중). 이는 현금 선호 비중이 높은 베트남 소비자의 소비 패턴 변화도 있겠지만 베트남 정부가 전자정부 활성화 정책을 강력하게 전개하고 관련 규제를 완화하고 있기 때문이다. 더욱이 글로벌 페이 업체인 알리페이, 삼성페이, 구글페이(GooglePay) 등과 글로벌 투자 기업인 소프트뱅크 비전펀드(SoftBank Vision Fund), 싱가포르 GIC, 워

버그핀커스 등은 베트남 정부가 외국계 기업에 지불 라이선스를 통제하고 있어 간접 우회전략으로 베트남 내 기업에 투자하거나 합작 또는 제휴·인수합병을 통해 베트남 온라인 전자결제 시장에 진입하려 한다. 그만큼 미래 베트남 시장이 매력적으로 보이기 때문이다

2020년 5월 기준 베트남 중앙은행에서 발표한 등록된 지급 결제 사업자(Payment Gateway, PG) 수는 34개로 2019년보다 7개 증가했다. PG는 인터넷상에서 금융기관과의 거래를 대행해주는 서비스로 신용카드, 계좌이체, 휴대전화 이용 결제, ARS 결제 등 다양한 소액 결제 서비스를 대신 제공한다. 이들 지급 결제 사업자들은 베트남 현지의 43개 은행(2019년 말 현재 국영

베트남 대표 전자지갑 모모와 페이유 실행 화면. 출처: KOTRA 호찌민 무역관

베트남 삼성페이 서비스 론칭 행사 모습. 출처: KOTRA 호찌민 무역관

은행 4개, 민영 은행 28개, 100% 외국계 은행 9개[한국계 2개 포함], 합작투자은행 2개)과 협력해 지급 결제 서비스를 제공하고 있으며, 2018년 기준 총 660만 건의 거래가 이루어졌고, 거래액은 전년 대비 242% 성장한 19억 달러에 이른다.

나파스(NAPAS, 베트남 중앙은행 산하 결제 기관으로, 한국의 금융결제원 역할), VN페이(VNPay), 모모(베트남 최대 전자지갑 서비스 업체), 페이유(비엣유니온VietUnion사가 운영하는 전자결제 서비스), 잘로페이(베트남 국민 메신저 잘로Zalo를 운영하는 VNG 그룹 자회사 자이온ZION이 운영), 모카(하노이와 호찌민에서 그랩과 연계한 서비스 제공) 등이 활발하게 활동하고 있다.

한편 2018년도 전자지갑(모모, 모카 등)을 통한 총거래액은 38억 달러로 전년 대비 15% 성장했다. 베트남 최대 민간 기업인 빈그룹은 지난 5월 통합 멤버십 시스템인 빈아이디(VinID)를 운영하면서, 베트남 현지 전자지갑 운영 기업 피플케어(People Care)가 운영하는 몬페이(MonPay)를 인수했다. 이보다 앞선 2018년 10월에 최대 승차 공유 서비스 업체인 그랩은 전자지갑

번호	기업명	소개	라이선스 획득일
1	**napas** NAPAS	- 베트남 중앙은행 산하 기관 - 베트남에서 최초로 지불 중개 서비스 라이선스 획득 - 알리페이, 삼성페이 등과 파트너십 체결 - 홈페이지: https://napas.com.vn/	2015. 8. 9
2	**VNPAY** VNPay	- QR페이, 모바일 뱅킹, 전자지갑 등 각종 전자결제 서비스 제공 - 홈페이지: https://vnpay.vn/	2015. 10. 2
3	**momo** M_SERVICE	- 베트남 최대 전자지갑 서비스 업체 - 가맹점 4,000개 이상, 베트남 전역 45개 시·성에서 이용 가능, 월간 활성 이용자 수 1,000만 명 이상 - 홈페이지: https://momo.vn/	2015. 10. 16 2017. 7. 13
4	**Payoo** VIET UNION	- 비엣유니온사가 운영하는 전자결제 서비스 - 홈페이지: https://payoo.vn/	2015. 11. 23
5	**ZaloPay** ZION	- 베트남 국민 메신저 잘로 개발사인 베트남 VNG 그룹의 자회사 자이온이 운영하는 전자결제 서비스 - 7,000만 명 이상의 잘로 메신저 이용자를 바탕으로 서비스 확대 중 - 골드만삭스, 텐센트 등이 투자 - 홈페이지: https://zalopay.vn/	2016. 1. 18
6	**BAOKIM.VN** Niềm tin mua sắm BAOKIM	- 베트남 유명 전자상거래 업체인 VAT GIA 산하 기업 - 홈페이지: https://baokim.vn/	2016. 2. 1
7	**Vimo** VIMO	- 중국 위챗페이와 공식 파트너십을 체결해 VIMO 전자지갑 앱을 통해 위챗페이 서비스를 제공 중 - 홈페이지: https://vimo.vn/	2016. 2. 22
8	**VTCPAY** VTC	- 베트남 정보통신부 산하 국영 기업 VTC(Vietnam Multimedia Corporation)가 운영 - 홈페이지: https://vtcpay.vn/	2016. 2. 24

번호	기업명	소개	라이선스 획득일
9	moca mobile payment MOCA	- 현재 호찌민, 하노이에서만 이용 가능 - 홈페이지: https://www.moca.vn/	2016. 2. 25
10	SenPay FPT wallet	- 베트남 최대 정보통신기업 FPT 그룹이 개발한 전자결제 서비스 - FPT 그룹이 보유한 전자상거래 웹사이트 Sendo.vn를 바탕으로 이용자 확보 중 - 홈페이지: https://senpay.vn/	2016. 4. 8

주: 1) 34개 기업 전체 리스트는 링크 참조.
2) 라이선스는 10년간 유효.
자료: 베트남 중앙은행(2020.5.20. 최신 업데이트 기준), 각사 홈페이지, KOTRA 호찌민 무역관 종합

서비스 모카와 손잡고 그랩 앱에 전자지갑 모카를 탑재해 운영하고 있다. 모카는 17개 시중은행, 1개의 디지털은행과 연결되어 있고, 승차료, 음식 주문, 송금과 전기요금 및 휴대전화 요금 납부 등에도 이용된다.

전자결제 등 핀테크 회사들에 대한 투자도 활발하다. 베트남 전자결제 업체 VN페이가 소프트뱅크 비전펀드와 싱가포르 GIC로부터 총 3억 달러를 투자받았으며, 전자결제 앱 모모는 지난 1월 미국 사모펀드 워버그 핀커스로부터 약 1억 달러를 유치했다. 전자상거래 업체 티키(Tiki)는 지난 3월 싱가포르계 사모펀드 노스스타 그룹이 주도하는 투자자들로부터 7,500만 달러를 투자받았다.

핀테크 형태	핀테크 범주	자금조달 (단위: 100만 US$)
VN페이(VNpay_VNLife)	결제	300.0
싱가포르 라이프(Singapore Life_Series C)	인슈어테크	110.3
모모페이(MOMO Pay_Series C)	결제	100.0
고베어(GoBear_Series A)	개인금융	80.0
어드번스.AI(Advance.AI_Series C)	뱅킹 테크	80.0
데스케라(Deskera_Series A)	금융·회계 테크	40.0
아쿨라쿠(Akulaku_Series C)	대체 대출	40.0
아스피르(Aspire_Series A)	대체 대출	32.5
크레디트 컬처(Credit Culture_Series A)	대체 대출	29.4
유트립(YouTrip_Seed)	결제	25.5

출처: FinTech in ASEAN, From Start-up to Scale-up

인사이트

베트남은 아직도 일반 거래에서 현금 이용률이 압도적으로 높은 수준이다. 최근 한국에서는 어디서나 얼마든지 신용카드나 직불카드로 결제하는 것이 보편화되면서 현금을 꺼내는 일이 크게 줄어든 것과 대비된다. 그러나 베트남은 평균 연령이 30세인 젊은 나라이다. 또한 모바일 보급률이 높고 연령이 낮을수록 그 이용률 또한 매우 활발하다.

베트남 정부는 이런 상황에서 베트남의 새로운 경제성장 동력으로 4차 산업 육성을 위해 그 기반 시스템으로 현금 없는 결제를 적극적으로 장려하고 있다. 정부의 주도적인 노력으로 공공 서비스 분야에서도 현금 없는 결제를 점차 확대해나가고 있다. 또한 전자상거래의 급성장과 전자결제 업체들의 활발한 영업과 투자 유치로 현금 없는 결제로 변모할 수밖에 없는 동력을 갖춰나가고 있다.

아직 전자결제 시스템 구축을 위한 인프라가 부족하고 하노이와 호찌민을 중심으로 도시에만 발달이 집중되어 있어, 전국적인 비현금 거래는 어려운 상황이다. 또한 거래 시 상품에 대한 신뢰, 상품 전달의 안전성 등 신뢰에 대한 문제가 남아 있다. 더 나아가 전자결제 방법이 현금만큼 안전하게 와닿아야 하는 기술적 뒷받침과 인식의 전환이 이루어지는 데는 다소 시간이 걸릴 것이다. 그러나 베트남 경제와 사회가 빠르게 발전하는 만큼 전자적 방식의 결제와 원격 거래에 대한 신뢰가 쌓이면서 점차 현금 없는 사회로 나아가는 경제 생태계가 조성될 것으로 보인다.

봄버스- 박희수 대표

긍정의 기운이 가득한 사람들과 세상에서
가장 큰 CG 회사를 꿈꾸다

봄버스 박희수 대표. 사진: 봄버스

베트남의 대표적인 그래픽 스튜디오 전문업체인 봄버스는 전 세계를 대상으로 2D, 3D 캐릭터, 텍스처, 배경, 애니메이션 및 FX 그래픽디자인을 제공하고 있다. 봄버스 박희수 대표를 통해 베트남의 그래픽 스튜디오 시장과 향후 전망에 대해 점검해볼 수 있다.

Q. 회사 소개를 부탁드립니다.

A. 글로벌 그래픽 전문 기업 봄버스는 현재 호찌민과 하노이, 한국에 거점을 두고 있으며, 3개의 오피스와 2개의 트레이닝 센터를 보유하고 있습니다. 봄버스베트남(BOMBUS VN)은 2018년 10월 15일 호찌민에 설립되었습니다. 영업을 담당하는 한국의 봄버스는 2018년 8월 14일 설립되었고, 230여 명의 구성원으로 이루어져 있으며 꾸준히 베트남 내 확장을 추진하고 있습니다.

봄버스(BOMBUS)는 호박벌(꿀벌)을 뜻하는데 곤충 중 가장 부지런한 것으로 알려져 있습니다. 또한 꿀벌이 없으면 꽃이 수정되지 않아 활짝 피지 못하고 열매도 맺지 못합니다. 즉 봄버스로 인해 좋은 게임, 좋은 영화, 좋은 애니메이션이 결실을 맺을 수 있는 스튜디오가 되자는 의미가 담겨 있습니다. 한국어로는 봄의 따뜻함을 가져오는 버스라는 의미인데, 스튜디오에 좋은 소식을 많이 가져오자는 의미도 담겨 있습니다.

봄버스는 기본적으로 컴퓨터 그래픽과 관련된 모든 업무를 지향하지만, 핵심 분야는 게임 그래픽 아웃소싱입니다. 현재 영화, 드라마, 애니메이션 작업도 하고 있습니다.

Q. 베트남에 진출한 계기는 무엇인가요?

A. 동남아시아는 무한한 가능성과 잠재력을 지닌 시장으로 이미 세계 유수의 기업들이 동남아 지역에 생산 거점을 마련해 현지의 뛰어난 재능들을 활용해 탁월한 결과물을 만들어내고 있습니다. 그런 동남아 시장에서 가장 주목할 만한 성장세를 보이는 나라가 바로 베트남입니다. 그뿐만 아니라 베트남 아티스트들의 역량은 한국과 견주어도 부족함이 없을 만큼 탁월하기에 고민 없이 베트남을 첫 동남아 거점으로 선정했습니다. 베트남 음식이 입맛에 잘 맞는 점도 있고요.

Q. 베트남 사람들과 함께 일하면서 가장 어려운 점은 무엇인가요?

A. 베트남과 한국은 문화가 유사한 점이 많아 큰 불편함을 느끼지 못하고 있습니다. 다만 아직 베트남어에 능통하지 않아 스스럼없이 대화를 나누기에는 다소 불편합니다. 열심히 공부하는데도 불구하고 제 말을 못 알아들어 좌절하기 일쑤지

봄버스 내 강당에서 낮잠을 즐기는 베트남 직원들. 사진: 봄버스

만, 우리 봄버스 구성원들이 잘 알려주고 있습니다.

Q. 반대로 가장 좋은 점은요?

A. 베트남 사람들 특유의 긍정적 마음가짐을 접하면서 저 역시 즐거운 마음으로 업무를 대하는 긍정적인 태도를 갖게 되었습니다. 특히 베트남 축구처럼 도전하면 된다, 될 것이다라는 긍정의 기운이 가득 찬 사람들을 만날 때마다 저도 덩달아 기분이 좋아지는 경험을 하곤 합니다.

Q. 한국과 베트남 기업 문화의 가장 큰 차이는 무엇입니까?

A. 한국에 없는 점심 낮잠 문화가 가장 큰 차이로 느껴졌습니다. 또한 회식을 비롯한 사내 행사에 적극적으로 참여해 직원들과 친구처럼 즐기는 모습도 무척 색다르게 느껴집니다. 근면 성실하고 자기 발전에 대한 욕구가 강한 모습은 한국

봄버스 사내 워크숍 행사. 사진: 봄버스

과 큰 차이가 없는 것 같습니다.

Q. 구성원들을 위해 제공하는 복지나 교육 프로그램으로는 무엇이 있나요?

A. 다양한 자기계발 기회를 제공하는 것이 회사가 직원에게 주는 최고의 복지이자 혜택이라고 생각합니다. 이를 위해 봄버스에서는 다양한 교육 프로그램을 정기, 비정기적으로 제공하는데, 대표적으로 아트 역량을 키울 수 있는 트레이닝 코스와 재직자 스킬 업 교육, 한국어 강좌 등이 있습니다.

Q. 궁극적으로 회사가 추구하는 비전은 무엇입니까?

A. 제가 추구하는 봄버스의 비전은 세상에서 가장 큰 CG 회사가 되는 것입니다. 요즘은 콘텐츠 시대라고 해도 과언이 아닙니다. 방송, 영화, 게임, 음악, 출판, 광고, 공연 등이 콘텐츠 산업이며, 그 콘텐츠 산업에서는 CG가 많은 부분을 차지

합니다. 콘텐츠 산업을 이끄는, 세상에서 가장 큰 CG 회사가 될 것입니다.

저는 HR(Human Resource) 출신의 CEO입니다. 세상에서 가장 큰 CG 회사가 되기 위해서는 행복한 회사가 되어야 합니다. 대부분 직장인은 하루의 반 이상을 직장에서 보내는데, 행복보다는 스트레스를 받고 살아갑니다. 20년 이상 HR 업무를 하면서 어떻게 하면 회사 내에서 구성원들이 행복해할까 고민했습니다. 자신이 성장하고, 동료들이 성장하고, 회사가 성장하는 모습 속에서 행복해하는 경우를 많이 봐왔습니다. 다양한 자기계발 기회를 제공해주는 한편, 조직 내 적응을 돕고 구성원들과 원활히 소통하게 하면 회사의 경영에 동참하고 자신이 회사에서 뭘 해야 하는지 느끼며 행복해하는 모습을 보았습니다.

Q. 베트남 내에 경쟁사가 있나요?

A. 봄버스와 비슷한 비즈니스 모델을 영위하는 기업이 많지만 그들을 경쟁사라고 생각하지 않습니다. 베트남 CG 산업을 함께 발전시키는 동반자라고 할 수 있죠. 그래서 그 기업들을 벤치마킹해 부족한 것을 배우려고 서로 교류하고 있습니다. 아울러 봄버스에 오늘의 경쟁사는 어제의 봄버스이고, 내년의 경쟁사는 올해의 봄버스입니다. 남을 모방하고 흉내 내는 것보다 끊임없이 부족한 점을 발견하고 개선해나가는 것만이 경쟁에서 진정으로 승리하는 길이라고 생각합니다.

Q. 베트남 이외 향후 다른 시장도 고려하고 있나요?

A. 아직 구체적인 계획이 있는 것은 아니지만, 동남아를 넓게 보고 항상 제2의 베트남이 어디일까 고민하고 있습니다. 물론 지금은 호찌민과 하노이 외에 다른 베트남 지역을 우선적으로 생각하고 있고요.

봄버스 사내 행사. 사진: 봄버스

Q. 베트남 사람들에게 봄버스가 어떤 회사로 인식되길 바라시나요?

A. 아티스트들이 봄버스를 '자신을 성장시켜주는 회사'로 인식해주면 좋겠습니다. 더불어 '봄버스 출신이다'라는 것만으로도 그 사람의 역량 검증이 끝나고 받아들여질 만큼 뛰어난 아티스트들의 집합체로 자리 잡고 싶습니다. 더불어 욕심일 수 있겠지만, 봄버스는 한국 기업이 아닌 베트남 기업으로 인식되길 희망합니다. 저는 베트남이라는 나라의 성장에 확신이 있습니다. 봄버스도 베트남 기업으로서 그 성장에 조금이나마 기여하고 싶습니다. 언젠가는 제가 아닌 베트남 출신 대표가 이끌어가는 회사가 될 것입니다.

3부 | 디지털 사회로
변모하는 베트남

9장

베트남의
ICT 산업

코로나19가 베트남 ICT 산업에 미친 영향

베트남의 코로나19 현황

필자의 핑거비나 역시 베트남에서 금융 IT, 핀테크, 베트남 내 O2O 앱 서비스를 주요 사업으로 하고 있어 베트남 ICT 산업의 일부라 할 수 있다.

필자는 베트남 설날(뗏) 전, 2019년 송년회에 참석한 뒤 한국에 들어왔다. 2월 이후 코로나19가 중국을 넘어 한국으로 확산되어, 베트남 외 많은 국가에서 한국인의 입국을 금지하면서 필자 역시 베트남에 들어갈 수 없는 상황이 되었다.

3월 지나 5월까지 코로나19 확산이 더욱 가속화되어, 7월 들어 전 세계 확진자 수가 1,000만 명을 넘어섰다.

현재 베트남은 내부적으로 코로나19 대유행 상황에서 세계 어느 나라

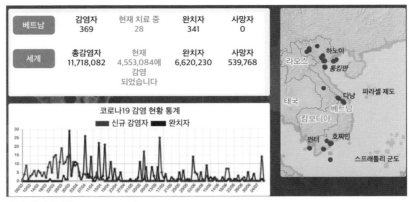

베트남	감염자 369	현재 치료 중 28	완치자 341	사망자 0
세계	총감염자 11,718,082	현재 4,553,084에 감염 되었습니다	완치자 6,620,230	사망자 539,768

코로나19 감염 현황 통계
■ 신규 감염자 ■ 완치자

출처: 베트남 보건부(2020. 07. 06 기준)

보다 청정한(?) 국가로 인식되고 있다. 7월 6일 기준 총감염자 369명, 완치
자 341명, 사망 0명으로, 수치상으로만 보면 거의 완벽한 방역을 자랑하
며, 현지 인식 또한 베트남 정부의 뛰어난 방역 정책 덕분에 큰 피해 없이
이겨내고 있다고 자평한다.*

한때 유럽에서 입국한 슈퍼 전파자(17번, 26세 응우옌, 베트남 철강 회사 대표의
딸로 이탈리아 밀라노 패션쇼에 참석한 뒤 가족과 지인 16명을 감염시킴)에 의해 현지 병
원에 집단 감염을 발생시키는 등 확산 위험이 높아지자, 3월 말 응우옌 쑤
언 푹 총리가 4월 1일부터 15일까지 전국 격리 정책을 통해 이동을 통제한
덕분에 이후 큰 확산세 없이 진정 국면을 맞으면서 현재까지 안정세를 유

---

* 2020년 8월 말 기준 전 세계적인 코로나19 재확산에 따라 베트남도 확진자 수가 증가하고 사망자가 발생했지
만 확진자 수는 세계 160위권(한국 74위)으로 인구 대비 발생률이 현저히 작다고 할 수 있다. (편집자 주)

지하고 있다. 현지에서는 예전에 사스(SARS)의 경험과 발 빠른 베트남 정부의 격리, 통제 덕분이라고 해석하고 있다.

변화하는 베트남 ICT 산업

코로나19 확산 이후 베트남 경제도 큰 타격을 입었다. 베트남 항공 산업은 근래 60년 동안 최악의 상황이라고 말하며, 10억 US달러 이상의 수입이 줄어들 것으로 전망했다. 산업 제조 공정 또한 중국 등으로부터 원자재 및 부품 공급이 원활하지 않아 가동률을 대폭 낮추고 있다.

베트남 통계청은 관광 산업의 경우 동기 대비 관광객이 8.8% 감소한 370만 명이며, 관광 수입은 8.3조 동(3억 6,000만 달러)으로 54.1% 감소한 것으로 추정하고 있다.

하노이에서 개최 예정이던 2020 포뮬러원(F1) 월드 챔피언십 경기 트랙 및 관중석 공사가 끝났음에도 불구하고 개최가 잠정 연기되었다(11월 개최설도 있음).

ICT 산업도 타 산업 분야와 마찬가지로 전반적으로 매출 하락이 이어졌다. 2020년 1분기 베트남 ICT 기업 매출 보고에 따르면 코로나 대유행 이후 매출이 30~90% 하락하고 있다. 이는 베트남 정통부가 지난 5월 9일 총리에게 보고한 자료에서 인용한 것으로, 매출 감소 원인은 기존 주주 계약 취소, 수출입 중단으로 인한 원자재 부족 등으로 보인다. 현지 베트남 IT 기업의 주요 고객 국가는 유럽, 아시아 국가인데, 이들 국가에서 각각

4월 다낭시 정기 인민위원회 화상회의(좌), 화상회의 플랫폼 메가미팅(우) 사진: KOTRA 다낭 무역관

60~70%(유럽), 40%(아시아) 감소했다. 이에 관련 부처는 베트남 재무부에 행정절차 개선과 공공 서비스에 IT 서비스 도입 촉진 및 법인세 감면 등의 지원을 요청하기도 했다.

하지만 화상회의, 원격 근무 등의 다른 ICT 분야에서는 희비가 엇갈리기도 했다. 화상회의 시스템 구축을 위한 하드웨어의 경우 일부 품목은 품절 사태를 빚기도 하고, 격리 기간에 영업과 비즈니스 활동을 수행하기 위한 원격 근무, 화상회의 솔루션 수요가 대폭 증가하기도 했다. 센서 타워(Sensor Tower)의 분석에 따르면 슬랙(Slack), MS 팀스(Teams), 줌(Zoom), 텐센트 콘퍼런스(Tencet Conference) 등의 글로벌 온라인 업무 공유 서비스 이용량이 연초 대비 5배 증가했다. 줌의 경우 연초 대비 60% 이상 상승하고, 스카이프(Skype)를 이용한 화상회의 이용도도 큰 폭으로 증가했다.

이에 베트남 현지 통신사 VNPT, 맛바오(Mat Bao)는 재택근무 서비스를 원활히 지원하기 위한 문서관리, 온라인 회의, 디지털 서명 등을 지원하는 소프트웨어 패키지를 출시했고, 비에텔 IDC(Viettel IDC)는 클라우드 PC 서비스를 시작해 데스크톱 컴퓨터의 데이터 가상화, 접속 등을 지원하고 있다고 밝혔다. 베트남 현지 IT 기업 락비엣(Lac Viet), 엠테크(M.Tech) 등은 온라인 회의, 교육, 원격 근무 솔루션을 개발, 보급하기도 했다. 관련 전문가들은 단기적인 유행에서 그치지 않고 장기적으로 온라인 업무 지원 솔루션 수요가 지속될 것으로 예상하고 있어, 원격 근무 솔루션 개발 활동은 계속 확대될 것으로 전망된다.

학교 수업을 온라인으로 전환하는 등 교육 분야에서도 비대면 서비스 활용이 증가하고 있다. VNPT사 E-러닝 담당자는 "코로나19 이후 프로그램 이용자가 4배 증가해 500만 명을 기록했으며, 시간당 10만 명에 달하는 학생이 이용하고 있다"고 밝혔다.

VNPT사는 온라인 교육 플랫폼인 Vn에듀를 3만 5,000여 개 학교에 배포했으며, 이번 코로나19 사태를 기회로 생체인식, 가상현실·증강현실, 인공지능 등 신기술을 적용해 다양한 교육 분야 솔루션을 개발할 계획을 세우고 있다.

과거에는 온라인 학습에 대한 관심이 일부 사립학교에만 국한되었으나 이번 사태로 교육계 전반에서 온라인 학습이 이슈화됨에 따라 공립학교에서도 온라인 교육에 대한 투자가 증가할 것으로 전망된다.

전자상거래 분야도 코로나19 이후 새로운 활력을 얻었다. CBRD 통계에 따르면 코로나19 이후 하노이, 호찌민 쇼핑센터의 방문객은 80% 감소했으며, 베트남 통계청은 리테일 식료품 매출은 9.6%, 호텔/여행 분야는 매출이 27.8% 감소했다고 발표했다. 하지만 CBRD의 담당자 보 티 퐁 마이(Vo Thi Phong Mai)는 그랩, 티키 등의 전자상거래, 배달 서비스 기업은 새로운 전환기를 맞았다고 평하며, 동남아시아 국가 중 가장 높은 경제성장률, 젊은 인구층, 빠른 도시화 등으로 인해 이전과 다른 소비 형태가 등장할 것으로 전망했다.

베트남 산업통상부 발표에 따르면 전통시장 매출은 50~80% 감소한 반면, 전자상거래 부문 매출은 20~30% 증가했다. 빈아이디 마케팅 담당자 마이 란 반(Mai Lan Van)은 빈아이디를 통한 매출은 3배가량 증가했으며, 피크타임의 경우에는 15배까지 급증했다고 밝혔다.

코로나19 이전에는 대다수 소비자가 현금을 선호하는 지불 습관, 수수료 등의 이유로 현금을 주로 사용했다(현금 사용률 90%). 하지만 코로나19 사태로 QR코드, 전자지갑 등 비대면 전자결제를 이용하는 사람이 늘어나고 있다. 실제로 베트남 중앙은행 산하 나파스에 따르면 설 연휴부터 3월 중순까지 비현금 거래 금액이 전년 대비 124% 증가했다. 베트남은 아세안 국가 중 싱가포르에 이어 두 번째로 핀테크 투자 유치에

QR코드 결제 등 비대면 결제로 베트남 전자결제 시장을 주도하는 모모. 사진: KOTRA 다낭 무역관

적극적인 국가이다. 이번 일을 기회로 베트남 핀테크 성장 속도도 가속화
될 것으로 전망된다.

베트남 사회의 디지털화 가속

베트남 정부, 공공 분야에서의 주요 대응

코로나19 이후 베트남에서는 정보통신부를 중심으로 다양한 지원 활동
이 펼쳐졌다. 대표적으로 기업의 원격 근무 수요에 대응하기 위해 베트남
IT 기업의 관련 솔루션을 저렴한 가격에 제공하는 일종의 프로모션 정보
포털(https://www.remote.vn/)을 운영해, 일정 기간 무료 이용, 이용요금 할인
등의 정보를 제공한다.

또한 지난 5월 15일 정부 주도로 최초의 온라인 회의 플랫폼 '자비

출처 : https://www.remote.vn/

「베트남 타임스(Vietnam Times)」(2020. 05. 16). 출처: 자비 서비스 시연

(Zavi)'가 출시되었다. 자비는 베트남 기술팀이 개발한 베트남 최초 온라인 회의 플랫폼으로, 베트남 엔지니어가 3주 만에 개발한 '메이드 인 베트남'이라는 데 큰 의미를 두고 있다. 해당 서비스는 현재 PC, IOS 플랫폼만을 지원하고, 24시간 연속 회의, 100명 규모의 참석자를 수용할 수 있으며, 향후 지속적인 업그레이드를 통해 필요한 기능을 추가할 예정이다.

코로나19 확산 방지를 위해 공공 분야에서 IT 서비스를 접목한 사례로는 '하노이 스마트시티(Hanoi smartcity)'와 '블루존(Bluezone)' 서비스를 들 수 있다.

하노이시에서는 지난 3월 18일부터 '하노이 스마트시티' 앱을 통해 코

'하노이 스마트시티' 앱 실행 화면

로나19 관련 정보를 제공했다. 2주 만에 개발을 완료했는데, 안드로이드, IOS 기반 애플리케이션으로 정부의 주요 공지사항, 감염 현황 등의 정보를 제공하고 있다. 개인의 위치정보를 활용해 주변의 감염, 격리자 위치 등을 알려주고 인근 지역을 통행할 경우 알람을 제공한다.

'블루존' 서비스는 베트남 정보통신부와 보건부가 개발한 코로나19 감염자 식별 및 경고 서비스 앱으로, 한국의 코로나 위치 추적 서비스와 유사한 서비스를 제공한다. 해당 서비스는

'블루존' 앱 실행 화면

사용자의 개인정보, 위치 등을 수집하지는 않는다. 서비스를 이용하려면 블루존 커뮤니티에 가입해야 하며, 일상적인 활동 중에 2m 이내에서 감염자와 가까운 접촉 또는 특정 장소에서 장시간 노출될 경우 감염 위험을 사용자에게 고지한다. 또한 개발자를 위해 블루존 사이트(bluezone.vn)에서 오픈 소스 코드를 제공할 예정이며 국제 주소인 bluezone.ai에서도 구할 수 있다.

인사이트

2020년 7월 현재, 베트남 내부적으로는 코로나 이전과 거의 달라진 게 없는 일상생활을 영위하고 있다. 더 이상 마스크 착용을 강제하지 않으며, 거의 모든 상점과 레스토랑이 문을 열었고 국내 이동 제약도 없다. 최근 하롱베이, 다낭 등의 관광지에 베트남 내국인이 몰리는 장면을 수시로 확인할 수 있다는 것은 거의 일상으로 돌아갔음을 반증한다.

하지만 이면에서는 조용히 이전과 다른 변화를 준비하는 움직임이 있다. 베트남은 전통적으로 대면 접촉을 중시하는 비즈니스 관행이 대부분이었다. 하지만 사회적 격리 등을 거치면서 조금씩 재택, 원격 근무, 화상 회의 등 비대면 근무 형태의 필요성이 증가하고 있다. 그리고 그 해결책 또한 내부에서 찾으려는 노력을 기울이고 있다. 대부분의 기업, 생산 활동이 아직 전산화·디지털화되어 있지 않아 전사적인 시스템 도입과 연동을 기대할 수준까지는 아니지만, 정부의 부양책 등에 힘입어 베트남 IT 기업들은 초급 단계의 비대면 솔루션, 서비스들을 내놓고 있다.

전체 인구의 60% 이상이 인터넷을 이용하고, 젊은 층을 중심으로 교육에 투자하는 비중이 점차 증가하면서 온라인 교육 시장 규모도 큰 폭(44.3%)의 증가세를 보여 향후 각광받을 것으로 예상된다.

응우옌 만 훙(Nguyen Manh Hung) 정보통신부 장관은 "코로나19로 인해 어려움을 겪고 있지만, 이는 디지털 경제로 전환하는 기회이기도 하다"며 정부와 기업, 사회는 전자결제, 온라인 교육, 전자정부 등 디지털 기술 발전에 역량을 쏟아야 할 때라고 말했다.

이후 베트남의 전반적인 산업 분야에서 IT 기술의 적용, 도입에 대한 필요성이 한층 더 커질 전망이다. 이와 관련해 한국 기업은 현지 기업과 소비자의 니즈를 면밀히 조사, 분석해서 준비한다면 이전보다 많은 시장 진출 기회를 얻을 것으로 예상된다.

10장

베트남의
공유경제 산업

한국과 다른 베트남의 공유경제 산업

코로나19가 팬데믹으로 번지면서 베트남 노동보훈사회부는 2020년 2분기에 최소 25만 명, 최악의 경우 35만~40만 명의 사무직 노동자가 일자리를 잃을 것으로 전망했다. 기타 직종의 근로자들은 최대 300만 명까지 감원될 가능성도 열어뒀다. 해당 부처는 자체 조사 결과 베트남 내 사업체에서 2월 10%, 3월 중순 15%가량의 업무량 및 생산량이 줄어들었다고 보고한 바 있다.

그중 직격탄을 맞은 분야는 관광, 숙박, 외식, 소매유통 사업을 위시한 서비스 산업이다. 실제로 베트남의 2020년 1분기 서비스 산업 성장률은 지난 10년 동기 대비 가장 더뎠다. 도소매 유통 분야 규모는 전년 동기 대비 5.69%, 금융·은행·보험 분야는 7.19% 증가했지만, 운송 및 물류 창고 분

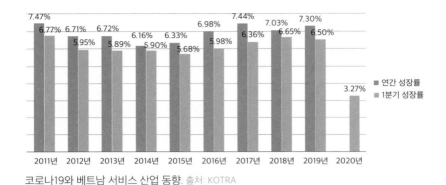

코로나19와 베트남 서비스 산업 동향. 출처: KOTRA

야와 관광 및 숙박시설 분야는 각각 0.9%, 11.04%씩 성장률이 하락했다.

코로나19 사태가 장기화됨에 따라 2분기 서비스 산업의 성장률은 1분기와 마찬가지로 전년에 비해 하락할 것으로 전망된다. 베트남 정부가 4월 3주간 강력한 사회격리조치를 시행함에 따라 비필수 서비스 사업과 교통이 제한됐고 이로 인해 소매유통 시장의 흐름이 둔화됐기 때문이다(베트남 내 사회격리조치로 영업이 정지된 비필수 서비스 분야는 미용실과 카페, 음식점, 헬스장 등이며 최소 2주 동안 지역 간 이동 제한으로 택시와 버스 등 운수 사업 활동이 정지됐다).

더욱이 베트남 정부는 3월 22일부터 6월 초까지 외국인의 입국을 전면 금지했다. 해외에서 돌아오는 자국민들의 귀국 또한 제한했는데, 귀국자로 인한 코로나19 감염 사례 비중이 높았기 때문이다. 다행히 4월 23일부로 특정 범위의 민간 영업 재개(식당, 상점 등)가 허가됨에 따라 내수 소비 시장이 코로나19 이전으로 회복되고 있다. 정부의 노력에 대한 국민의 절대적 신뢰가 높아져 코로나19는 베트남 경제가 한 차원 더 도약하는 전화위복 기회가 될 것으로 전망하고 있다. 이에 아시아개발은행, 국제통화기금, 세계은행은 모두 코로나19 여파로 2020년 베트남의 성장률을 5% 이하로 낮추는 한편, 2021년에는 7% 전후로 전망하고 있다.

이 장에서는 코로나19로 베트남 국민의 일상생활 변화 중 온라인 사용률에 대해 살펴본다. 그중 공유경제 모델에서 한국과 달리 베트남 정부는 합법적인 사업 모델로 응우옌 쑤언 푹 총리가 직접 고시(Desision)해 승인함에 따라 관련 디지털 경제가 베트남에서 빠르게 성장하고 있다. 공유경제 모델 고시는 서비스 제공자, 이용자, 플랫폼 제공자를 포함한 공유경제 모델에 참여하는 당사자의 권리, 책임, 이익을 보장하는 것을 목적으로 하며, 디지털 혁신, 디지털 기술의 응용, 디지털 경제의 개발을 장려하고 있다. 베트남에서 공유경제 모델은 운송, 숙박 공유, 전자상거래, 고용, 금융 서비스, 온라인 광고 등 6개 주요 부문 중심으로 발전해나갈 예정이다.

베트남 재정부에 따르면 공유경제는 국가 예산에 대한 세수를 증가시켜 자원의 효율적 이용과 환경보호에 기여한다는 장점이 있다. 아울러 소비자는 서비스와 제품에 대한 선택의 폭이 넓어지며, 기업과 개인이 서비스 품질을 개선하고 생산과 사업에서 경영진의 개발과 구조조정을 촉진하기 위한 경쟁을 일으키도록 장려한다고 발표했다.

피부에 와닿는 베트남의 공유경제

도로에 빽빽이 들어선 오토바이 행렬은 베트남을 상징한다. 출퇴근을 비롯한 이동 수단에서 최근 택배와 음식 배달까지 오토바이로 이루어지고 있다. 그런데 몇 년 전과 달리 그랩(Grab), 베(Be), 고비엣(GoViet) 등 유니폼 잠바와 헬멧을 쓴 오토바이의 물결이 보인다. 이들은 자신의 오토바이를 차량 공유 플랫폼에 등록해 사람을 태우고 요금을 받는다.

최근 몇 년 사이 베트남 도로에 승용차가 많아졌다. 택시가 아닌 중소형 승용차가 차량 공유 플랫폼에 등록해 운행하고 요금을 받는다. 관광객들과 베트남 국민 모두 택시보다 차량 공유 서비스를 이용하는 경우가 늘고 있다. 누구나 간편하게 차량을 플랫폼에 등록해 서비스를 제공할 수 있고, 이용자 역시 플랫폼을 통하기 때문에 위치 지정도 편리하고 요금 지불도 합리적이다. 중산층들이 차를 구매한 뒤 본업이나 자신의 이동수단으로 이용하고 남는 시간이나 공간을 활용해 승차 서비스를 제공하는 것이다.

베트남에서는 기업이나 개인이 집을 소유하고 숙박 공유 서비스에 등록해 내·외국인에게 장단기로 대여해 장기임대보다 수익률을 높이는 것이 특별하지 않다. 베트남 대도시 유수의 아파트 단지마다 에어비앤비(Airbnb), 럭스테이(Luxstay) 등의 사이트에 수십에서 수백 개의 공유 숙박처가 업로드되어 있다. 호텔 대신 이 숙박 공유 서비스를 이용하면 합리적인 가격에 아파트나 주택에 머무르며 주변 편의시설도 이용할 수 있어 투숙

하노이 랜드마크72 건물 앞 전경. 항상 그랩 오토바이 운전사들이 줄지어 서 있다.

객도 더 편리하다.

많은 베트남 젊은이가 공유 오피스로 출근한다. 현대식 구조와 편리한 사무 공간을 제공하는 공유 오피스가 대도시 곳곳에 있기 때문이다. 인터넷 시대를 맞아 공간의 제약이 크지 않은 만큼, 베트남 대기업들도 이런 공유 오피스를 지사나 사무소 대신 활용한다. 외국에서 베트남에 진출한 크고 작은 회사들은 베트남에 투자등록이나 기업등록을 위해 사무실 주소가 필요한데, 공유 오피스는 적법한 등록 주소지가 될 수 있다.

이렇듯 베트남에서는 먹고, 자고, 이동하고 일하는 곳곳에 공유경제가 깊숙이 자리 잡고 있다. 이런 흐름이 널리 퍼지기까지는 기존 산업 및 경제와 다소 충돌이 일어날 수도 있었겠지만, 법과 제도가 기존 틀을 보호하는 데 강경하지 않았던 것이 오히려 새로운 형태의 공유경제를 여는 데 좋은 환경을 제공하고 있다. 더욱이 베트남 정부는 4차 산업혁명의 물결 속에서 도약을 꿈꾸며, 인터넷과 플랫폼 산업 육성, 전자결제 확산, 스타트업 지원 정책을 강력하게 추진하며 공유경제에 숨을 불어넣고 있다.

베트남 공유 오피스, 공유 숙박

스타트업 호황으로 성행 중인 공유 오피스

2020년 GDP 성장률을 코로나19 대유행 전만 해도 6.8~6.9%로 고성장을 예상했으나 2020년 상반기 GDP 성장률이 1.81%로 10년 만에 최저치를 기록했다. 그러나 OECD 선진국 대부분이 마이너스 성장한 데 비하면 선방하고 있는 셈이다. 베트남 정부의 적절한 관여와 국민들의 적극적인 참여로 중국에 공장을 가지고 있던 제조업이 베트남으로 이전하거나 외국인직접투자(FDI)가 최근 증가하고 있다. 베트남 자체 경제가 활성화됨에 따라 온라인 중심의 스타트업 창업과 투자 붐이 일어나고 있다.

베트남 통계청에 따르면 2014년 베트남의 신규 기업 등록 수는 7만 4,842개에서 2015년 9만 4,754개, 2016년 11만 1,000개, 2017년 12만 6,859개로 급속히 증가하고 있다. 2018년과 2019년도 13만여 개 수준으로 집계되고 있다. 더 나아가 스타트업이 2018년 기준 3,000개 이상이며, 그중에서 특히 핀테크 관련 스타트업이 거래 규모와 투자 유치에서 두각

하노이 공유 오피스, 드림즈

공유 오피스 내부 오픈 공간에서는 미팅도 하고 커피를 마시는 등 휴식을 취할 수 있다. 하노이와 호찌민 시내 공유 오피스 공간은 시설과 비용 면에서 한국과 거의 차이가 없다.

을 나타내고 있다(특히 2020년 8월 베트남과 EU 간 FTA 발효를 계기로 베트남 금융 시장이 유럽에 개방됨에 따라 핀테크 선진국인 유럽 국가의 핀테크 비즈니스 모델이 베트남에서 크게 보급될 것이라고 베트남투자개발은행BIDV 연구소는 전망하고 있다).

이런 베트남 내 신규 기업의 증가에 따라 오피스 수요도 가시적으로 늘고 있다. 신규 기업은 현대적인 사무 공간을 추구하는데, 호찌민시나 하노이의 중심지 오피스는 오래되어 낡고 주변이 낙후된 경우가 많다. 최근 지어진 A급 오피스는 비즈니스 중심지에 위치하지만 가격이 매우 비싸다. 하지만 외국계 기업이나 금융 기관들의 수요가 많아 임대료가 매년 상승하고 있다. 사실 오피스를 준비하는 데 사무 공간, 회의실, 접대실 등을 갖추고 임대료도 일시에 6개월 치나 1년 치를 한꺼번에 선지급하기란 창업자에게 큰 부담이다.

하노이의 경우, 한인 밀집 지역인 미딩, 바딩, 쭝화 부근의 오피스나 상점의 임대료는 주변 로컬 시세보다 월등히 높고 매년 상승폭도 큰 편이다. 한국인들의 비즈니스와 상거래, 생활이 모두 이 주변을 중심으로 이루어지는 경향이 매우 크기 때문이다. 베트남에 진출하는 한국 기업들도 스타트업이나 중소기업, 서비스 기업부터 대기업까지 적절한 사무 공간을 확보하기란 보통 일이 아니다.

이런 추세 속에서 베트남의 공유 오피스 수는 2018년과 2019년 사이 공급이 64% 증가했고 관련 사업자가 60여 명으로 집계되었다. 공유 오피스 사용자는 20~30대가 91%를 차지해 세계 평균 67%보다 훨씬 높았다. 이 시기의 한 조사에 따르면, 호찌민시는 공유 오피스의 시장 성장세가 빨라 47.5일마다 새로운 공유 오피스가 문을 여는 것으로 나타났다.

현재 공유 오피스 시장에는 베트남 국내 업체인 뚱(Toong), 업(Up), 드림플렉스(Dreamplex), 코고(CoGo)와 해외 업체 레거스(Regus, 영국), 하이브(Hive,

홍콩), CEO 스위트(CEO Suite, 한국), 캠퍼스 케이(Campus K, 한국), 클라우즈(Klouds, 싱가포르), 위워크(WeWork, 미국) 등이 영업 중이다. 위워크의 경우 미국 본사는 경영악화로 어려움을 겪고 있지만, 베트남에서는 2019년에도 여전히 그 수와 규모를 확장했다. 공간 이용의 효율성을 극대화하고 이용자에게 저비용, 고편익을 제공하면서 베트남의 경제성장과 스타트업 증가, 인터넷 산업 확산 흐름에 잘 맞는 모델로서 확산 속도가 매우 빠르다.

편리함과 경제성을 다 갖춘 공유 숙박

에어비앤비와 같은 온라인 예약 서비스는 기존 아파트보다 30~40% 낮은 가격에 이용할 수 있다. 온라인 예약 서비스는 경쟁력 있는 가격으로 중고급 아파트나 빌라에서 그들의 몫을 늘리고 있다. 이런 서비스는 유연한 임대 기간과 가격으로 전통적인 아파트나 호텔의 강력한 경쟁자가 되고 있다. 최근 청소 서비스, 케이블 TV, 수영장, 세탁, 요리 등 고객 유치를 위한 편의시설도 증가해 홈스테이의 품질이 개선되고 있다.

베트남 로컬 홈셰어링 스타트업 럭스테이는 지난 2016년 설립된 후 현재 베트남 전역에 1만 개의 공유 숙박시설 단기임대 플랫폼을 갖추고 주택 소유자의 주택 공유 시장 참여를 돕고, 부동산 유지관리 솔루션도 제공한다. 이 회사는 2019년 5월에 한국의 GS 숍(GS Shop)과 밴처캐피털 본엔젤스(Bon Angels)로부터 450만 달러의 투자를 유치했다. 이에 앞서 사이버에이전트 벤처스(CyberAgent Ventures, 일본), 제네시아 벤처스(Genesia Ventures, 일본),

필자도 하노이 출장 시 호텔보다 레지던스 성격의 공유 아파트를 주로 이용하는데 편의시설과 청결 면에서 만족할 만하다. 주로 호텔보다 최소 2분의 1 가격에 이용하는 편이다.

ESP 캐피털(ESP Capital, 베트남), 파운더스 캐피털(Founders Capital, 베트남), 넥스트랜스(Nextrans, 한국)로부터 총 600만 달러의 투자금도 유치했다.

외국인뿐만 아니라 베트남 내국인들도 이런 공유 숙박처 이용률이 높아지고 있다. 공유 숙박을 적극적으로 활용해, 임대인은 임대 회전율을 높여 보다 고소득을 얻고, 고객은 선택의 폭이 넓어져 호텔보다 편리하면서도 합리적인 비용에 입맛에 맞는 숙박처를 이용할 수 있다.

2020년 2월 이후 코로나19가 전 세계로 확산함에 따라 베트남 숙박 및 사무실 공유 서비스 업체들이 큰 어려움에 빠졌다고 한다. 매년 빠른 속도로 증가하는 해외 여행객과 비즈니스 관계자들 덕분에, 베트남 공유 오피스와 공유 숙박 사업자들은 그동안 폭발적으로 외형 확장에 열을 올렸는데, 베트남 정부가 3월 이후 자국 내 외국인 및 자국 노동자까지 입국을 금지하는 강력한 조치를 내려 관련 산업이 거의 초토화되었다.

베트남 기획투자부의 보고에 따르면 2020년 1분기에 3만 4,900개의 회사가 베트남 시장에서 철수할 예정이고 여행사 90% 이상이 영업을 중단했다. 특히 9,000개의 한국 기업과 자영업자, 20만 명의 베트남 교민도 영업 중단이 길어지면서 심각한 타격을 받고 있다.

일상생활의 일부가 된 공유 서비스

공유 차량의 대중성

우리가 흔히 생각하는 대중교통 수단인 시내버스는 베트남에서 인기가 없다. 그 이유는 바로 승차 공유 서비스의 대중화 때문이다. 호찌민시의 시내버스는 계속해서 승객 수가 줄어 2019년에 7개 노선이 적자로 운행을 중단했다. 업계 관계자들은 그랩, 고비엣, 베 등 승차 공유 서비스들이 버스의 강력한 경쟁자라고 입을 모은다. 공유 차량은 베트남 도로 사정에도 맞고 정해진 노선이 없는 데다 요금도 저렴하다. 특히 공유 오토바이는 버스 승차 요금인 5,000~9,000동(한화 약 250~400원)과 가격대가 비슷한 수준이다.

이런 이유로 공유 오토바이는 베트남 국민 모두가 가장 쉽게 이용하는 교통수단이다. 우선 오토바이는 소유하기 쉽기 때문에 자신의 오토바이를 등록하고 오토바이 승차 서비스를 제공하려는 사람이 매우 많다. 이용자

브랜드명 브랜드 개시 시기	주요 서비스	브랜드명 브랜드 개시 시기	주요 서비스
그랩(Grab) 2014년 2월	오토바이·차량 호출, 렌터카, 물품 배달, 음식 배달	바토(Vato) 2018년 4월	오토바이·차량 호출
고이세(GO-IXE) 2016년	오토바이·차량 호출	패스트고(Fastgo) 2018년 6월	오토바이·차량·헬리 콥터 호출
티넷(T.NET) 2017년 3월	오토바이·차량 호출	엠디(EMDDI) 2018년 6월	오토바이·차량 호출
미고(MeGo) 2017년 6월	오토바이·차량 호출	고비엣(goviet) 2018년 8월	오토바이 호출, 물품 배달, 음식 배달
셀로(XELO) 2018년 2월	오토바이·차량 호출	베(be) 2018년 12월	오토바이·차량 호출
		마이고(MyGo) 2019년 7월	오토바이·차량·택시 호출

자료: 각사 홈페이지, KOTRA

베트남 차량 호출 서비스 현황. 출처: 조선비즈

들도 대부분 오토바이 승차에 익숙하고 비용이 매우 저렴해 저소득층, 학생들까지 가까운 거리마저 이런 승차 서비스를 이용한다.

그랩, 베, 패스트고(FastGo)의 승용차 공유 서비스 역시 외국인뿐만 아니라 베트남 사람들의 발이 되고 있다. 오토바이의 안전성 문제와 대기오염 문제로 유아를 동반한 경우에는 대부분 승용차를 이용하려고 한다. 합리적인 가격으로 기사와 이용자를 연결하고 등록 차량과 운전자의 신원을 보장해 안전하다. 또 분실물 접수나 불만사항은 앱을 이용하면 고객센터를 통해 기사에게 연결되어 신속하게 해결할 수 있다. 승용차뿐만 아니라 기존 택시들도 플랫폼에 차량을 등록해 택시 서비스를 제공하고 있다.

구글·테마섹 홀딩스의 2018년 동남아시아 경제보고서에 따르면 베트남의 차량 호출 서비스 시장은 연평균 41% 성장률을 기록해, 2025년에는 20억 달러 규모까지 확대될 전망이다.

배송물류 시장의 주류로 부상

베트남의 배송물류 시장 규모는 2022년까지 14억 달러 이상에 달할 것으로 예상되고 있다. 이런 배송물류 시장의 주축은 승차 공유 서비스로 시작한 그랩과 베이다.

싱가포르 승차 공유 서비스 기업 그랩은 2019년 9월 초 승차 공유, 음식 배달, 결제 네트워크 확장을 위해 향후 5년간 베트남에 5억 달러를 투자할 계획이라고 발표했다. 베 그룹도 2019년 8월 전자상거래 배달을 중심으로 고속배송 시장의 30% 점유율을 목표로 베익스프레스(BeExpress)를 출시했다. 배달 속도 경쟁으로 대형 전자상거래 업체인 티키, 쇼피, 센도(Sendo), 라자다(Lazada) 등도 2~4시간 내 신속 배송을 내세우고 있지만, 그랩의 경우 시내는 평균 20분에서 1시간 내 배달이 가능해 경쟁이 어려울 정도이다.

그랩과 베는 신선식품과 음식 배송 시장에도 진출해 어떤 오프라인이나 식당에서 음식을 주문하더라도 즉시 배송한다. 이 시장에도 팔리 마트(Faly Mart), 시티십(Citiship), 알로코(Alocho), 수마(Suma.vn), 촙(Chopp.vn), 디시우티(disieuthi.vn), 나우(Now), 로스마트(LosMart) 등 식품 배송 앱들이 등장했으나, 역시 공유 오토바이 망을 이용한 그랩푸드(GrabFood), 베익스프레스 등

커피 배달을 위해 그랩 오토바이 배달인들이 커피숍 앞에 줄지어 서 있는 모습. 스타벅스, 하이랜드 커피 등 메이저 커피숍 앞에서 흔히 볼 수 있다. 출처: KOTRA

의 이용이 더 자연스럽게 느껴진다.

그랩은 2018년 6월부터 그랩푸드 서비스를 시작해 베트남 15개 시도에서 1년 남짓 운영한 결과 1일 주문량이 초기보다 250배 늘었고, 소비자의 80% 이상이 음식 주문 플랫폼 중 그랩푸드를 가장 선호하는 것으로 꼽았다. 기존의 푸디(Foody.vn), 나우, 베트남엠엠(Vietnammm) 등을 이용한 주문형 음식 배달 서비스에 익숙한 고객들도 후발주자인 그랩푸드로 옮겨 가고 있다. 막대한 오토바이 운전자 수에 힘입어 신속 배달이 가능하고, 방대한 고객 데이터로 고객을 유인하는 맞춤형 판촉 행사를 상시 진행하며, 승차 서비스와 통합해 포인트를 이용할 수 있고 전자지갑 모카로 손쉽게 결제할 수 있기 때문이다.

결국 공유 차량에서 시작된 운송 서비스는 사람의 이동뿐만 아니라 물건의 유통과 물류 배달까지 그 영역을 확장하고 있다. 대규모 파트너 운전자와 이용 고객을 바탕으로 이미 구축한 공유경제망이 막강한 자산이 되어 관련 사업까지 장악하고 있는 것이다.

전자결제, 소매금융 등으로 확장

그랩은 2020년 5월 기준 동남아 지역에서 모바일 앱 다운로드 수가 1억 8,500만 건에 이르면서 140억 달러(대략 16조 원)의 기업가치를 지닌 것으로 평가받고 있다. 이를 기반으로 전자결제 업체 모카를 인수해 결제 서비스 그랩페이(GrabPay)와 전자지갑 서비스를 활성화하고 대출 서비스 그랩파이낸셜(Grab Financial)도 론칭했다.

온라인 결제 분야에서는 에어페이(씨 그룹)와 알리페이(알리바바 그룹), 현지 업체인 잘로페이(VNG), 모모 등과 경쟁하고, 금융 서비스에서는 베트남의 수십 개 은행과 여신전문 금융 기관들과도 경쟁하는 데 이르게 되었다. 베 그룹 역시 베트남 VP뱅크(VPBank)와 제휴를 맺고 중소기업과 차량 구매 운전자에게 대출 서비스를 제공하고 있다.

승차 공유 서비스에서 출발해 잘 구축된 이용자와 운전자 고객은 익숙한 플랫폼을 바탕으로 사업 영역을 무한히 확장해나가는 것이다. 이런 모습을 보면 공유경제야말로 소위 말하는 4차 산업혁명이자 디지털 경제의

베트남 간편결제 회사 현황. 외국계 기업에는 간편결제 라이선스를 주지 않으며 2019년 12월 기준 29개의 간편결제 회사가 운영 중이다.

정수라 할 수 있다.

베트남의 최대 민간 기업 빈그룹의 자동차 제조 회사 빈패스트(VinFast) 는 2019년 6월 베트남 최초로 자동차 제조를 시작했으나 판매 실적이 다소 부진하다. 이에 베트남 로컬 승차 공유 기업 패스트고와 제휴해, 대도시에서 빈패스트의 승용차 파딜(Fadil)을 운전자들에게 20% 할인된 가격 또는 월 900만 동(약 45만 원)에 렌트한다. 또 고객은 파딜 차량을 지정해 이용하면 40%까지 할인을 적용하는 프로모션을 한다. 시장에서 영향력은 크지 않았으나 자국 승차 공유 서비스 업체와 자동차 산업의 공동 발전을 도모한 좋은 시도로 볼 수 있다.

베트남 정부의 공유경제 정책

한국에서는 카카오모빌리티 서비스, 타다 등의 논쟁이 뜨겁다. 또 에어비엔비 규제에 대한 의견도 많다. 기존 산업과 새로 등장한 산업 모델의 충돌은 보편적인 것이다. 그러나 빠른 성장을 지향하는 동남아시아 국가들에 비하면, 우리나라는 꽉 짜인 규제와 고착된 산업 구조의 틀을 깨는 것이 더 어려워 보인다. 베트남은 한국과 비교하면 국민소득, 생산성, 기타 여러 가지 지표에서 아직 열위에 있고 행정적인 불합리성이나 비효율, 불공정도 남아 있다. 그러나 새로운 산업을 적극적으로 수용하는 개방적인 태도나 자유

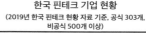

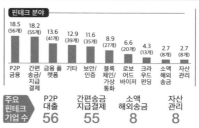

2019년 기준 베트남과 한국의 핀테크 현황, 최근 베트남 정부의 전자금융 활성화에 따라 다양한 분야에서 핀테크 활성화가 전개되고 있다.

경쟁 환경은 오히려 우리나라보다 낫다는 생각이 들 정도이다.

최근 베트남 정부는 디지털 경제 활성화를 가장 중요한 과제로 내세우고 있다. 이에 따라 정보 산업에 외국인투자자본을 유치하기 위해 발벗고 나서며, 핀테크 기업들의 활성화를 위해 노력하고 있다. 따라서 공유 차량, 공유 숙박, 공유 오피스 등의 확산을 국내 기업과 외국 기업 가리지 않고 활성화시키고 있다. 또한 이런 공유경제를 활용해 여러 산업을 효율화하고 디지털화하며 경쟁력을 강화해나가는 정책을 펼치고 있다.

그랩의 우버 인수

2018년 싱가포르에 본사를 둔 그랩이 동남아시아에 있는 우버(Uber) 지분 27.5%를 인수하면서, 베트남과 다른 아시아 국가에서 독점금지법 위반

출처: 베한타임스

가능성이 대두되었다. 베트남 경쟁법에 따르면 M&A로 시장점유율이 30%가 되면 당국에 보고해야 하고, 50%를 넘으면 당국의 승인을 받아야 한다. 그랩 측은 당연히 이 인수합병이 합법적인 것으로, 경쟁 및 소비자보호부가 시장점유율 계산 시 관련 시장의 범위를 잘못 계산한 것이라고 주장했다. 이에 대해 베트남 경쟁위원회는 2020년 6월 18일 그랩이 2018년 승차 공유 서비스 업체 우버를 인수한 것은 경쟁법 위반이 아니라고 결정했다.

우리나라를 포함한 많은 국가가 시장 독과점을 방지하기 위해 유사한 법규를 두고 있다. 그러나 법규 위반을 해석하는 기준과 관점은 차이가 있다. 외국계 기업인 그랩이 사실상 독점적인데도 관대한 잣대를 들이댔다는 것에서 베트남 정부의 태도를 엿볼 수 있다. 베트남에서 그랩은 폭발적으로 성장하고 있지만 갈등의 불씨가 전혀 없는 건 아니다.

기존 산업과의 갈등 해결 방향

얼마 전 한국에서는 카카오의 카풀 서비스, 타다 등 승차 공유 서비스와 택시 업계의 마찰이 주요 화두가 되었다. 카카오는 카카오모빌리티 운영을 위해 결국 택시 면허를 매입해 서비스하기로 했고, 타다는 여객자동차운수사업법 개정안(일명 '타다금지법')이 통과해 플랫폼을 활용한 차량 공유 유사 서비스를 제공하지 못하게 되었다. 타다는 최근 외국인들의 대규모 투자 계획이 취소되면서 또 하나의 성공적인 기업 모델의 출현 기대가 약해졌다는 우려도 나온다(2020년 4월 11일 0시 이후 타다 서비스 종료).

그러나 승차 공유 플랫폼과 기존 택시 업계의 마찰은 전 세계적으로 문제가 되고 있으며, 베트남도 예외가 아니었다. 베트남 내 운송업에 관한 법령은 도로교통법(Law No. 23/2008/QH12), 자동차운송업시행령(Decree No. 86/2014/ND-CP)이나, 그랩 등 승차 공유 서비스는 운송업 관련 법령이 아닌, 베트남 교통부가 2016년 발행한 결정(Decision No. 24/QD-BGTVT)에 근거하고 있다. 이 결정은 하노이, 호찌민, 다낭, 껀터, 꽝닌에 한정해 운송자와 고객을 중개하는 IT 플랫폼 영업을 2년 기한으로 허용하는 내용인데, 2018년에 한 번 더 연장했다.

그랩이 우버의 동남아 사업까지 인수해 독점적 지위를 차지하면서 택시 회사들은 큰 타격을 입었다. 베트남 남부 최대 택시 회사인 비나선(VINASUN)은 2017년 매출이 전년 대비 35% 감소하고, 1만 7,000명의 근로자 중 1만 명을 해고하기에 이르렀다. 이에 2017년 6월 호찌민시 인민법원에 그랩을 상대로 그랩이 위 결정을 위반해 사실상 무허가 운송업을 수행함으로써 손해가 발생했다는 취지의 민사소송을 제기했다. 호찌민시 인민법원은 1심에서 감정 결과나 비나선의 손해 주장에도 불구하고, 대부분 그랩의 불법영업행위와 연관 없는 손해라 보고 배상액을 약 48억 동(한화 2억 4,000만 원) 수준으로 인정했다. 그랩이 이에 항소해 현재 항소심 계류 중이다. 최근 보도에 따르면 호찌민시 최고인민검찰 측이 그랩이 운송업을 수행하지 않았고 손해와 직접 인과관계도 인정할 수 없다는 취지의 의견을 제출했다. 베트남 교통부는 이런 승차 공유 플랫폼을 법제화하는 시

서울 서초구의 한 차고지에 중고차로 매각될 타다 차량들이 주차되어 있다. 출처: 연합뉴스.

행령 초안을 작성 중인 것으로 알려졌다. 베트남 정부는 새로운 기술과 사업이 등장하자 종전 법률에 따라 우선 금지하지 않고 한시적인 허용 근거를 만들어 추이를 살피면서 법령을 정비하는 방식으로 대처한다.

공유 숙박과 관련해서도 한국에서는 에어비앤비 등이 숙박업법이 아닌 관광진흥법상 외국인관광 도시민박업으로 규율됨에 따라 도시에서는 외국인 관광객을 대상으로만 빈방 대여가 가능하다는 해석이 나온다. 이에 따르면 농어촌 지역 이외 도시에서는 한국인에게 빈방이나 빈집을 공유, 대여할 수 없다. 관련 법규 개정안이 호텔, 모텔 등 기존 숙박 업체들의 반발과 정치적 의견 대립으로 정비되지 않은 채, 불법만 양산되는 상황이다. 또 이렇게 자국민에 대한 숙박 서비스를 금지하는 경우는 다른 나라에서 찾아보기 힘들다.

선진국에서는 홈셰어링이 주택 임대 시장의 10~20%를 차지하는 상황이다. 베트남 관광부는 내외국인의 관광 활성화를 위해 숙박 서비스도 특별히 규제하지 않으며, 베트남 투자부는 숙박 공유 서비스에 대한 투자를 쉽게 승인하고 있다. 관광과 숙박 산업 활성화가 가져오는 경제적 효과를 생각하면 바람직한 방향인 것 같다.

인사이트

생활에 필요불가결한 이동과 주거에서 전통적인 운송업과 임대업은 이제 온라인 플랫폼과 결합되며 큰 변화의 물결을 맞이하고 있다. 모든 산업이 마찬가지겠으나 이 분야는 가장 역사가 깊고 일상에 밀접하게 연결되어 있어 변화를 받아들이기가 쉬운 것만은 아니다. 사회의 변화나 발전이라는 것이 꼭 개개인의 이익과 성공으로 연결되는 것은 아니기 때문이다.

그러나 베트남은 지금 이 변화의 물결을 열린 마음으로 받아들이는 것으로 보인다. 베트남은 4차 산업혁명 물결에 어느 나라보다 적극적으로 변모를 꾀하고 있다. 전 산업의 디지털화를 통해 국가적 발전을 도모하려는 것이다. 또 아직 경제 규모가 작고 기존 산업이 덜 규격화된 베트남에서는 이런 변화가 개인의 삶에도 편리와 경제적 이익을 가져다주는 면이 크다고 평가되고 있다.

승차 공유 서비스 플랫폼은 택시까지 포함한 서비스를 제공하면서 합리적인 비용에서 더 나아가 안전과 친절까지 갖추고 있다. 운전자는 부가

적인 수익을 얻고 요금은 모두 플랫폼으로 투명하게 관리되어 과세도 가능하다. 이용자들은 선택의 폭이 넓어졌고 플랫폼은 발전을 거듭해 내국인과 외국인 가릴 것 없이 점점 더 편리한 환경을 제공하고 있다.

이용자는 언제든 서비스 제공자가 될 수도 있다. 숙박 서비스나 오피스 임대도 마찬가지이다. 전통적인 호텔업이나 중개업, 임대업의 영역을 넘나들며 한정된 공간을 효율적으로 이용할 수 있게 되었다. 또 기존 산업도 이런 플랫폼을 활용하는 방향으로 조화를 꾀하면서 개개인이 직업화하거나 부가적인 수익을 얻으면서 최대 효율을 낼 수 있게 되었다고 볼 수 있다.

한국은 베트남보다 국민소득이 훨씬 높고 법과 제도가 크게 발달한 만큼 기존 구조를 변화시키는 데 진통이 더 클 수 있다. 그러나 편리성과 효율성에 온라인 플랫폼이 이용되는 거대한 변화의 물결을 거스르거나 인위적으로 막기만 할 수는 없을 것이다. 포괄적으로 규제를 고수하기보다 변화가 연착륙할 수 있도록 우선 받아들이거나 기존 규제를 한시적, 시범적으로 풀어 하나씩이라도 물꼬를 틔워나가 사회와 개인이 적응할 시간을 줘야 하지 않을까 한다. 베트남의 공유경제가 살아 숨 쉬며 진화하고, 그 자리에 머무르지 않고 영역을 넘어 확장하며 경제 동력이 되는 모습이 한국에 시사하는 바가 있으리라 생각된다.

11장

베트남의
핀테크 시장

베트남 핀테크 시장이 뜨겁다

코로나19 이후 베트남은 중국을 잇는 생산기지로 주목받고 있다. 1억 명에 가까운 인구와 경제성장에 따른 소득 상승, 평균 연령 30세로 노동인구가 전체 인구 대비 60%, 빠른 도시화율 등으로 소비 시장으로서 매력이 넘친다.

무엇보다 젊은 층을 중심으로 디지털 인구가 빠르게 증가함에 따라 전자상거래 등의 온라인 경제가 코로나19 이후 급속하게 성장하고 있다.

베트남 정부는 전자결제 활성화를 위해 관련 규제를 풀거나 완화하고 규제 샌드박스를 만들어 베트남 내 디지털 금융을 지원하고 있다.

2017년 9월, 모바일 커머스 발전을 논의하는 회의에서 베트남 산업무역부 도 탕 하이(Đỗ Thắng Hải) 부장관은 핀테크의 일종인 '모바일 페이' 시장 현황을 냉철히 진단한 뒤 "베트남에서 모바일 페이 소비자는 거의 없다"고 말했다. 2014년 기준 6,000만 대의 스마트폰을 사용하는 베트남의 모바일 커머스 시장은 9억 달러 규모인 한편, 6,750만 대의 스마트폰이 있는 한국은 그 시장 규모가 115억 1,000만 달러라고 설명하면서 베트남 소비자들이 아직 모바일을 통한 전자결제 기술에 익숙하지 않고 소비자 절대다수가 현금 결제를 선호하기 때문이라고 했다.

2020년 코로나19 확산 이후 정부 주관하에 강력한 사회적 거리두기를 추진하면서 자연스럽게 언택트 생활이 진행되어 재택근무가 확대되고 화상회의, 온라인 교육, 원격 의료, 홈트레이딩과 함께 온라인 결제가 폭발적으로 증가했다.

실제로 베트남 중앙은행 산하 나파스에 따르면 2020년 설 연휴부터 3월 중순까지 비현금 거래 금액이 전년 대비 124% 증가했다.

성장하는 베트남의 핀테크 산업

핀테크(FinTech)란 금융(Financial)과 기술(Technology)의 합성어로 금융과 기술, 특히 정보기술(IT)의 결합을 통해 새롭게 등장한 금융 서비스 및 산업을 가리키는 용어이다. 금융 산업에서 정보기술은 이미 오래전부터 활용되어왔다. 핀테크도 최근에 등장한 것은 아니지만, 스마트폰이 대중화되면서 더욱 주목받게 되었다. 베트남 일반인들에게도 모바일 결제나 모바일 송금, P2P 대출, 블록체인, 크라우드펀딩 등의 새로운 금융 서비스가 그

CB 인사이츠에 소개된 250개 핀테크 기업의 범주. 출처: CB INSIGHTS

리 낯설지 않게 되었다.

매년 각 분야 혁신적인 벤처 기업들을 조사해 발표하는 CB 인사이츠
(CB Insights)에서는 핀테크 벤처 기업들을 2017년 이후 현재까지 17개 범주
로 구분한다.

그런데 왜 지금 와서 베트남에서 '핀테크'가 주목받게 된 것일까? 결론적
으로 이야기하면 핀테크가 주목받는 이유는 베트남의 전통적인 금융 서비
스에 대한 낮은 활용도, 코로나19로 인한 온라인 결제의 확산, EU를 포함해
190개국와 자유무역협정(FTA) 체결 등으로 선진 금융과 정보기술의 결합을
통해 새로운 금융 서비스와 산업을 베트남에 접목할 수 있기 때문이다.

새로운 금융 서비스는 좀 더 빠르고 간편하며 생활 속으로 다가온 탁월한 소비자 경험이 가능한 금융 서비스를 의미한다.

베트남 핀테크 시장은 기존 금융 회사에서 제공하지 않았던 새로운 금융 서비스와 함께 접근성을 높여 소비자들을 새로운 고객으로 끌어들였다. 여기에는 지리적 제약으로 주변에 이용 가능한 금융 기관이 없거나 신용 조건 등으로 금융 기관을 제한적으로만 이용하던 고객과 기존 금융 기관의 금융 서비스에 불만을 느껴 스스로 금융 기관을 이탈한 고객 등도 포함될 것이다.

세계은행의 글로벌 핀테크 데이터에 따르면 금융계좌를 보유한 15세 이상 베트남 인구는 2017년 기준 전체의 30.8%에 불과하다. 이는 세계 평

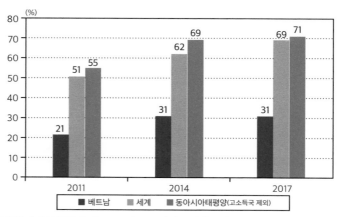

베트남 은행계좌 보급률 추이. 2019년 63%까지 증가했으며 2030년까지 90%로 확대할 계획이다. 자료: 세계은행 Global Findex

균인 69.5%의 절반에도 미치지 못하며, 동남아시아 평균 71%에 비해서도 낮은 수준이다. 베트남중앙은행(SBV) 결제부에서는 2019년 10월 기준 만 15세 이상 은행계좌를 소유한 인구가 63%로 올랐다고 발표했고, 베트남 중앙은행은 오는 2030년까지 15세 이상 베트남 인구의 90%가 은행계좌를 갖도록 하는 방안을 추진하겠다고 밝혔다.

글로벌 추세를 베트남에 적용할 경우 비금융 기관(핀테크, 테크핀, 빅테크 기업)들에 의해 대체적인 금융 서비스가 가능해져 새로운 금융 플레이어들이 등장하고 베트남 기존 금융 산업의 경계가 무너질 것으로 예상된다.

성장하는 베트남 핀테크 시장

아시아 시장 전문 컨설팅 회사인 솔리디언스(Solidiance)의 2018년 보고서에 따르면 2017년 기준 베트남 핀테크 시장 규모는 44억 달러였고, 이 중 89%가 모바일 결제 부문이다. 베트남 사람들은 전통적으로 현금 결제를 선호해, 베트남 정부는 비현금 결제 장려와 전자상거래 활성화를 위해 다양한 규제 완화를 실시하고 있다. 코로나19로 인한 강력한 사회적 거리두기로 2020년 들어 모바일 결제 시장이 빠르게 성장하고 있다.

솔리디언스 보고서는 베트남 디지털 결제 부문이 2017~2025년에 연평균 12.8% 성장세를 보일 것으로 전망하고 있다. 디지털 결제 외 핀테크는 개인 금융 부문이 9%, 기업 금융 부문이 2%를 차지하는 것으로 나타났으며, 2025년에는 각각 전체 시장의 24%, 6% 수준으로 확대될 전망이다.

핀테크 연평균 성장률
(2017~2025)

- 디지털 경제 `12.8%`
- 개인 금융 `31.2%`
- 기업 금융 `35.9%`

2017
2%
9%
89%

2025
6%
24%
70%

베트남 핀테크 시장 부문별 비중 및 전망. 출처: 솔리디언스 2018

최근 베트남 핀테크의 빠른 성장 요인으로는 베트남 소비자의 낮은 은행 이용률, 경직된 은행 수수료, 높은 모바일 이용률, 코로나19로 인한 전자상거래 이용 증가와 베트남 정부의 전자금융 활성화에 따른 관련 규제 완화가 결정적이라고 할 수 있다.

특히 전자정부 활성화를 위해 그동안 법률 제한 없이 미법(未法)이었던 비대면 실명확인(e-KYC)을 개정해 비대면으로 통장 개설 등을 할 수 있도록 규제를 완화할 방침이라서, 기존 시중은행들의 비대면 금융 시장이 확대될 뿐만 아니라 다양한 핀테크 비즈니스 모델 기업들이 출현할 것으로 전망된다.

베트남의 디지털 결제 서비스 중에서 특히 전자지갑 서비스가 활발하다. 2020년 5월 기준 전자지갑 서비스를 제공하는 기업은 30여 개로, 사용자 유치와 관리 경쟁이 치열하다. 베트남 전자지갑 제공자들은 모두 선불

- 핀테크와 금융 산업의 연계 및 동반 성장할 수 있는 시스템 환경 연구

- 핀테크 기업들을 위한 규제 샌드박스 도입 연구

- 2020년 베트남 금융 주요 법률 및 규제 정비
  - 모바일 머니
  - 중개 은행
  - P2P 대출
  - 오픈 API

- 2020년 베트남 중앙은행 주요 과제
  - 블록체인 P2P 대출
  - E-KYC
  - 오픈 API
  - 전자결제

- 중앙은행의 디지털뱅킹 확산을 위한 E-KYC 연구
  → 금융 산업의 연계/동반 성장 연구
- 관련 법률 및 규제 개정을 위한 연구 진행 중
- 규제 샌드박스 도입 검토 진행 중

베트남 정부와 중앙은행은 핀테크 관련 규제 완화와 규제 샌드박스 도입 등 주요 과제를 설정하고 이를 적극적으로 지원하고 있다.

충전 방식을 사용하며, 충전된 돈으로 전기, 수도, 인터넷, TV 등의 공공요금 지불과 영화, 항공권, 호텔 등의 생활 서비스, QR코드를 통한 송금, 계좌이체, 오프라인 채널 통합 지급/수납 및 은행 대리점 서비스 등에 이르는 다양한 서비스를 제공하고 있다.

이렇듯 중개 결제 서비스 기업에서 제공하는 폭 넓은 서비스로 인해 은행의 인터넷 및 모바일 뱅킹 서비스가 대체 가능해지면서 베트남 은행들도 빠르게 디지털 결제 시장에 진입하고 있다.

싱가포르 핀테크뉴스에 따르면, 2019년 기준 베트남 핀테크 기업 수는 136개 정도이며 주변 아세안 국가인 싱가포르(1,157개), 인도네시아(511개), 말레이시아(376개)보다 훨씬 적다. 그러나 베트남 은행전략연구소(Banking

Strategy Institute) 부사장 팜 쑤안 호에(Pham Xuan Hoe)는 베트남의 핀테크 시장
이 2020년에는 90억 달러에 이를 것이며 아세안 국가 중 네 번째로 큰 시
장이 될 것으로 전망했다.

디지털 결제 시장 외에 2019년 이후 가장 주목받고 있는 핀테크 부문은
P2P(Peer-toPeer) 대출이다. 베트남 속담에 "소득이 10이라면 북부 베트남인
은 1을 쓰고, 남부 베트남인은 11을 쓴다"라고 할 정도로 남부 베트남 사
람들은 소득보다 소비가 많은 편이다.

또한 대다수 베트남 사람은 장기적인 저축보다 당장의 소비를 선호하

베트남 핀테크 기업의 수. 출처: 싱가포르 핀테크뉴스, 2019. 06. 11

베트남 북부와 남부의 소비 성향. 출처: KOTRA 호찌민 무역관

며 넓어진 베트남 중산층과 소비 시장 및 교육 시장 등의 확대로 대출 소비가 빠르게 확대되고 있다. 예를 들어 대표적인 소비자 금융 시장이자 P2P 대출 플랫폼인 티마(Tima)는 200만 명 이상의 고객을 보유하고, 300만 건에 달하는 대출 지원서, 약 18억 7,000만 달러의 대출을 성사시켰다. 티마 외에도 중소기업을 위한 P2P 대출 플랫폼인 그로스웰스(Growth Wealth), 베이 마운(Vay Moun) 등 23개의 스타트업이 P2P 대출 분야에서 활동 중이다.

2018년 이후 베트남 중앙은행과 금융 회사들은 블록체인 및 암호화 부문이 핀테크 시장을 주도할 것으로 전망하며, 많은 글로벌 암호화폐 기업이 하노이와 호찌민에서 밋업(Meetup) 발표를 하고 있다.

베트남 정부는 디지털 결제, P2P 대출, 블록체인 등 성장하는 핀테크 시장을 위해 관련 규제를 완화하거나 규제 샌드박스 도입과 함께 발생 가능한 문제를 위한 법 가이드라인과 규제를 만들고 있다.

베트남 정부의 핀테크 산업 지원

2020년 현재 진행 중인 베트남 정부의 핀테크 산업 활성화와 관련 정책으로는 비현금 사회를 위한 전자결제 장려 정책과 스타트업 육성 정책을 꼽을 수 있 다. 베트남 정부는 지속적인 경제성장을 위한 전자결제 인프라와 기술 도입의 필요성을 인지하고 2016년 12월 현금 사용을 줄이고 전자결제를 장려하기 위한 '비현금 결제 개발 계획 2016~20208'을 발표하고 추진 중이며, 베트남 중앙은행이 맡고 있다. 베트남 정부는 관련 법과 정책을 수립 및 개선하고, 경제통합 과정 및 경제 수요에 부합하는 은행 간 전자결제 시스템의 업그레이드와 확장을 추진하고 있다. 2019년 10월 말 기준 베트남 비현금 결제수단 개발 계획에 대한 현황을 보면 현금 거래는 다소 줄었고 POS 단말기 보급과 은행계좌 소유는 계획대로 진행 중이다.

베트남 중앙은행도 1월 3일 지침(Directive 01/CT-NHNN)을 수립해 베트남 전 은행에 2020년 은행업 분야 5대 과업을 명시하고 있다. 그 내용은 인플레이션 안정과 같은 거시경제 정책, 신용기관 구조조정 계획, 통화 및 은행 관리 체계 강화, (특히 공공 서비스 관련) 비현금 결제 활성화, 행정체계 개혁 등이다.

또한 베트남 정부는 2018년 2월 공공 서비스 부문 비현금 결제 촉진을

베트남 중앙은행(SBA) 본점. 사진: SBA 홈페이지

위한 계획을 통해 2019년 12월까지 52개 시·성 도시의 모든 학교 및 병원에 비현금 결제 솔루션(카드 리더기 또는 QR코드 스캐너, 전자결제 모바일 앱)을 마련하도록 지시한 바 있다. 수도를 포함한 주(州) 수준의 도시 지역 세금의 80%를 은행을 통한 비현금으로 납부해야 하고 주요 도시 지역에 위치한 전력 회사의 70%, 수도 회사의 70%, 대학의 100%, 병원의 50% 이상이 비현금 결제를 도입해야 한다.

호찌민시를 포함한 현지 주요 지역 5곳에서는 2020년 3월 12일부터 온라인 서비스를 통해 교통법 위반 벌금 납부 서비스를 개시하고 있으며, 2019년부터 매년 6월 16일을 '현금 없는 날'로 지정하고 관련 행사를 기획해 정부와 민간 부문(은행, 결제 회사, 핀테크 회사, 온라인 쇼핑몰 등)이 협력해 다양한 우대 혜택을 제공하는 장려책을 마련하고 있다.

중앙은행 지불부서 책임자인 팜 티엔 즈엉(Pham Tien Dung)은 "베트남은 싱가포르, 말레이시아와 비교해 비현금 결제 수단이 크게 증가하고 있다. 모바일 결제를 주요 수단으로 매우 편리하게 사용할 수 있다"며 "4차 산업혁명에 발맞춰 앞으로도 다양한 비즈니스 모델을 만들어낼 것"이라고 밝혔다.

2020년 2월 베트남 응우옌 쑤언 푹 총리는 2030년 포괄적 국가금융 전략안에 서명했다. 이 전략은 개인과 기업, 특히 저소득층과 취약계층, 중소기업 및 소상공인이 결제, 송금, 저축, 보험, 대출, 신용 등 기본적 금융 상품 및 서비스에 저렴하고 편리하게 접근할 수 있도록 하는 것을 목표로 하고 있다.

2019년 말 기준, 베트남 인구의 대다수가 여전히 은행계좌를 가지고 있지 않아 금융 서비스 이용률이 낮고, 도서 벽지나 산간 오지 등 도시와 멀리 떨어져 은행 접근성이 좋지 않은 지역의 많은 사람이 금융 서비스에 대해 전혀 모른다. 따라서 정부가 직접 개입해 개인과 기업이 기본 금융 서비스에 보다 쉽게 접근할 수 있도록 관련 법규와 정책을 개선하려 한다.

베트남 정부의 포괄적 국가 금융 전략은 2025년까지 성인의 80% 이상이 은행계좌를 보유하고, 비현금 결제를 매년 20~25% 확대하며, 25만 개 이상의 중소기업이 은행 대출을 받을 수 있게 하는 것 등을 주요 내용으로 담고 있다.

베트남 핀테크 시장은 결제 중이다

핀테크를 활용해 앞으로의 금융 산업 변화에 대응하고 시장을 선점하려는 각 기업들의 상황이 마치 태풍 전야처럼 느껴진다. 향후 몇 년 또는 10년 후를 내다보면 베트남 각 금융 기관과 IT 기업, 글로벌 빅테크 기업들이 베트남 핀테크 시장을 선점하기 위해 대전을 펼칠 것으로 예상된다.

첫 번째 핀테크 대전은 코로나19 대유행 전부터 전개되고 있던 베트남 내 모바일 결제 분야이다. 모바일 결제로 시작된 핀테크 대전은 금융 기관의 모든 서비스 영역으로 확산될 것이다.

2018년 기준 베트남 15세 이상 인구 80%가 스마트폰을 가지고 있고,

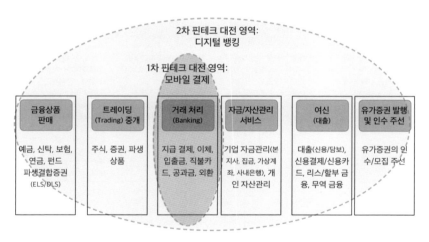

금융 기관의 전 서비스 영역으로 확산될 핀테크 대전.
출처: 『핀테크』 (한빛미디어, 2015, 이정훈·강창호 저)

SNS 활동과 배달, 충전, 송금 외 모바일 결제 경험이 있는 디지털 인구가 지속적으로 증가하고 있다.

아직 현금 선호도가 높지만(2019년 「E-비즈니스 인덱스 리포트」에 따르면 베트남 내 전자상거래 결제 수단 중 70% 이상이 현금 결제이다) 코로나19 대유행은 온라인 거래 확대와 결제 방식을 현금에서 모바일로 빠르게 변화시키고 있다. 베트남 결제 중개망 사업 기관인 나파스는 베트남에서 코로나19가 확산되기 시작한 2020년 1월 설부터 3월 중순 사이 당사 시스템을 통한 비현금 결제 건이 전년 동기 대비 76%, 거래 금액은 124% 증가했다고 보고했다.

한국을 기준으로 선진국의 지급 결제 시장은 1950년대 이전까지 순수

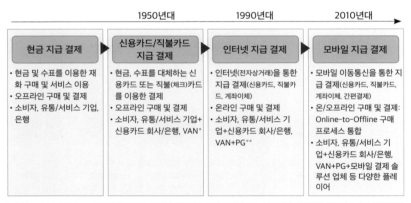

	1950년대	1990년대	2010년대
현금 지급 결제	**신용카드/직불카드 지급 결제**	**인터넷 지급 결제**	**모바일 지급 결제**
• 현금 및 수표를 이용한 재화 구매 및 서비스 이용 • 오프라인 구매 및 결제 • 소비자, 유통/서비스 기업, 은행	• 현금, 수표를 대체하는 신용카드 또는 직불(체크)카드를 이용한 결제 • 오프라인 구매 및 결제 • 소비자, 유통/서비스 기업+신용카드 회사/은행, VAN*	• 인터넷(전자상거래)을 통한 지급 결제(신용카드, 직불카드, 계좌이체) • 온라인 구매 및 결제 • 소비자, 유통/서비스 기업+신용카드 회사/은행, VAN+PG**	• 모바일 이동통신을 통한 지급 결제(신용카드, 직불카드, 계좌이체, 간편결제) • 온/오프라인 구매 및 결제: Online-to-Offline 구매 프로세스 통합 • 소비자, 유통/서비스 기업+신용카드 회사/은행, VAN+PG+모바일 결제 솔루션 업체 등 다양한 플레이어

* Value-Added Network(부가가치 통신망): 보안된 전용망을 통해 온라인 또는 오프라인 가맹점과 신용카드사의 결제 데이터 정보를 중계하는 서비스. 가맹점과 카드사 간 계약 대행, 단말기 인프라 설치, 전용망 운영, 전표 매입 및 증빙 확인 등의 서비스 제공.
** Payment Gateway: 온라인상에서 금융 기관과의 거래를 대행해주는 서비스. 결제자 본인 확인 및 결제 승인 등의 서비스를 구매자와 판매자에게 제공.

한국의 지불 결제 추이. 출처: 『핀테크』(한빛미디어, 2015, 이정훈·강창호 저)

하게 은행의 영역이었으나, 1950년대 신용카드의 등장으로 소비자와 기업들은 새로운 지급 결제 경험을 했다. 즉 현금이나 수표 같은 종이 형태의 지급 결제 수단이 플라스틱 머니로 대체됨으로써 현금 사용의 불편함과 금융 회사의 신용 제공에 따른 구매력 확대가 일어났다. 그러다가 1990년대 들어 인터넷의 보급으로 온라인 공간에서 재화를 구매하거나 서비스를 이용할 수 있는 전자상거래가 가능해졌고, 이를 실현하기 위해 신용카드나 직불카드 또는 계좌이체 등의 기존 지급 결제 수단이 인터넷상에서도 가능해졌다.

2000년 초 국내에서도 휴대전화를 통한 모바일 소액결제 서비스가 제공되기 시작했다. 처음에는 인터넷 포털 사이트 등에서 음원을 구매하기 위한 용도로 사용되다가 점차 인터넷 쇼핑몰 등에서 물품이나 도서를 구매하는 데 사용되었다. 이후 인터넷상의 전자상거래가 늘어나면서 소비자들이 휴대전화로 결제할 수 있는 다양한 결제 수단이 등장했다. PG(Payment Gateway)라 불리는 결제 대행 서비스 업체를 통해 신용카드나 계좌이체로 직접 결제하는 방법에서부터 교통카드와 같이 일정 금액을 미리 충전해 사용하거나 결제 금액을 휴대전화 요금에 통합해 후불로 결제하는 방법 등이 등장했다.

2009년 스마트폰이 보급되기 시작하면서 모바일 결제는 더욱 편리하게 발전하고 있다. 새로운 모바일 결제 서비스는 이전의 모바일 결제와 같이 '휴대전화를 이용해 안전하게 결제'할 수 있는 수준을 넘어 뛰어난 사용자 경험, 강력한 플랫폼과 생태계를 기반으로 전혀 새로운 모바일 지급 결제 시장을 만들어가고 있다. 특징적인 것은 새로운 모바일 지급 결제 서비스 제공자가 기존 금융 기관이 아닌 디지털 기술 기반의 핀테크 기업이라는 것이다. 대표적인 기업으로는 페이팔(PayPal), 스퀘어(Square), 알리페이(AliPay), 애플페이(ApplePay), 삼성페이(SamsungPay), 구글페이(GooglePay) 등이 있다.

한국은 금융 선진국 모델처럼 현금에서 신용카드, 모바일로 결제 단계가 발전한 반면, 중국은 신용카드 과정을 사실상 건너뛰고 곧바로 모바일 결제가 상용화됐다. 한국무역협회 상하이지부가 2019년 9월 23일 공개한 「제3자 모바일 결제 시장 한·중 비교 및 시사점」 보고서를 보면 중국의 모바일 결제 이용률은 71.4%로, 한국 26.1%의 2.7배에 달한다. 베트남 결제 시장도 현금과 신용카드 단계를 건너뛴 중국 모델처럼 진행될 것으로 전망된다.

2020년 기준 중국 모바일 결제 시장은 알리페이와 위챗페이가 편리성, 범용성, 낮은 수수료를 무기로 장악하고 있듯이, 베트남 모바일 결제 시장도 모모, 모카, 페이유, 잘로페이, 삼성페이, FPT 등이 선점하고 있다.

응우옌 만 훙 정보통신부 장관은 "코로나19로 인해 어려움을 겪고 있지만 이는 디지털 경제로 전환하는 기회이기도 하다"며 정부와 기업, 사회는 전자결제, 온라인 교육, 전자정부 등 디지털 기술 발전에 역량을 쏟아야 할 때라고 말했다. 재택근무, 홈코노미와 전자상거래 증가 등 코로나19가 가

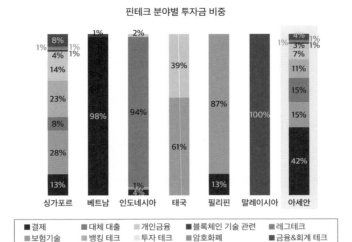

핀테크 분야별 투자금 비중

베트남 핀테크 중 결제 분야에 투자금의 거의 98%가 집중될 정도로 아주 뜨겁다.
출처: UOB, PwC, 싱가포르 핀테크 협회 작성 보고서 FinTech in ASEAN

져온 일상의 변화는 전염병 종식 후에도 관련 산업 전반에 트렌드로 남을 것으로 전망되며 UOB-From-Start-up-to-Scale-up 2019년 아세안(싱가포르, 필리핀, 인도네시아, 말레이시아, 베트남, 태국 등) 핀테크 투자 보고서에 따르면 싱가포르에 이어 베트남이 두 번째로 많은 투자를 받았다.

투자 대상은 베트남 모바일 결제 서비스로 3억 달러 투자에 성공한 VN 페이와 시리즈C 투자를 받은 모모이다.

2020년 5월 기준 베트남에서 라이선스를 받은 전자결제 서비스 기업은 34개이며 이들 중 90%가량이 QR코드와 전자영수증, 전자지갑 서비스 등 '모바일 페이 솔루션'에 집중하고 있다. 호찌민과 하노이에서 인지도와 사용 빈도가 높은 전자지갑 솔루션은 모모, 모카, 잘로페이, 에어페이, 빈아이디, FPT, 삼성페이 등이다.

베트남의 주요 핀테크 기업

베트남 소비자의 금융 생활에서 개별 금융 기관은 지금까지 각자 고유한 기능과 역할을 전담하며 존속해왔다. 금융 기관은 경제 전반에서 담당하는 역할의 중요성 때문에 한편으로는 정부의 직간접적인 규제를 받으면서도 다른 한편으로는 상당한 보호를 받아왔던 것이 사실이다. 하지만 이런 금융 산업의 형태도 새로운 금융 서비스에 대한 소비자의 니즈와 이를 가

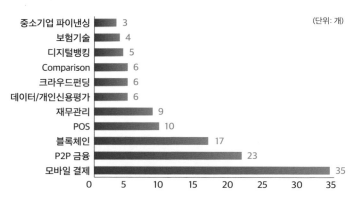

2019년 6월 기준 베트남 핀테크 스타트업 수. 출처: 싱가포르 핀테크뉴스

능하게 하는 새로운 기술, 비즈니스 모델의 등장, 그리고 시장 원리에 입각한 산업 내외의 경쟁과 혁신으로 인해 근본적인 변화에 직면했다.

이미 금융 선진국에서는 변화가 진행되었으며, 베트남 금융 시장도 예외가 되지 않을 것이다. 특히 코로나19 대유행과 EU와의 FTA가 발표되는 2020년 8월 이후에는 유럽의 금융 기업과 수백 개의 핀테크 기업이 베트남을 포함한 동남아시아 시장에 본격적으로 도전해 베트남 금융 시장은 아세안 어느 시장보다 빠르게 변화할 전망이다.

이미 베트남 금융 시장에서는 모바일 지급 결제를 뛰어넘어 소비자의 금융 생활 전 영역에서 경쟁이 벌어지고 있다. 핀테크 기업의 확대로 인해 소비자에게는 저축/투자 및 대출과 지불/송금, 구매/소비라는 금융 행위 구분 자체가 의미 없어질 것이다. 소비자의 일상생활 속에서 특별히 의식하지 않고 자연스럽게 이루어지는 금융이야말로 최종적으로 지향해야 할 모습이기 때문이다. 이제 경쟁의 핵심은 누가 소비자의 일상생활에서 가장 편리하고 유용한 금융 경험을 줄 수 있느냐이다. 이런 경쟁은 기존 금융 기업뿐만 아니라 모든 기업, 심지어 비기업 조직이나 개인에게도 열려 있다. 2020년 기준으로 몇 개의 핀테크 기업이 눈부신 성장을 전개하고 있으며 생활 속 금융을 위해 준비 중인 베트남 빅테크 기업도 있어 코로나19 이후 베트남 금융 시장은 기존 금융 회사와 핀테크, 빅테크 기업과 생존을 위한 경쟁을 준비 중이다.

IDC 파이낸셜 인사이츠(IDC Financial Insights)는 「핀테크 패스트(FinTech

11개국 주요 시장에서 빠르게 성장하는 핀테크 기업. IDC Financial Insights 2020년 보고서에서 베트남 핀테크 기업 5개를 선정했다.

출처: IDC Financial Insights

Fast) 101」보고서에서 2020년 11개(중국, 인도, 인도네시아, 싱가포르, 홍콩, 태국, 말레이시아, 필리핀, 베트남, 한국, 호주) 주요 시장에서 일본을 제외한 아시아·태평양 지역에서 가장 빠르게 성장하는 핀테크 기업을 발표했다. 베트남의 5개 기업도 포함되어 있다. 그 5개 기업 외 2020년 주목할 만한 핀테크 기업 중「핀테크뉴스 베트남(Fintechnews Vietnam)」에서 소개한 4개 기업도 살펴볼 필요가 있다. 향후 베트남 핀테크 시장에 진입하기 위해, 현재 어떤 기업이 왜 주목받고 있는지, 얼마나 투자를 받았는지, 향후 전망은 어떤지 확인해 볼 수 있다.

 M서비스(M_Service)가 2007년에 설립하고 2015년에 결제 라이선스를 공식적으로 받은 모모는 모바일 결제·송금 애플리케이션으로, 베트남 내 최다 다운로드된 핀테크 앱이다. 2019년 기준 1,300만 넘는 실사용자를 보유하고 있다. 2019년 글로벌 핀테크 기업 순위 36위이며 글로벌 VC(워버그핀커스, 스탠다드차타드 은행, 골드만삭스 등)를 통해 시리즈C까지 받은, 베트남을 대표하는 글로벌 핀테크 기업이다.

모모는 청구서를 지불하고, 전화 잔액 충전 및 계좌이체, 티켓 예매, 쇼핑, 영화, 외식 등의 용도로 사용할 수 있는 모바일 전자지갑을 제공한다. 베트남 현지 은행 대부분과 비자카드, 마스터카드 같은 국제 결제 네트워크 서비스를 지원하고 있다.

 모카는 쇼핑, 택시요금, 청구서 지불, 전화 잔액 충전 및 온라인 결제에 사용할 수 있는 모바일 결제 앱이다. 12개의 베트남 현지 은행 및 JCB, 비자와 마스터카드 같은 국제 결제 네트워크 서비스와 통합되어 있다. 2018년 9월 그랩은 액세스 벤처 캐피털(Access Venture Capital)의 모바일 결제 앱인 모카의 주식 3.523%를 인수했다. 공유 차량 업체 '그랩' 앱의 지불 결제 중 43%가 비현금 방식인 모카페이를 통해 처리된다. 생필품 배달 서비스를 제공하는 '그랩마트' 앱에서 전자 지불 결제 비중은 전체 거래의 70%이다.

 잘로페이는 VNG에서 출시한 제품으로, 베트남 인구의 70% 이상이 사용하는 가장 인기 있는 SNS 애플리케이션인 잘로에서 개발되었다. 잘로페이는 연중무휴 송금이 가능하며, 카운터에서 물건값 지불, 청구서 지불, 전화 잔액 재충전 및 선물로 돈을 보내는 데 사용된다. 잘로페이는 다른 전자지갑이 제공하는 유사한 서비스를 제공하는 것 외에도 잘로 앱의 인앱 결제는 물론 설날 1개월 이내에 130만 건 이상의 거래를 가져온 '운이 좋은 돈' 송금 서비스를 출시해 좋은 반응을 얻었다. 잘로페이는 POS 기술 대신 QR 기반 결제 시스템을 전방위로 확대하고 있다.

잘로페이의 마케팅 이사인 통 팜(Thong Pham)은 2018년 2월에 결제 플랫폼이 QR 기술의 편리성을 SMS 지불, POS 또는 근접 필드 접촉과 같은 기

타 제한된 방법보다 효과적으로 활용함으로써 POS 시스템을 완전히 대체하는 것을 목표로 한다고 발표했다.

2007년 설립된 VN페이는 베트남에서 40여 개 은행, 5개 통신 회사, 2만여 개 사업장에 결제 서비스를 제공하고 있다. VN페이는 모바일 뱅킹 애플리케이션, VN마트 전자지갑, QR 결제 플랫폼 및 청구서, 전자티켓 및 모바일 마케팅 결제 서비스를 제공한다. 2019년에 소프트뱅크 비전펀드와 싱가포르의 GIC로부터 총 3억 달러의 투자를 유치해 기업가치 10억 달러의 유니콘 기업이 되었다.

페이유는 2008년 설립하고 2015년에 베트남 결제 라이선스를 받은 비엣유니온 온라인 서비스(VietUnion Online Services)에서 개발하고 운영하는 중개 결제 서비스로, 10년 이상 경험을 가진 전자결제 기업이다. 페이유는 베트남 현지 40개 이상의 은행과 1만 2,000개의 결제 허용 포인트를 연결해 고객이 온·오프라인 어떤 곳에서든 결제할 수 있도록 멀티 결제 서비스를 제공하고 있다. 페이유의 모회사인 NTT데이터(NTT Data)의 니시카와 신이치로(Nishikawa Shinichiro)는 모든 결제 수단은 페이유 하나만으로 충분하다는 'One-stop-for-all' 모델을 통해 부동산 개발자 및 관리자에게 간편하게 연결하고 지불 서비스를 제공할 수 있다고 밝혔다.

VNPT 이페이는 2008년에 설립된 베트남 우정공사의 전자결제 회사이다. 전자지갑을 이용한 국내 송금, 온라인 결제, 휴대전화 요금, 온·오프라인 결제 수납이 동시에 필요한 기업 등에 결제 및 수납 대행 서비스를 제공하고 있다.

VNPT 이페이는 우리은행베트남, 베트남산업은행(Vietinbank), 베트남무역은행(VietcomBank), BIDV, 세콤은행(SacomBank) 등 대형 은행들과 긴밀한 협력 및 계약을 하고 있다. 2019년 베트남 전자결제 기업 중 최초로 은행 시스템과 연계한 가상계좌 서비스, 은행 간 최초로 실시간 이체 서비스를 시작해 2019년 한 해 거래량 기준 900% 이상 성장했다.

VNPT 이페이는 한국의 대형 투자사인 UTC 투자(UTC Investment)와 한국오메가투자(Korea Omega Investment Corp.)로부터 2016년 이후 현재까지 70%의 지분 투자를 받고 있다.

2016년 설립된 티마는 베트남 최대 소비자금융 및 P2P 대출 플랫폼 기업이다. 기본 대출 서비스 외에 고객에게 주택담보대출 서비스와 금융 자문 서비스도 제공한다.

베트남 소프트웨어협회(Vinasa)가 선정한 2018년 기준 베트남에서 10대 소프트웨어 및 IT 서비스 업체 중 하나인 티마는 플랫폼상에 2만 3,775개의 대출 업체와 213만 3,405개의 소비자를 두고 있다. 2018년 인베스트먼트 벨트 로드 캐피털 매니지먼트(Investment Belt Road Capital Management)로부터 300만 달러 시리즈B 투자를 받았다.

 2019년 초에 설립된 킬리모 파이낸스는 베트남 최초 농업 핀테크 스타트업이다. 킬리모 파이낸스의 목표는 농민과 농업 관련 기업을 위한 디지털 농업 금융 솔루션으로 금융 기관을 지원하기 위해 선호하는 글로벌 플랫폼이 되는 것이다.

킬리모 파이낸스는 농민들이 빠르고 간편한 은행 대출을 통해 농사용 비료를 구매할 수 있는 플랫폼을 개발해왔다. B2B 측면에서, 킬리모 파이낸스는 킬리모 앱과 함께 디지털 플랫폼에서, 높은 잠재력을 가진 농업 대출 제품을 개발했다. 킬리모 파이낸스 농업 금융 솔루션을 사용하기로 선택한 은행은 3~4개월 이내에 대출 상품으로 농업 섹터에 진입할 수 있다.

킬리모는 2019년 핀테크 챌린지 베트남(Fintech Challenge Vietnam) 우승자 중 하나였으며, 최고의 초기 단계 핀테크 스타트업으로 인정받았다. 이 스타트업은 은행 및 금융 베테랑인 네덜란드 출신 아르놀트 테이던스(Arnold Tijdens)가 설립했다.

 이멍키(eMonkey)는 하노이에 위치한 기업 엠페이(M-pay)가 개발한 다기능 스마트 전자지갑이다. 이들은 사용자에게 사용자들이 언제 어디서나 그들의 휴대전화로 사용할 수 있도

록 쉽고 안전한 비현금 결제 수단을 제공한다.

이멍키 앱을 통해, 사용자들은 자신의 잔액과 거래 기록을 확인할 수 있고, 다양한 서비스에 대한 결제도 할 수 있다. 또한 수수료 없이 다른 사용자에게 돈을 송금할 수도 있다. 그리고 해당 플랫폼을 사용해 온라인 쇼핑 시 할인도 받을 수 있다.

로이터 통신(Reuters) 보고서에 따르면 2019년 12월 앤트 파이낸셜(Ant Financial)은 이멍키의 큰 지분을 인수하며 베트남 핀테크 시장에 진출했다. 이멍키는 2016년 베트남 국유은행(SBV)으로부터 결제 중개 서비스 제공에 대한 라이선스를 얻었다. 그리고 2019년 라자다베트남은 이멍키 서비스를 자사 플랫폼에 도입했다.

IL Interloan 인터론은 봉급을 받는 직장인을 위한 P2P 대출 플랫폼이다. 이 플랫폼에서 투자자들과 차용인(봉급 직장인)들을 연결해주면 차용인은 6개월 동안 7,000만 베트남 달러(약 3,000 달러)를 무담보로 대출받을 수 있다. 모든 거래는 인터론의 협력 은행 시스템을 통해 이루어진다. 이 기업은 시스템을 통해 사용자 정보를 확인해 위험을 줄인다고 한다.

2019년 12월부터, 인터론은 3개의 상업은행 및 10개의 기업과 협력관계를 맺어왔다. 이 회사는 작년 피닉스 홀딩스(Phoenix Holdings)로부터 50만 달러의 투자를 받았으며, 기술 인프라를 개선하고 새로운 은행과 파트너

관계를 맺고 비즈니스 개발 활동을 강화하는 데 사용될 것이라고 밝혔다

2019년 설립된 유톱은 분산형 선물교환 플랫폼을 가진 블록체인 스타트업이다. FPT의 기업 블록체인 플랫폼 아카체인(akaChain)을 기반으로 구축된 유톱은 사용자들이 CGV, 푹롱, 고기하우스(Gogi House) 등 브랜드와 회사가 포함한 이들의 일부 제휴 소매점에서 포인트를 적립하고 돈으로 상환받을 수 있다. 이 플랫폼은 할인 및 보상 프로그램을 개선하고 고객 경험을 향상시키는 데 도움이 된다.

유톱은 지난 2019년 4월 베트남 기술기업 FPT와 일본 금융 서비스 기업 SBI 홀딩스로부터 300만 달러 규모의 투자금을 확보한 바 있다.

인사이트

베트남 핀테크 산업은 2020년 798억 달러에 이를 것으로 전망된다. 베트남 인구의 절대다수를 차지하는 젊은 인구층을 중심으로 인터넷과 모바일을 기반으로 하는 인터넷 경제 붐은 계속될 것이다. 베트남 정부는 2016년을 국가 창업의 해로 정하고 스타트업을 경제 발전의 새로운 성장 동력으로 육성하고 지원하기 위한 법령을 제정했으며 규제를 완화함으로써 스타트업 창업 붐을 조성했다.

2017년 기준 베트남 신생 기업 수는 전년 대비 15.2% 증가한 12만 6,859개를 달성했다. 2025년까지 2,000개의 스타트업 프로젝트, 600개의

스타트업, 2,000억 동 규모의 투자를 유치한 100개의 스타트업을 목표로 하고 있다. 스타트업 중에서도 핀테크 부문은 가장 유망한 분야로 주목받으면서 많은 투자를 유치하고 있다. 2019년까지 핀테크 기업 중 모바일 결제 기업을 중심으로 P2P 대출, 블록체인, 암호화폐, 크라우드펀딩 등 다양한 분야의 핀테크 스타트업 기업이 성장할 것이다.

반면 베트남 비금융 기관들이 핀테크를 기반으로 편리하고 혁신적인 새로운 금융 서비스로 기존 금융 기관들을 위협하는 상황에서 일부 선도적인 은행들도 오랜 금융 서비스 노하우와 고객 기반의 핀테크 기술을 더해 기존 고객 시장을 방어할 뿐만 아니라 적극적으로 새로운 시장을 넓혀가고 있다.

2020년 기준 베트남 시중 금융 회사 중 자체 핀테크 스타트업 기업을 육성하는 프로그램을 제공하는 회사는 없고, 우리나라 은행 중 신한은행 베트남과 우리은행베트남은 베트남 유망 스타트업 기업 육성과 사회적 책임을 목적으로 자체 핀테크 랩을 만들어 육성 및 투자를 하고 있다.

2012년에 세계적 통계 사이트 스타티스타(Statista)가 조사한 바에 따르면 은행의 50% 이상이 핀테크가 자신의 업무와 관계없을 거라고 했지만, 2017년에는 93%의 은행이 핀테크와 파트너 관계를 맺을 의향이 있다고 밝혔다.

결국 베트남의 핀테크 시장도 금융 선진국과 유사한 방향으로, 기존 금융 회사와 핀테크 기업의 협업과 제휴 등의 파트너십이 강화될 전망이다.

예를 들어 신한은행베트남은 베트남 국내 송금 대표 브랜드 기업인 모모 서비스를 제공하는 M서비스와 협력해 베트남 현지 휴대전화 번호와 이름만으로 실시간 송금이 가능한 서비스를 내놓았다. 또 다른 전자결제 핀테크 기업인 모카와도 제휴해 외국계 은행 최초로 그랩 앱 사용 시 ATM 현금카드 충전 서비스를 출시하는 등 베트남 주요 디지털 플랫폼 기업과 다양한 제휴를 맺어 베트남 신규 고객을 유치하고 있다. 우리은행베트남도 베트남 전자결제 핀테크 기업인 VNPT 이페이와 제휴해 베트남 소상 공인을 위한 가상계좌 및 펌뱅킹 서비스를 출시했다.

아직 베트남 은행은 적극적으로 핀테크 기업과의 파트너십을 강화하지 않았다. 디지털 금융을 위한 대응보다 지점 확대에 더 관심 있기 때문에 외국계 기업 중심으로 성장하고 있는 베트남 핀테크 기업과 적극적인 제휴

MyVIB Social Keyboard

신한 MOMO 해외 송금

CIMB Bank 'OCTO'

- VIB Bank+Weezi Digital
- 소셜네트워크를 활용한 송금 키보드
- 2017년 출시 이후 꾸준히 사용자 증가

- 신한은행베트남+MOMO
- 국내 노동 파견자 간편 해외 송금 지원
- 상대적으로 로컬 은행 대비 부족한 오프라인 지점 수의 한계를 MOMO 오프라인 지점으로 극복

- CIMB Bank+오프라인 대형 할인 마트
- 모바일 카드 발급 지원
- 오프라인 대형 할인 마트와 협력을 통한 파격적인 할인 프로모션 진행
- CIMB Bank 디지털 뱅킹

베트남 기존 은행의 핀테크 기업과 제휴 및 협력 강화

또는 인수합병 등이 전개되고 있다.

베트남 핀테크 기업 투자 및 인수합병의 결제 분야에서는 이미 전체 34개 기업 중 대다수에 외국계 자본(베트남 대표적 핀테크 기업인 모모, 모카, VN페이, 페이유, 잘로페이, VNPT 이페이, 원페이1Pay, 몬페이Monpay, 에어페이, 응안루옹Ngan Luong 등 30개의 결제 회사 지분을 외국계 기업이 소유)이 들어와 있어 베트남 정부가 외국인 소유 지분을 30%로 제한한다는 의견도 있었으나, 코로나19 이후 외국 투자 지분을 확대해야 한다는 의견도 있다.

베트남에서는 핀테크 솔루션, P2P 대출, 새로운 지불 모델, 국경 간 송금, 오픈 API(Open Application Programming Interface)를 통해 사용자 데이터 공유 등을 제공하는 회사의 활동을 규제할 특정 법률이 없어 베트남 중앙은행(SBA) 주관하에 7개 분야(결제, 신용, P2P 대출, 시스템 지원, 오픈 API, 블록체인과 같은 혁신적인 응용 기술 솔루션, 신용 점수와 저축 등의 은행 지원 서비스)를 지정해 샌드박스 테스트를 했다. 테스트 기간은 솔루션과 서비스에 대한 승인 시점에서 1~2년이다.

베트남 핀테크 시장에 진입하려는 국내 금융 회사 및 핀테크 기업들은 베트남 정부의 규제 샌드박스 내 핀테크 분야에 대해 관심을 가져볼 만하며 결제 외 블록체인, P2P 대출 등의 분야에는 경쟁이 몰리지 않았으니 고려해볼 만하다.

VNPT 이페이- 장기헌 부사장

디지털 경제 사회로 변모하는 베트남의
전자결제 서비스를 선도하다

2019년 베트남 톱 20 브랜드 시상식에 참석한 장기헌 부사장(가운데). 사진: VNPT EPAY

베트남의 대표적인 디지털 결제 기업인 VNPT 이페이(VNPT EPAY) 장기헌 부사장을 통해 베트남의 결제 시장과 향후 전망에 대해 점검해볼 수 있다.

Q. 회사 소개 좀 해주시죠?

A. VNPT 이페이는 2008년 설립 이후 10년 이상의 풍부한 경험으로 전자결제 서비스를 선도하고 있으며 PCI DSS 표준을 충족하는 IT 시스템을 통해 최상의 안정성과 보안성을 확보하고 있습니다. 또한 한국의 전자결제 시스템을 베트남 현

지에 맞게 개선해 더욱 안정적이고 편리한 서비스를 제공하고 있으며 베트남 최초로 은행을 통한 지급/수납 전용 서비스인 펌뱅킹(Firm banking) 서비스와 가상계좌 서비스를 통해 압도적인 성장을 이루고 있습니다. 현재 VNPT 이페이는 한국의 대형 투자사인 UTC 투자와 한국오메가투자로부터 70%의 지분 투자를 받고 계속 발전해나가고 있습니다.

Q. 베트남에서 전자결제 지급중개 회사(Payment Gateway)란?

A. 베트남은 다른 동남아시아 국가들과 같이 전통적으로 현금 우선 주위가 사회 전반적으로 자리 잡아 인터넷이나 모바일을 통한 전자상거래가 매년 폭발적으로 성장하는 현재에도 여전히 현금 결제가 전체의 70~80%를 차지하고 있습니다. 2020년 7월 현재 베트남 중앙은행(SBV)으로부터 라이선스를 받은 35개의 PG사가 있으나 대부분 베트남 대기업 그룹의 자회사로 계열사들의 지급 결제를 위한 회사가 많고 독립적으로 전자결제 사업을 하는 PG사는 10개 내외입니다. 온라인 결제 거래량의 성장 속도는 전자상거래 전체 거래량의 성장에 비해 아직 낮지만 앞으로 성장 잠재력이 큰 시장임에는 틀림없습니다.

Q. 베트남 정부나 중앙은행의 지급 결제 발전 방향성에 대한 정책과 규제는 어떤 상황인가요?

A. 정부 및 중앙은행은 2020년을 기점으로 비현금 결제 사회를 구현하겠다는 분명한 목표와 의지를 가지고 다양한 정책으로 온라인 결제를 유도 및 권고하고 있습니다. 그러나 의지에 비해 온라인 결제에 대한 세제 혜택, 안정적인 금융 공동망 등 정책을 활발하게 지원할 수 있는 금융 인프라와 사회 전반적인 프로세스가

아직 공고히 구축되지 않아 어려움이 많습니다. 다행히 금융 당국에서 추진하는 많은 인프라 구축 프로젝트가 더디긴 하지만 지속되고 있어 향후 2~3년 내에는 더 좋은 생태계가 구축될 거라고 봅니다.

Q. VNPT 이페이의 주요 전략과 비전은 무엇입니까?

A. 회사의 비전은 단기적으로 시장 선점 및 업종 다양화, 향상된 서비스 품질 및 결제 수단 다양화, 온·오프라인 서비스 동시 제공 등의 성장 우선 모델이며 중장기적으로는 베트남의 톱 PG 그룹이 되는 것입니다.

Q. 코로나19는 앞으로 베트남 경제 및 지급 결제 시장에 어떤 영향을 미칠까요?

A. 최근 코로나19 대유행으로 베트남도 전 산업에 걸쳐 많은 영향을 받았고 많은 기업이 어려움을 겪고 있지만 조금씩 안정되면서 차츰 전반적인 경제 및 시장 재도약에 시동이 걸리고 있습니다. 정부에서도 관광 및 해외투자 유입 감소로 부진한 경제를 되살리기 위해 여러 방면에서 내수 진작을 통한 경기 활성화를 도모하고 있습니다. 일반 소비자들의 상품 구매 및 지급 결제 패턴도 변해 전자상거래 성장 속도는 더 높아질 것이며 이에 따라 온라인과 카드 결제를 선호하는 방향으로 점차 바뀔 것입니다.

향후 베트남의 경제가 과거 5년 동안의 성장세를 지속할 수 있을지 판단하기는 쉽지 않지만 최근의 성장세, 여전히 풍부한 생산기지와 투자 대상으로서의 잠재력, 내수 진작을 통한 경기 제고가 가능하다는 점에서 발전 가능성을 다소 긍정적으로 바라볼 수 있습니다.

Q. 베트남 소비자와 기업들의 온라인/전자결제에 대한 특성이 있다면요?

A. 베트남 소비자들의 현금 우선주의 습관은 그저 어느 나라에나 있는, 있었던 습관일 뿐이라고 생각합니다. 이런 습관들은 전반적인 사회, 기술 발전, 다양한 정보 공유, 매체의 발달, 기업들의 생산성 제고 등의 성장 과정으로 볼 때 머지않아 충분히 자연스럽게 혹은 급진적으로 변화할 가능성이 높습니다. 이런 과도기에 누가 어떤 방향성을 갖고 시장을 이끌어나가느냐가 관건일 것입니다. 정책이나 광고, 홍보 등에 의한 것보다는 온전히 현실 세계에서 명확한 방향성을 갖고 시장을 이끌어나가는 실천적인 기업이 많이 필요한 시점이고, 저희 회사도 이런 방향성을 갖고 시장에서 모범을 보이기 위해 노력하고 있습니다. 기업들이 온라인 결제에 더 많은 관심과 비중을 갖고 상품이나 서비스를 제공한다면 결국 소비자들에게도 많은 혜택과 편의가 보상으로 주어질 것입니다.

Q. 베트남 시장에서 겪은 어려운 점으로는 어떤 것이 있나요?

A. 사업 활동 관점에서 보면, 우선 약속과 시간이 잘 지켜지지 않는다는 점입니다. 정부나 금융 당국, 금융 기관, 일반 기업을 막론하고 당초에 약속된 사항이나 시간 등이 정확히 엄수되지 않고 중간에 얼마든지 변경되거나 취소될 위험이 항상 도사리고 있다는 것입니다. 과거 한국에서도 이와 다르지 않은 시절이 있었지만, 새삼 한국이 얼마나 투명하고 선진적인 사회를 구현했는지 감탄할 정도로 답답한 상황이 많이 발생합니다. 친한 베트남 친구가 이렇게 해답을 제시하더군요. "베트남에서 사업을 하려면 우선 인내심을 가져야 해. 여기선 빌 게이츠가 와도 자기 발표 시간을 기다려야 한다고."

두 번째로는 생산성과 효율성이 강조되거나 중요하지 않은 사회라는 것입니다. 정치적으로는 사회주의 국가 체제이므로 이런 경향이 일반 국민에게서 문화·정서적으로 나타납니다. 업무에 대한 책임감, 정보의 공유 및 팀워크, 경쟁의식 등에서 특히 한국인들과 많은 차이점을 보여 저희 같은 한국 경영진이 운영하는 회사라면 누구나 겪는 어려움입니다. 쉽게 해결될 어려움이나 난제들은 일단 받아들이는 게 우선적인 솔루션입니다. 바꿀 수 없는 것들은 있는 그대로 받아들이면 간단히 풀리기도 한답니다.

Q. 향후 계획에 대해 말씀해주시죠.

A. 회사의 근본 자체가 베트남 회사로 출발했고, 비록 한국에서 투자받았지만 저희는 계속 베트남 로컬 시장을 타깃으로 저희의 비전을 구현하고자 더욱 활발하게 일할 것입니다. 또한 최근 배달의민족, Cafe24와 같은 한국 기업들이 베트남 전자상거래 시장에 많이 들어와 활발하게 사업을 확장하고 있으니, 한국 기업들에 대한 믿음직한 파트너 역할도 적극적으로 수행해 한국 기업들 간 시너지 및 동반 성장이 가능하도록 노력할 것입니다.

12장

베트남의
O2O 산업

베트남의 O2O 비즈니스 창업 붐

미래학자인 피터 힌센은 그의 저서 『뉴 노멀』(흐름출판, 2014)에서 지난 25년 이 소비자에게 첨단기술을 제공한 기간이었다면 앞으로 다가올 25년은 모든 소비자가 일상생활에서 기술을 '똑똑하게' 사용하는 기간이 될 거라면서 이를 '뉴 노멀(new normal)'이라고 정의했다. 피터 힌센은 디지털 혁명의 두 번째 여정이 시작되고 있으며, 디지털이 뉴 노멀이 되었다고 말한다. 특히 코로나19 대유행으로 전 산업에서 디지털 기술의 활용과 이에 따른 소비자의 기대 및 행동이 변화함으로써 뉴 노멀이 만들어지고 있다.

　전 세계 소비자들은 코로나19 이전부터 이미 디지털 라이프 스타일에 깊이 젖어 있었다. 음식을 주문하든, 책과 옷을 주문하든, 휴가 여행을 계획하든, 소비자들은 온라인이나 모바일 기기로 자신과 상호작용하는 기업

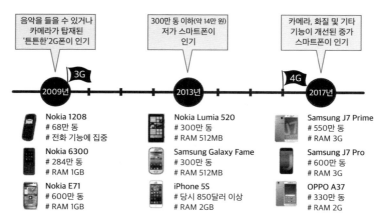

음악을 들을 수 있거나
카메라가 탑재된
'튼튼한' 2G폰이 인기

300만 동 이하(약 14만 원)
저가 스마트폰이
인기

카메라, 화질 및 기타
기능이 개선된 중가
스마트폰이 인기

3G

4G

2009년

2013년

2017년

Nokia 1208
68만 동
전화 기능에 집중

Nokia Lumia 520
300만 동
RAM 512MB

Samsung J7 Prime
550만 동
RAM 3G

Nokia 6300
284만 동
RAM 1GB

Samsung Galaxy Fame
300만 동
RAM 512MB

Samsung J7 Pro
600만 동
RAM 3G

Nokia E71
600만 동
RAM 1GB

iPhone 5S
당시 850달러 이상
RAM 2GB

OPPO A37
330만 동
RAM 2G

베트남의 연도별 이동통신기 인기 기종. 베트남은 2009년 피처폰으로 시작해 2020년 1월 기준 90% 이상이 스마트폰을 사용하고 있다. 출처: KOTRA 호찌민 무역관

을 선택한다. 소비자들은 이제 단지 편리한 것뿐만 아니라 자신의 기호나 미래 계획에 대한 충분한 이해를 기반으로 제공되는 개인화된 경험을 기대하고 있다.

글로벌 회계 컨설팅 기업 프라이스워터하우스쿠퍼스(PwC)의 조사 결과에 따르면 베트남 소비자 49%가 최소한 매월 한 번은 스마트폰을 통해 전자상거래 업체를 방문한다. 현재 온라인에서의 매출이 소매 시장에서 4%대의 낮은 점유율을 보이고 있지만 향후 젊은 소비자를 중심으로 온라인 시장이 대폭 성장할 것으로 보인다.

코로나19 대유행 후 베트남 O2O 플랫폼 시장 확대

2015년 들어 베트남 현지 소비자들의 소득 수준이 꾸준히 향상됨에 따라 퓨처폰보다 스마트폰 판매량이 늘었다. 이는 베트남 대중이 선호하는 스마트폰이 저가에서 중고가로 바뀌고 이동통신 서비스 품질과 속도가 향상되었기 때문이다. 또한 베트남 소비자들이 스마트폰으로 구동하는 모바일 애플리케이션 수요가 페이스북, 인스타그램, 잘로, 유튜브 등 소셜미디어 외 게임, 쇼핑, 음악, 배달, 뱅킹, 헬스 앱 등으로 다양해졌기 때문이기도 하다.

특히 2020년 2월 이후 코로나19 대유행으로 강력한 사회적 거리두기를 전개함에 따라 온라인과 오프라인을 일원화하는 O2O(Online to Offline) 플랫폼이 빠른 속도로 확산되었다(2020년 3~4월에 베트남 정부는 코로나19 확산 방지를 위해 지역별 이동을 제한하고 카페, 식당, 영화관, 마사지숍, 당구장 등을 포함한 비필수 서비스 영업을 중단했는데, 이는 음식 배달을 포함해 O2O 서비스에 대한 비대면 서비스의 수요가 증가하는 계기가 되었다).

특히 오토바이가 일상적인 교통수단으로 활용되고 있었기에 오토바이를 활용한 다양한 O2O 플랫폼 비즈니스가 확대되었다. 최소 주문액 기준도 없고 배달료가 저렴해 스타벅스 같은 커피 프랜차이즈의 아메리카노 한 잔도 배달을 통해 받을 수 있다.

결국 코로나19 대유행 후 모바일 중심의 인터넷 환경과 저렴한 인건비, 젊은 인구층, 대도시 중심의 생활, 외식 생활 선호 등의 환경이 베트남을 동

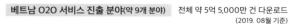

베트남 O2O 서비스 진출 분야(약 9개 분야) 전체 약 5억 5,000만 건 다운로드 (2019. 08월 기준)

일상 서비스 　 주기적 서비스 　 정보형 서비스 　 전문 서비스

코로나19 이후 O2O 서비스 분야에서 가장 많은 창업이 이루어지고 있다고 한다. 출처: PwC

남아시아 대표 O2O 플랫폼 기업들을 성장시키는 계기가 되었다.

베트남 O2O 배달 플랫폼 대중화

2019년 2월, 배달의민족을 운영하는 우아한형제들이 2011년에 설립된 베트남 현지 주요 배달 업체인 베트남엠엠을 인수하고 일단 호찌민에서 'BAEMIN'이란 이름으로 서비스를 시작했다. 2020년 6월에는 베트남의 수도 하노이까지 확대했다.

코로나19 대유행과 베트남 정부의 강력한 사회적 거리두기 시행으로 온라인을 통한 주문과 배달이 일상화됨에 따라 최근 하노이와 호찌민 같은 대도시 중심으로 배달 플랫폼 기업인 나우, 그랩푸드, 고푸드, 배민 등이 베트남 MZ세대에게 각광받고 있다.

베트남 배달 서비스는 사용자가 앱을 이용해 주문하면, 배달 기사가 주

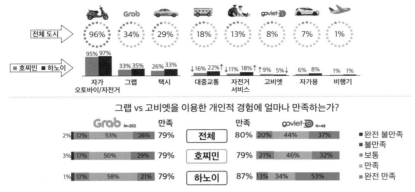

지난 6개월 동안 어떤 종류의 교통수단을 이용했는가?

	자가 오토바이/자전거	그랩	택시	대중교통	자전거 서비스	고비엣	자가용	비행기
전체 도시	96%	34%	29%	18%	13%	8%	7%	1%
■ 호찌민	95%	33%	26%	↓16%	↓11%	↑9%	6%	1%
■ 하노이	97%	35%	33%	22%↑	18%↑	5%↓	8%	1%

그랩 vs 고비엣을 이용한 개인적 경험에 얼마나 만족하는가?

Grab N=202				만족		goviet N=48			
2% 17%	53%	26%	79%	**전체**	80%	20%	44%	37%	
3% 17%	50%	29%	79%	**호찌민**	79%	21%	46%	32%	
1% 17%	58%	21%	79%	**하노이**	87%	13%	34%	53%	

■ 완전 불만족 ■ 불만족 ■ 보통 ■ 만족 ■ 완전 만족

하노이와 호찌민시의 주요 교통수단. 출처: Indochina Reserch Vietnam 2018

문을 선택해 해당 가맹점(식당)으로 이동-주문-결제-배달한 뒤 수수료(이동 거리에 따라 다르나 기본 1만 5,000동[한화 750원] 수준)와 함께 사용자로부터 비용을 받는 구조이며, 대부분 현금 결제로 이루어진다.

통계 사이트 스타티스타에 따르면 2019년 베트남 음식 배달 플랫폼 시장은 5,124만 달러에 육박했는데, 이는 전년 대비 약 112% 성장한 것이다. 베트남에서 꾸준히 성장해온 음식 배달 중개 서비스는 2~3년 전 시점에 도시 거주 밀레니얼 소비자에게 익숙한 일상으로 자리 잡았다.

2020년 2월 이후 코로나19 여파로 관광 및 요식업을 비롯한 비필수 서비스 사업은 타격이 큰 반면, 비대면 소비 행위가 확산됨에 따라 배달 서비스 포함 O2O 플랫폼 이용은 급증했다. 실제로 코로나19 대유행 후 베트남 대도시의 음식 배달 주문이 1일 평균 3~5배 증가했다.

호찌민시 빈탄군에서 음식점을 소유한 한 베트남인 경영인은 "베트남에서 코로나19가 확산되기 전인 1월까지만 하더라도 음식 배달 주문이 1일 평균 3건에 불과했는데, 현재는 하루에 15~20건으로 늘었다"며 호찌민 무역관에 최근 상황을 설명한 바 있다.

베트남 시장조사 기관인 Q&Me의 음식 배달 트렌드 조사에 따르면 베트남 국민 75%는 음식 배달 앱을 사용하고 있으며 그중 24%는 코로나19 확산 후 처음으로 사용한 신규 사용자이다. 배달 앱 사용자 중 70%는 최근 60일 동안 음식 배달 앱 사용량을 늘렸다고 한다.

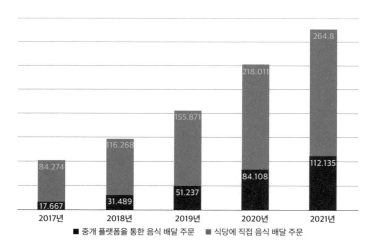

주: 1) 2020년부터는 추정치.
    2) 전망치는 코로나19가 일어나기 전에 계산된 것으로 관련 변수가 포함되지 않음.

베트남 배달 시장은 이전부터 빠른 증가세를 보이다가 코로나19 확산 후 음식 외 많은 부분의 배달이 일상화되고 있다. 출처: Statista

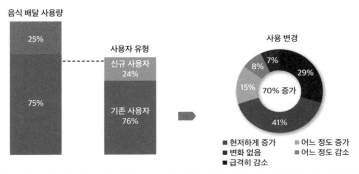

음식 배달 서비스 사용자 경향. 베트남 국민 75%는 음식 배달 서비스를 사용했으며 그중 24%는 코로나19로 인해 처음으로 음식 배달 서비스를 사용했다. 출처: Vietnam Reserch Q&Me

동남아시아에서 베트남은 맞벌이 비율이 가장 높다

베트남은 맞벌이 문화이다. 여성들의 직업관이 뚜렷하고 베트남 전체 근로자 중 여성이 50% 이상이며(세계은행 보고서에 따르면 세계 평균 경제활동인구 성비는 여성 39.0%, 남성 61.0%) 각 분야에서 여성들의 활약이 크다. 여성의 노동 참여도가 높아 집밥 문화보다는 외식 문화가 더 발달한 편이다.

동남아 생활연구소에 따르면 베트남 가정 가운데 맞벌이 가정은 74%이며, 남성 외벌이 가정은 25%로 나타났다. 또 남성과 여성의 소득 차이도 동남아 국가 가운데 가장 적다.

여성의 경제활동 참여율과 빠른 도시화는 간편식에 대한 수요를 증가시켰고, 재래시장이 아닌 마트와 편의점의 유통 비중이 점차 확대되면서 냉동식품 등 다양한 즉석식품에 대한 관심도 늘어나고 있다.

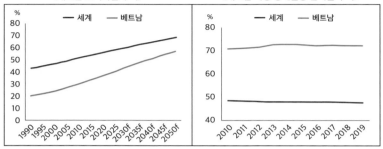

〈베트남 도시화율 추이〉 〈베트남 여성 경제활동 참여율 추이〉

베트남 도시화율과 베트남 여성 경제활동 참여율 추이. 출처: UN, World Bank

또한 최근 베트남에서 다수의 식품 안전사고가 발생하면서 식품 위생에 대한 인식이 높아지고 있다. 이에 따라 식품 정보를 꼼꼼하게 따지는 한편, 비싸더라도 품질이 좋은 제품을 선호하는 소비자가 늘고 있다.

특히 젊은 MZ세대 맞벌이 가정에서는 제품 구매 시 소셜미디어 활용등 선택의 폭이 넓은 것을 선호하며, 맛이나 가격뿐만 아니라 브랜드 인지도, 마케팅, 제품 포장 등 다양한 측면에 민감하게 반응하는 편이다.

[참고] **베트남의 아침 식사 문화 변화**
- 1990년대 이전 : 밥, 국, 느억맘(베트남 생선소스) 중심의 전통 식사를 집에서 차려 먹음.
- 1990~2000년대 : 길거리 매장에서 아침 식사로 쌀국수를 사 먹음.
- 2010년 이후 : 마트에서 구입한 아침 식사 대용 식품을 집에서 먹거나, 편의점에서
  즉석 조리 식품을 사 먹음.
  (이종수, 『한국과 베트남의 음식문화 비교연구』, 경북대학교 사회과학연구원, 2011)

베트남의 O2O 플랫폼 기업

베트남 정부는 2016년을 '국가 창업의 해'로 지정해 스타트업 지원 사업을 적극적으로 추진해오고 있다(2025년까지의 혁신 스타트업 생태계 지원 제도 Decision 844/QD-TTg를 수립해 혁신 스타트업 육성 정책 전개). 베트남 투자기획부 보고서에 따르면 2019년 1~7월 베트남 신규 설립 기업은 7만 9,300개로, 그 중 3,000여 개가 스타트업 기업이다.

베트남은 세계 스타트업 유망국 TOP 20에 속하며, 동남아시아 내 스타트업 기업 수가 싱가포르와 인도네시아에 이어 3위이다. 스타트업 창업 분야는 1위 식음료(30%), 2위 여행 서비스(14%), 3위 교육(13%) 순으로 나타나고 있다.

베트남 젊은 층의 모바일 중심 라이프 스타일은 O2O 서비스의 폭발적

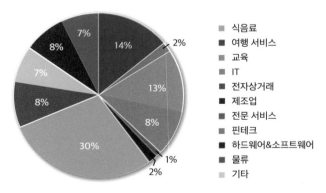

출처: VIETTOKIN, 'Startup ecosystem in Vietnam'

인 성장과 함께 가치 사슬상 다양한 서비스(모바일 결제, 플랫폼 관리 등)로의 확장 잠재력을 가지고 있다. 코로나19 대유행 후 일상으로 다가온 베트남 대표 O2O 플랫폼 기업들을 살펴보자.

그랩푸드는 베트남 내 주요 공유 차량 서비스 플랫폼 그랩의 음식 배달 중개 서비스이다. 그랩은 2014년 베트남에서 서비스를 개시했으며, 우버와 함께 현지 공유 차량 시장을 개척한 선도 기업이다. 우버가 동남아에서 사업을 철수함에 따라 베트남에서는 2018년 3월 현지 그랩 법인이 우버를 인수했다.

베트남에서 그랩푸드 서비스는 2018년 5월 베타 테스트 후 6월부터 호찌민시에서 정식으로 개시했다. 현재는 하노이와 다낭 등 베트남 전역으로 서비스를 확대하고 있다. 그랩은 공유 차량 서비스로 기존에 확보한 오토바이 기사들의 노동력과 브랜드 인지도를 바탕으로 베트남의 주요 식당 리뷰 및 평가 플랫폼 푸디(Foody, 2017년 이래 싱가포르 기반의 씨[Sea, 이전 가레나 Garena]가 지분을 82% 소유)가 2015년에 시작한 음식 배달 중개 서비스 나우와 견주는 음식 배달 중개 플랫폼으로 급성장했다. 2019년 10월, 베트남 최초 공유 주방 서비스 그랩키친(Grab Kitchen)을 도입했고, 전자결제는 그랩이 지분 참여한 모카로 이루어지고 있다.

그랩푸드는 출시 1년 만에 하루 주문 건수가 250배 증가했고, 가맹점과 파트너 레스토랑은 그랩푸드 플랫폼을 통해 배달 서비스를 시작한 이후 순이익이 300% 증가했다.

정보분석 기업 칸타르(Kantar)가 2019년 발표한 자료에 따르면 호찌민 거주자 54%가 가장 자주 사용하는 음식 배달 플랫폼으로 그랩푸드를 꼽았다(그랩푸드 68%, 푸디 19%, 고푸드 1%).

나우푸드(Now.vn)는 베트남의 주요 식당 리뷰 및 평가 플랫폼 푸디(Foody)가 2015년에 시작한 음식 배달 중개 서비스이다. 식품 외 의약품, 주류, 공산품, 꽃 등을 주문 및 구매할 수 있으며 배달 서비스 외에 세탁, 청소 서비스도 제공하고 있다.

최근 나우푸드는 베트남 내 최대 온라인 쇼핑몰인 쇼피(Shopee)사와 합작해 쇼핑몰 웹 내에 '나우푸드' 카테고리를 개설해 별도의 앱을 설치하지 않아도 바로 접속할 수 있도록 연계 서비스를 제공하고 있다(쇼피의 모기업 씨 그룹은 푸디의 지분 82%를 소유하고 있다). 나우푸드의 전자결제 솔루션 기업은 에어페이이며, 에어페이 역시 씨 그룹 계열사이다.

신선식품 배송 서비스 샤크마켓은 2019년 처음 서비스를 시작해, 현재는 호찌민시를 중심으로 큰 인기를 끌고 있다. 특히 한국의 로켓 배송처럼 새벽 배송 서비스를 베트남에 처음 도입함으로써 아침을 챙겨 먹는 현지 소비자들의 식습관 및 핵가족화·도시화에 따른 간편식 선호, 비대면 구매 증가와 같은 현지 소비

삼성디지털플라자와 샤크마켓 프로모션.
출처: 샤크마켓 페이스북

트렌드에 맞춘 서비스를 제공함으로써 현지 시장점유율을 증대시키고 있다고 평가받고 있다.

베트남어, 영어, 한국어, 일본어로 지원되고 신선식품과 육류 등 다양한 제품으로 구성되어 있다. 최근 삼성플라자와 협업해 삼성 카테고리를 추가해 모바일, 디지털 가전제품도 판매하고 있다.

2020년 베트남 주요 도시인 하노이, 호찌민 지역에만 배달 서비스를 제공하지만 차후 베트남 전역으로 확대할 예정이다.

파마시티는 2011년 미국인 약사 크리스 블랭크(Chris Blank)가 세운 의약품 전문 유통점이다. 처음엔 소규모로 온라인 스토어(nhathuoconline.vn)를 운영했지만, 점차 베트남인들의 의약품 품질에 대한 관심과 고객 서비스에 대한 수요가 높아지면서 약국 체인점 형태의 드러그 스토어를 오픈했다.

현재 호찌민, 빈즈엉, 껀터, 하노이 등 베트남 주요 도시로 유통망을 확장하고 있으며, 2020년 7월 기준 매장 수를 400개까지 늘려 베트남에서 가장 큰 약국 체인점 중 하나로 성장했다. 파마시티는 2021년까지 베트남 전역에 매장 수를 1,000개 이상으로 늘릴 계획이다. 유통 외 전문 약사를 상시 채용해 고객들에게 전문 상담 서비스를 제공하고, 이를 통해 브랜드의 신뢰도를 높이고 있다.

한국과 달리 파머시티는 고객을 위한 전화 및 모바일 앱 주문 서비스와 택배 배송이 가능하다. 주요 품목으로는 의약품, 한방, 기능성 식품, 건강 및 미용 제품, 비타민 및 미네랄 보충제 등이다.

인사이트

베트남 정부는 자국 내 온라인 거래 활성화 및 온라인 판매 상품 품질 보장, 투명한 세수 확보를 위해 미국에서 2013년부터 진행한 '블랙 프라이데이(Black Friday)'처럼 베트남판 블랙 프라이데이인 '온라인 프라이데이(Online Friday)'를 2014부터 중국의 광군제를 벤치마킹한 11월 11일과 베트남 대표 쇼핑몰 기업인 쇼피 창립기념일에 라자다, 티키가 참여해 대형 할인 행사를 진행하는 12월 12일 두 차례에 걸쳐 전개한다.

온라인 프라이데이는 베트남 산업무역부(MoIT) 산하 전자상거래 정보기술원(이하 VECITA)과 베트남 전자상거래 및 디지털경제기관(IDEA)이 주관하는 행사로, 매년 참여 기업 수와 매출 등이 큰 폭으로 증가하면서 베트남 디지털 경제 성장과 기술발전에 기여하는 주요 행사로 자리 잡았다.

코로나19 대유행 이후 베트남 전자상거래 포함 음식, 커피, 약 등 배달 서비스와 장보기 대행 서비스, 수리/수선 출동 서비스 등 O2O 서비스 솔

구분	2014년	2015년	2016년	2017년
방문 건수(만 건)	40	250	240	280
참가 기업 수(개)	1,000	2,271	3,000	3,000
주문량 건수(만 건)	16	70.1	63.1	130
매출(억 동)	1,540	5,790	9,670	12,230
품질 보증 상품(개)	-	-	100	3,500
모바일 앱 누적 다운로드(건)	-	5,000건	10,000	105,000
QR 스캔 건수(건)	-	-	90,000	1,300,000

베트남 온라인프라이데이 매출 추이. 출처: VECITA

루션이 빠른 성장을 보이고 있다.

특히 하노이와 호찌민 같은 대도시 중심으로 O2O 플랫폼 스타트업 기업들의 창업 붐이 형성되면서 O2O 서비스 항목이 다양해지고 정부의 스타트업 활성화와 전자정부 활성화 등으로 온라인 거래 시 현금 결제가 점차 감소하고 있다.

베트남 현지 소비자들이 제품의 안전성과 품질의 신뢰 문제 때문에 신선식품과 온라인 구매 상품에 대해 여전히 실물을 직접 확인하고 비용을 지불하는 걸 선호하지만 온라인 프라이데이와 현금 없는 날 지정 등 비대면 디지털 결제 장려와 코로나19 대유행 덕분에 현금 없는 사회로 빠르게 전환되고 있다.

베트남 잘 떠나기

베트남 생활을 하다 보면 늘 사람이 들고 나기 마련이다. 특히 코로나19 사태를 지나면서 올해 3월 중순부터 외국으로부터의 입국을 막으면서 들어오는 사람은 없고 나가는 사람만 있는 상황이다. 베트남을 떠나 한국으로 돌아가는 교민이나 주재원들은 어떤 준비를 하고 있을까. 그리고 어떤 기분일까.

코로나19는 한국에서 생각했던 환상 속 베트남의 실상을 그대로 보여주었다. 특히 한국인을 대상으로 하는 여행사, 요식업, 서비스업을 했던 자영업자들이 심각한 타격을 받고 있다. 기업들도 올해는 베트남의 상황이 좋아지지 않을 거라 전망하고 비용 절감 차원

하노이 공항 출국 게이트 앞에 선 저자 모습

베트남 정부의 코로나19 방역 포스터

에서 주재원 수를 줄이고 있다.

베트남 외 해외에서 살고 있던 교민들이 코로나19로 인해 본국으로 들어오는 시기를 앞당긴다고 한다. 특히 불안하고 위협적인 요소들이 증가하면서 유학 갔던 학생들이 학기를 마치지 않은 상태에서 조기 귀국하는 경우도 있다고 한다.

이 장에서는 현재 해외에서 거주하는 교민 또는 주재원 및 유학생들이 생활하던 곳을 떠나기 위한 준비사항을 정리해보려 한다.

귀국 결정

베트남에서 살던 사람들이 베트남 생활을 접고 한국으로 돌아가기로 결정하기까지 배경은 다양할 것이다.

코로나19가 앞당긴 귀국 결정

일단 베트남에 살고 있는 교민 중 자영업자는 최근 코로나19 사태 이후 급격히 사업에 어려움을 겪는 경우가 많아졌다. 상당 기간 사회적 거리두기와 영업 제한이 이어지면서 사업장 자체를 운영하지 못하고 사람들의 소비도 최소한의 생필품 위주로만 이루어졌기 때문이다. 특히 관광이나 서비스 업계는 사회적 거리두기가 끝나고 상당 기간이 지난 시점에도 회복 기미가 보이지 않고 있다.

일부는 한국이나 제3국으로 출국한 뒤 일터, 학업과 집을 베트남에 둔 채 돌아오지 못하고 있다. 2020년 3월 중순부터 베트남은 전격적으로 외국발 비행기의 착륙을 금지하면서 외국인의 입국을 금지해 기약 없이 삶의 터전에서 멀어진 사례가 셀 수 없이 많다. 베트남 주재 한국대사관 등 유관 기관들이 상황이 급한 기업인들부터 입국을 추진하고 있지만, 극소수에 불과하며 엄격한 시설 격리가 뒤따라 현실적으로 베트남 입국이 어려운 상황이다.

결국 다수의 한국 회사가 주재원들을 귀국시키기로 결정하기도 했다.

베트남 내 비즈니스에 어려움이 커지면서 많은 비용이 드는 주재원 규모 감축을 우선 선택하는 경우가 많기 때문이다.

해외살이의 어려움

코로나19 상황이 아니더라도 학교 교육이나 건강 문제, 사업상 문제 등으로 귀국을 생각하기도 하는 것 같다. 아무래도 해외살이에서는 긴급한 상황에 닥치면 의료, 교육, 금융, 고용 등의 문제를 해결하기가 어렵기 때문이다.

최근 의료 문제에서 전염병 상황까지 맞물리면서 외국인의 경우 베트남 정부의 어떤 건강보험도 적용받지 못하고, 언제든 운신의 자유나 비자

코로나19 이후 현지 학교 모습

하노이 내 국제학교 교정

를 제약당할 가능성, 치료를 받지 못할 수 있다는 두려움이 한층 커졌다. 또 큰 질병이나 사고가 발생하면 한국 수준의 의료 서비스를 기대할 수 없을뿐더러 천문학적인 비용이 들어가는 것으로 악명이 높다. 많은 한국인이 한국의 건강보험 보장과 높은 수준의 의료 서비스를 받기 위해 일시 또는 영구 귀국을 선택한다.

최근 비자가 종료되어 비자 연장이 어렵게 된 경우도 있다. 베트남은 영구 이민을 받지 않아 기간과 목적에 따른 비자를 발급받아야 한다. 거주 비자 요건이 상당히 까다롭고, 이번 전염병 사태 기간에 비자 연장이나 신규 비자 발급이 중단되어 부득이하게 베트남에 더 이상 거주하지 못하는 경우도 발생했다.

교육 문제도 큰 고민이다. 베트남의 생활 물가는 한국에 비해 저렴하지만 교육비는 한국과 비교할 수 없이 많이 든다. 베트남 현지 로컬 공립학교에 한국 아이들이 입학하는 경우는 거의 없다. 교육 환경과 문화, 언어 차이 때문이다. 한국 아이들은 대부분 한국국제학교와 베트남 이중언어학교, 국제학교에 진학하며, 이 순서로 학비는 연 1만 달러에서 4만 달러까지 들어간다. 더욱이 한국어와 영어 수업을 병행하고 사교육을 통해 여러 과외활동을 보충해야 해서 실제로 들어가는 교육비는 이보다 더 크다. 유아의 경우에도 한국은 어린이집과 유치원에 대한 국가보조금이 크지만 이곳에서는 전혀 보조받을 수 없어 월 500달러 이상을 자기가 부담해야 한다. 한편 중고교 고학년들은 한국 입시와 외국 학교의 입시를 모두 준비해

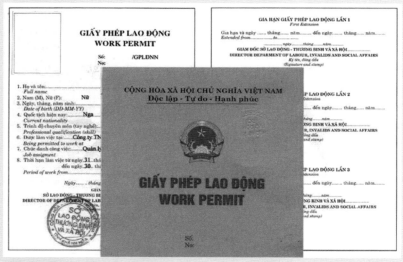

베트남 노동허가서 샘플

야 하며, 소위 한국의 대치동 교육을 받기 위해 한국에 정기적으로 들어가서 입시 준비를 하기도 해 천문학적인 교육비가 들어간다. 이 모든 것을 고려할 때 과연 베트남에서 교육하는 것이 맞는지 의문을 갖는 이도 많다.

한편 베트남에서의 고용은 한국보다 불안정하다. 한국의 최근 노동법은 고용 보호를 강화해 해고하기 어렵고 근로자의 범위가 넓어 폭넓게 보호받는다. 그러나 베트남 현지 기업이나 현지에서 한국 기업에 채용된 경우에는 고용 안정성이 한국보다 불안정하다. 베트남 노동법도 한국처럼 부당해고로부터 근로자를 보호하고 휴업 시 기본급 일부를 지급해야 한다는 규정이 있으나, 한국보다 최저임금이 훨씬 낮고 법적 보호 수준도 낮을뿐더러, 부당한 계약을 체결하는 경우가 많은 편이다.

실제로 베트남에서 부당한 처우를 받았을 경우 한국인이 구제받기는 매우 어렵다. 또한 고용 안정성이 낮아 경기가 어려워지면 실업이 갑작스럽게 늘어나며 정부 구제를 받기도 어렵다.

자영업도 마찬가지이다. 외국이다 보니 한국에서처럼 긴급구제 금융이나 자영업자를 우대하는 정책의 혜택도 받을 수 없고, 현지 제도 안에서도 보호받기 어려워 형편이 많이 힘들어지기도 한다. 여러모로 쉽지 않은 것이 외국 생활이다.

이런저런 이유로 베트남 생활을 정리해야 하는 경우가 발생한다. 각양각색의 사례를 보면 외국에서 생활을 영위하는 것이 쉽지 않다는 생각이 든다. 나라 떠나면 애국자가 된다는 말이 괜히 나온 것이 아니다. 돌아갈

조국이 있다는 것에 감사하고, 우리나라 사람은 어디에 있든 결국 한국의 위상이나 상황이 가장 중요하다는 점을 새삼 느끼게 된다.

귀국 준비는 철저히

주택 임대 정리

귀국 준비에서 가장 먼저 고려할 것이 주택 임대 정리이다. 베트남에서 다수의 외국인은 한 달 정도 임대료를 보증금으로 지급하고 1~2년 정도 임차 계약을 해서 거주한다. 계약 기간 종료 전에 이사하면 보증금을 돌려

하노이의 노이바이 국제공항

받지 못한다. 임대인이 다시 보증금액과 같은 금액의 비용을 부동산에 중개비로 지불하고 새로운 임차인을 구해야 하기 때문에, 이를 과도한 위약금이라고 보기도 어렵다.

임대 기간이나 선지급한 임차료가 남아 있는 경우에는 새로 들어올 임차인을 직접 구해 남은 임대차 기간만큼 승계하면 보증금과 임대료 손해를 줄일 수 있다.

세금 납부, 은행거래 정리

베트남에서 개인소득세 지급 문제는 매우 중요하다. 상당한 세율로 세금 납부 의무가 발생하고, 1년에 183일 이상 거주한 경우 또는 베트남에 주소나 거소를 둔 경우에는 외국인에게도 베트남에서의 개인소득세 납부 의무가 발생하는데, 귀국 전에 이 문제를 반드시 확인해 세금을 모두 납부하는 것이 좋다. 만약 미납된 세금이 있으면 향후 베트남 재입국이 금지될 수도 있기 때문이다.

은행 거래 문제는, 최근 관련 규정에 따르면 정기예금이나 일부 거래가 거주증이나 비자 기한 이내로만 가능하기 때문에 이 부분을 고려해서 정리해야 한다. 한편 베트남 내에서 발급받은 신용카드의 경우, 해지 신청 1개월 후에 신용카드 보증금을 출금할 수 있어 미리 확인하는 것이 좋다. 또 베트남 동화는 한국에 가서 환전할 수 없으므로 달러로 환전해 송금해야 하는데, 베트남에서 정식으로 소득 신고와 세금 납부 증빙이 있어야만 환전 및 송금이 가능하다. 그렇게 하지 않고 개인적으로 환전하는 것은 불법인 데다 사기도 많아 상당한 위험부담이 있으니 주의해야 한다.

해외 이사 준비

한국행 포장이사를 해주는 업체가 상당수 있다. 비용은 컨테이너에 들어가는 피트박스 기준으로 부과되는데, 이사 비용에는 통관 비용, 보관 비용 등이 포함되어 보통 수천 달러 이상 들며, 3주 정도 소요되므로 미리 준비하는 것이 좋다. 불필요한 물건은 중고로 파는 경우가 많아 종종 귀국 정리용 중고판매 글이 커뮤니티나 단톡방에 올라오기도 한다.

한국에서의 재외국민 귀국 신고

재외국민 귀국 신고 의무가 있어 90일 초과 기간 동안 계속 국내에 거주 또는 체류할 의사를 가지고 귀국한 재외국민 등록자는 귀국일로부터 90일 이내에 외교부 장관에게 귀국신고서를 제출해야 하며, 편의상 귀국 전에 재외공관에서도 귀국 신고를 할 수 있다. 귀국 사실을 증명하기 위해서는 신고가 필요하다.

베트남 생활 추억하기

베트남은 정말 매력 넘치는 나라이다. 많은 주재원이 주재 임기가 끝나고도 베트남에 남기를 선택하기도 하고, 사업상 자리 잡는 사람도 많다. 은퇴 후 새로운 생활을 꿈꾸거나 노년에 가족들과 함께 베트남으로 이주해 정착하는 경우도 있다. 베트남에서 생활했던 많은 사람이 베트남의 일상생활에 나름 만족도가 높은 것 같다.

필자가 생각하는 장점으로는 저렴한 가사도우미(운전기사 도우미 포함)와 식도락, 친절한 베트남 사람들과 최근 잘 형성된 한인 인프라를 꼽을 수 있다.

베트남 북부 땀꼭 투어, 카약 타기

가사도우미

베트남 생활에서 첫 번째로 꼽을 만한 장점은 저렴한 인건비를 들 수 있다. 여러 서비스 가격이 한국에 비해 많이 저렴한 편이다. 특히 많은 외국인이 가사도우미를 활용하는데, 업무 범위도 넓고 시급이 5만 동에서 10만 동(한화 2,500원에서 5,000원) 수준으로 한국의 25~50% 수준이다. 영어나 한국어를 할 줄 아는 도우미는 가격이 비싼 편이지만 베트남어만 하는 경우나 집에 거주하는 상주 도우미는 더 저렴하다.

다만 2020년 4월 중순부터 베트남에서도 가사도우미에 대한 노동권 보호를 위해 계약서 작성을 의무화한다고 발표했으나 아직 현실적으로 보편화되지는 않았다. 현지인을 가까이 두면 현지 재래시장이나 현지 식당 또는 현지인만 알고 있는 저렴하고 좋은 서비스를 이용할 수 있어 생활비도 더 줄일 수 있다.

식도락

베트남 음식은 한국 사람의 입맛에도 잘 맞고 가격도 저렴한 편으로 유명하다. 막상 베트남에서 지내면 현지 음식을 매일 먹을 수 없고, 진짜 현지식은 한국인이 먹기 어려운 특유의 향(고수 등)과 재료도 많아 오히려 먹을 기회가 많지 않다. 외국인들에게 유명한 현지 식당은 글로벌화된 곳이 많아 현지인들이 찾는 곳에 비해 맛과 향이 약하고 가격도 비싼 편이다. 그

스프링롤과 길피자

러나 역시 현지인들과 함께 가는 맛집에서는 저가부터 고가까지 다양한 식재료에 다양한 맛을 즐길 수 있다. 특히 최고급 레스토랑이나 해산물 식당은 한 명당 100달러 내외까지도 나오는 등 고가지만, 비슷한 급의 한국 레스토랑과 비교하면 여전히 가격에서 경쟁력이 있다.

일반적으로 한국 사람들이 즐겨 찾는 식당에서 늘 접하는 쌀국수, 바잉꾸온, 넴잔, 공심채볶음. 볶음밥, 반미 샌드위치, 바잉쎄오, 분짜 등은 한국의 외식 물가나 베트남 식당 물가와 비교했을 때 많이 저렴하고 맛도 좋아 필자는 한국에 들어와서도 그리울 때가 많다.

식재료도 슈퍼마켓 이외에 싸고 좋은 물건을 파는 재래시장들을 알아두면 생활비를 대폭 줄일 수 있다. 다만 정육이나 생선류는 재래시장에서 냉장, 위생 시설 없이 팔기 때문에 외국인이 구매할 때는 조심해야 한다.

베트남은 커피와 차 문화도 크게 발달해 길거리에 노점 카페부터 다양한 커피 체인점, 특색 있고 분위기 좋은 카페들이 많아 즐기기에 참 좋다.

친절한 베트남 사람들

최근 인터넷상에 베트남 사람들의 반한 감정에 대한 글이나 방송이 보이지만, 베트남 현지에서 코로나19가 한국에서 크게 확산해 공포심이 컸던 초기 몇 주를 제외하면 한국 사람에게 반감을 가지는 경우는 찾아보기 어렵다. 오히려 한국 사람을 고객이나 이웃 나라 친구로 보는 분위기이다.

특히 외국인이 많이 사는 주거지 부근의 베트남 사람들은 외국인에게 친숙하고 영어를 잘하는 사람도 많으며 한국어를 할 줄 아는 사람도 꽤 있다. 베트남도 어릴 때부터 영어교육을 매우 강조해 젊은 층이나 중산층 대부분은 영어를 아주 잘하는 편이며, 한국어과와 한국 문화가 확산되면서 한국어도 널리 보급되어 있다.

베트남은 정치적으로 공산당 집권 체제하에서도 자유경제 체제를 도입해 사람들이 돈에 아주 민감하다. 돈을 벌기 위해 서비스와 품질 경쟁이 날로 격화되고 있다고 해도 과언이 아니다. 재래시장부터 슈퍼마켓, 길거리 노점부터 일반 식당, 그랩 오토바이나 그랩 자동차, 택시, 배달 기사까지 너나 할 것 없이 서비스의 질이 돈을 버는 일과 직결되어 있다고 인식해 상당히 친절하다. 어디서나 친절한 서비스를 받을 수 있는 환경이며, 소위 '돈이 돈값을 한다'는 느낌을 받을 수 있다.

한인 인프라

최근 베트남에 사는 한국인의 수가 15만 명이 넘으면서 하노이와 호찌민 중심에서 한인 상권이 발달하고 한인 인프라가 잘 갖춰져 있어 베트남어를 한마디 하지 않고도 사는 데 큰 지장 없을 정도이다. 한국과 비슷하거나 약간 비싼 가격으로 한국 제품을 대부분 구할 수 있다. 한국에서 산 물건을 항공 핸드캐리 방식으로 수령하는 데 하루밖에 걸리지 않는다.

한국 사람을 대상으로 하는 미용, 네일아트, 마사지, 피부관리 등 서비스업도 한국보다 많이 저렴하다.

한국 사람을 대상으로 하는 물건이나 서비스는 대부분 카카오톡 단톡방을 통해 광고나 판매가 이루어지는 것도 특징이다. 베트남에 살다 보면 모든 정보를 카카오톡으로 얻는다고 해도 과언이 아니고, 대부분의 사람이 메시지를 하루에 수백 개씩 받는 것도 최근 베트남 생활의 특징인 것 같다. 이렇게 한인 상권과 인프라가 발달하면서 한국인들 간의 경쟁도 치열해지고 한인타운 부근의 임대료나 관리비가 계속 상승하는 문제가 있다고 한다. 또 가게들이 빠르게 바뀌기도 한다. 작은 한국이 베트남 도시 곳곳에 생겨나는 것도 특별한 점이라고 생각된다.

베트남 생활 마무리하기

이렇게 베트남 생활은 한국인들에게 특별한 경험을 선사한다. 대부분의 한국 사람은 베트남에서 아무리 오래 살더라도 한국 사회에 뿌리를 두며, 제도상 영주권이나 시민권이 따로 없기 때문에 외국인으로서 살아가게 된다.

물론 생활 속에서 당연히 베트남인들과 직장이나 사회, 가정에서 이런저런 인연을 맺으며 베트남 문화나 사고, 사회의 실상을 엿볼 수는 있다. 진짜 베트남에 살면서도 알기 어려운데, 살아보지 않고 베트남을 어찌 알 수 있겠나 싶은 생각이 들 정도이다. 어찌 보면 베트남 사회를 미리 경험하기도 전에 베트남에 성급히 투자를 결정하거나 사업을 시작하는 경우를 보면 안타까운 생각이 든다. 비즈니스에서 어려운 점도 많겠지만 생활 자체도 어려운 점이 있기 때문이다.

그런 의미에서 베트남에서의 생활이나 사업 경험은 앞으로 한국과 베트남의 교류가 상당 기간 지속되는 상황에서 큰 자산이 될 것이다. 그렇지 않더라도 추억과 즐길 거리가 많은 곳이다. 또 아직 베트남 사회나 질서가 한국에 못 미치는 수준인 만큼 조심해야 할 부분도 있다.

외국인으로서 자국민과의 차별은 감수해야 하며, 외국인에게는 더 높은 수수료가 적용되거나 브로커들이 활동한다는 점도 감안해야 한다. 또 들고 나는 사람이 많고 작고 촘촘하게 연결된 교민 사회와의 인연도 장단점이 있다. 한국에 가면 연락이 끊기는 경우가 많지만 계속 베트남과 연결

2019년 핑거비나 송년회

고리가 있다면 이곳에 있는 친구들이 고향 친구가 될 수도 있을 것이다.

베트남에 한 번도 안 와본 사람은 있어도 한 번만 온 사람은 없다고 한다. 베트남 생활을 마무리하면서 이런 기억과 경험을 함께 가져가면 좋을 것 같다.

다낭에서 시작해
하노이 거쳐 호찌민에 안착하다

2015년 베트남 다낭 한베IT정보통신대학과 산학 협력으로 졸업 예정자와 졸업생을 대상으로 한 학기 모바일 앱 교육을 하는 것으로 시작된 베트남과의 인연은 교육 대상사 20명을 프리랜서 개발자로 채용하면서 본격화되었다.

평균 22세의 젊은 직원들과 아이디어를 내고 같이 밤을 지새우면서 오픈한 5개의 앱 서비스 중 일부는 우리나라 금융사에 판매되었고, 일부는 현재 고도화되어 베트남 일상생활에 도움이 되기를 기대하고 있다.

그 과정에서 베트남 법인에 대한 필요성을 느껴 2017년 하노이에서 핑거비나란 회사를 설립했다. 설립 초기에는 베트남에서 만든 앱 서비스와 핑거의 금융 IT 지원 및 컨설팅 사업에 주력했으며 2018년 삼성전자와의 반도체 설계 아웃소싱 사업을 위해 한국 반도체 설계 회사인 SNST와 합병되었다.

2019년에 법인을 SNST&FingerVina(이하 SFV)로 변경하고 본사를 하노이에서 호찌민시로 옮긴 뒤 1년 동안 반도체 설계 개발을 지원할 수 있는 인력을 채용하고 500평 규모의 본사 사무실을 인테리어하면서 정신없이 보냈다.

2020년 SFV는 코로나19 확산으로 더 큰 사업 전개를 위해 거대 반도체 설계 회사의 인수 제안에 합의해 현재 진행 중이다.

금융 IT에서 앱 서비스, 그리고 반도체 설계까지

2015년 법인을 설립하기 전 한국에서 인기 있는 앱을 베트남에서도 만들면 반응이 있지 않을까 하는 생각에 프리랜서 개발자들과 함께 개발하면서 이해되지 않는 부분이 너무 많았다. 한국의 생활용 앱은 베트남 사용자들에게 생활이 아닌 것도 있지만 우리가 일상으로 사용하는 언어와 의미가 베트남에서는 외계어이거나 외국어일 뿐이었다.

결국 한국의 인기 앱 서비스 개발을 내려놓고 베트남 직원들에게 베트남에서 필요한 앱을 만들자고 했다.

그렇게 해서 만들어진 5개의 앱 중 TIGO(Time is Gold)는 구글의 캘린더 앱으로 베트남 내 경조사 일자와 장소를 지인들과 공유하고 대화하고 필요 시 송금과 선물까지 할 수 있는 SNS+핀테크 앱으로 한국의 금융사에 매각되었다.

SURI(한국식 수리Repair란 이름과 같음)라는 앱은 베트남에서 수리와 수선 등이 필요한 스마트폰, 오토바이 그리고 생활 속 조명, 배선 등 수리가 필요한 생활형 O2O 플랫폼으로 베트남 현지 유통 업체와 협의해 고도화 작업을 진행하고 있다.

2017년 베트남 법인 설립으로 베트남에서 계약 및 계산서 발행이 가능해지면서 베트남 진출 국내 금융사, 핀테크사, 대형 SI 개발사까지 금융 IT 컨설팅과 개발을 진행할 수 있었다.

특히 한국 정부가 신남방지역 국가와 자유무역협정(FTA)을 체결해 무역 확대와 인적 교류 확대 등이 이루어짐으로써 국내 기업 대부분이 베트남을 신남방 지역의 허브로 여기고 많은 투자가 이어지면서 현지 전문가를 통한 컨설팅과 법률 자문 요청이 증가했다.

필자는 한국과 베트남 금융 전문가 그룹의 일원으로서 베트남 정부를 대상으로 한국 금융 전문가와 함께 포럼을 열어 한국의 선진 금융 노하우를 다양한 각도에서 소개하고, 베트남에 진출한 금융사를 대상으로는 베트남의 금융 규제와 디지털 금융 현황에 대한 주제 발표와 콘퍼런스에도 여러 차례 참여했다.

베트남 내 앱 서비스와 금융 IT가 중심이었던 핑거비나 사업이 2018년 10월 이후 삼성전자 반도체 설계 아웃소싱 사업 참여를 통해 반도체 개발 영역까지 확대되었다.

필자에게 베트남에서 반도체 설계 개발 영역은 완전히 새로운 도전이었다. 우여곡절이 많았지만 빠른 결정과 실행 그리고 안정적인 인력 소싱 능력을 인정받아 현재 130명 넘는 한국·베트남 개발자와 함께 베트남에서 반도체 설계 개발 전문 회사로 포지셔닝되고 있다.

베트남에서 새로운 가치를 만들다

한국 정부와 함께한 코이카(KOICA)의 포용적 비즈니스 프로그램(Inclusive Business Solution, IBS) 사업에 참여해 베트남 저속득층의 고용과 창업을 지원하면서 펑거비나는 베트남 내 모바일 인력 양성을 목표로 베트남 다낭의 한베IT정보통신대학과 협력해 나중에 베트남에서 사업할 수 있는 계기가 마련되었다.

돌이켜보면 언어와 문화, 정치, 생활 등 모든 면에서 한국과 다른 베트남에서 사업을 한다는 건 어쩌면 무모한 도전이며 용기가 필요한 일이었다. 베트남에서의 생활에 익숙해지고 그들의 문화를 받아들이면서 베트남의 젊은 직원들과 학교 근처 맥줏집에서 베트남식 안주와 맥주로 '못~하이~바~~못짬편짬'을 외치고 마시면서 사람 사는 건 한국이나 베트남이 별 차이 없구나, 그리고 한번 제대로 할 수 있겠구나 싶었다.

그 후 보통 베트남 사람처럼 오토바이로 거리를 누빌 수 있게 되었고 거리 식당의 앉은뱅이 의자에서 땀범벅으로 고기 굽고 얼음이 가득 찬 맥주를 마시면서 건배하고 대화를 나누었다.

다리가 조금 불편한 직원을 뽑았을 때는 직원의 가족, 친척 그리고 동네 사람들한테서까지 고맙다는 인사를 받았고, 장례식과 결혼식 등 경조사에 초대되어 어색한 분위기에서 노래를 부르기도 했다.

점점 베트남이 생활권이 되면서 베트남을 제대로 이해하고픈 마음에 지인과 함께 오토바이를 이용해 베트남 1,700km 종주 계획을 세우기도 하고, 베트남 TV 출연을 위해 내기도 했지만 아직 이루지 못한 채 숙제로 남아 있다.

사업을 하는 필자에게는 베트남이 생활 터전이고 베트남을 넘어 동남 아시아, 그리고 전 세계로 뻗어나가는 베이스캠프이다. 다른 분들보다 짧은 기간에 더 많은 경험을 했다기보다 아직 할 일이 더 많기에 지금도 공부 하고 대화하고 경험하고 있다.

한국의 1990년대와 유사하지만 다른 베트남에서 새로운 가치를 찾고 싶은 많은 기업과 개인에게 이 책이 작은 위로와 정보가 되기를 바란다.

코로나19로 주춤하고 있지만 베트남은 전 세계 어느 나라보다 역동적 이고 활기차다. '물들어 온다 노 젓자'란 말처럼 지금이 베트남에는 가장 좋은 시기이다. 그렇지만 방만하거나 태만한 자세로 인해 좋은 시기를 놓 치지 않기 바란다.

마지막으로 이 책에 소개된 비즈니스는 최근 3년 동안 필자가 많은 기업과 개인을 만나면서 문의받았던 영역이다. 성공적인 베트남 비즈니스를 위해 준비할 것이 많겠지만 최소한 베트남에서 비즈니스하려면 얇은 정보도 많은 도움이 될 거라 생각한다.

필자는 베트남에서 새로운 가치를 창출하기 위해 오늘도 어제보다 더 열심히 사업을 전개할 따름이다.

본문 내용의 일부는 KMAC의 『Chief Executive』 매거진에 기고한 글을 바탕으로 하며 그 밖의 자료 출처는 다음과 같다.

1부 베트남, 어디까지 알고 있나

1장_성공적인 베트남 비즈니스를 위해

'디지털 시대의 소비자 구매 의사 결정', 『핀테크』, 2015, 강창호·이정훈, 한빛미디어.

「베트남 소비를 이끄는 MZ 세대」, 2020. 06. 23, 김진모, 베트남 다낭 무역관.

「베트남 소비 시장을 장악한 밀레니얼 세대의 핫 아이템과 인기 브랜드」, 2019. 10. 17, 미래에셋자산운용 베트남 투자 블로그.

2장_베트남의 기후

「베트남, 미세먼지를 피하는 방법」, 2019. 04. 15, 윤보나, 베트남 호찌민 무역관.

"Fear, confusion stalk residential areas near site of Hanoi warehouse fir", VN Express, 2019. 09. 11.

"Hanoi mulls two options to implement downtown motorbike ban", VN Express, 2019. 10. 25.

"MoF to give tax incentives to automobile manufacturers, electric car imports", Voice on Video, 2019. 11. 17.

"Schools shut down outdoor activities due to polluted air in Hanoi", VN Express, 2019. 10. 02.

3장_베트남의 교육

「2019년, 베트남 인구주택총조사 결과 발표」, 2020. 04. 17, 코트라 호찌민 무역관.

「베트남 워킹맘, 사교육을 찾다」, 2020. 01. 20, 윤보나, 베트남 호찌민 무역관.

"Public school teachers in Thailand some of the highest paid in Asia", 2019 07. 02, asiaone.com.

「베트남 고용 시장 현주소, 청년은 '실업난'·기업은 '고용난'」, 2018. 04. 19, 신선영, 베트남 하노이 무역관.

「베트남서 한국말 잘하면 월급 2배… 29개 大 한국어 전공 1만 6000명」, 2019. 11. 04, 이미지, 조선일보 특파원.

"Market research and report on Vietnam's Education Market", SEA Bridge, 2018. 04.

"Southeast Asian EdTech investment: What we learned from the five largest rounds", Navitas Ventures, 2019. 10. 18.

4장_베트남의 아파트

"Saigon housing prices go up and up", VN Express, 2019. 10. 04.

"Rich South Koreans prefer Vietnam for overseas real estate investments", VN Express, 2019. 10. 02.

"Rising demands for realty with long-term ownership", Voice on Video, 2019. 08. 18.

「베트남, 투자법·기업법·주택법 개정안 확정」, 2015. 01. 07, 홍석균, 베트남 호찌민 무역관.

"Vietnam labor federation wants minimum wage raised 8 pct", VN Express, 2019. 06. 15.

2부 포스트 코로나 시대, 베트남을 주목하라

5장_코로나 대처 능력이 말해주는 사실

"Mobile money project to be submitted to Government", Voice on Video, 2020. 04. 16.

"Vietnamese most optimistic about post-Covid-19 economic recovery", VN Express, 2020. 04. 22.

"Q1 trade surplus close to $4 billion", VN Express, 2020. 04. 20.

6장_베트남의 유통 시장

「베트남 유통 시장 주요 트렌드」, 2019. 10. 23, 이혜인, 베트남 하노이 무역관.

"Vietnam's retail pie sweet but hard to get: JLL", Voice on Video, 2020. 01. 18.

"Masan Group to issue bonds worth $431 million", VN Express, 2019. 12. 21.

"Retail, banking sectors see big-ticket M&A deals in 2019", VN Express, 2019. 12. 18.

"Vietnam a new promised land for retail franchisers", Voice on Video, 2019. 08. 28.

7장_베트남의 음료 시장

"Starbucks marks 7th anniversary since entering Vietnamese market", Voice on Video, 2020. 09. 01.

「베트남, 이제는 레몬차가 대세」, 2019. 11. 11, 심수진, 베트남 하노이 무역관

"Which coffee chain makes the most money in Vietnam? ", Voice on Video, 2019. 12. 06.

"Vietnam coffee chains take their fight to the streets", VN Express, 2019. 10. 04.

"Starbucks closes seven Hanoi stores over contaminated water", VN Express, 2019. 10. 18.

8장_베트남의 금융결제 시장

「베트남, 현금없는 미래를 꿈꾸다」, 2019. 06. 05, 심수진, 베트남 하노이 무역관

"Hootsuite 2019 Digital Report".

"The State of Mobile in Rural Vietnam Report", 2018-2019.

"LIST OF NON BANK INSTITUTIONS LICENSED FOR PROVIDING PAYMENT INTERMEDIARY SERVICE", May 2020, STATE BANK OF VIETNAM PORTAL, May 2020.

"FinTech in ASEAN Report 2019", From Start-up to Scale-up.

3부 디지털 사회로 변모하는 베트남

9장_베트남의 ICT 산업

"Vietnam's first online meeting platform Zavi launched", 2020. 05. 16, vnexplorer.net.

"ICT firms report revenue reduction of up to 90 percent", 2020. 05. 10, Vietnamnet.vn.

"Pandemic pushes shoppers online, but only for essentials", 2020. 05. 24, http://bizhub.vn.

"Tech players ramp up work-from-home initiatives", 2020. 04. 13, vietnamnet.vn.

10장_베트남의 공유경제 산업
「다채로워지고 있는 베트남 공유오피스 시장」, 2018. 08. 27, 심수진, 베트남 하노이 무역관.
"Express delivery market gathers speed", Voice on Video, 2019. 09. 08.
"HCMC buses losing passengers to ride-hailing services", VN Express, 2019. 05. 15.
"Vingroup to deliver cars to ride-hailing app FastGo", VN Express, 2019. 08. 16.
"Vietnam ruling: Grab-Uber deal does not violate antitrust laws", VN Express, 2019. 06. 19.
"Prices of Grade A office space rise due to low supply", Voice on Video, 2019. 10. 08.

11장_베트남의 핀테크 시장
"CB Insight 2017 Fintech Report".
"Worldbank The Global Fintech Index 2020 - 2019 Findexable Limited (findexable. com) & The Global Fintech Index".
「UOB, PwC, 싱가포르 핀테크 협회 작성 보고서」, FinTech in ASEAN.

12장_베트남의 O2O 산업
「베트남 부동산, 앱으로 진출한다!」, 2018. 06. 08, 윤보나, 베트남 호찌민 무역관.
"Indochina Research Vietnam 2018", Worldwide Indonesia Network of Market research.
"Food delivery demand increase after Covid-19", Q&Me Report.
「베트남 도시화율 추이와 베트남 여성 경제활동 참가율 추이」, World Development Indicators, UN, World Bank.

NOW 베트남
성장하는 곳에 기회가 있다

초판 1쇄 인쇄 2020년 9월 2일
초판 1쇄 발행 2020년 9월 15일

지 은 이 이정훈
발 행 인 김종립
발 행 처 KMAC
편 집 장 김종운
책임편집 최주한
홍보·마케팅 김선정, 박예진, 이동언
디 자 인 이든디자인
출판등록 1991년 10월 15일 제1991-000016호
주   소 서울 영등포구 여의공원로 101, 8층
문의전화 02-3786-0752 **팩스** 02-3786-0107
홈페이지 http://kmacbook.kmac.co.kr

ⓒKMAC, 2020
ISBN 978-89-90701-38-1 93320

값 16,000원
잘못된 책은 바꾸어 드립니다.

이 도서의 국립중앙도서관 출판예정도서목록(CIP)은 서지정보유통지원시스템 홈페이지(http://seoji.nl.go.kr)와
국가자료공동목록시스템(http://www.nl.go.kr/kolisnet)에서 이용하실 수 있습니다.